王承绪研究丛书
丛书主编\陈伟　郑文　吴世勇

# 王承绪研究文集

郑文　吴世勇　陈伟　编

广东高等教育出版社
Guangdong Higher Education Press
·广州·

**图书在版编目（CIP）数据**

王承绪研究文集/郑文，吴世勇，陈伟编. —广州：广东高等教育出版社，2018. 2

（王承绪研究丛书）

ISBN 978 - 7 - 5361 - 6113 - 9

Ⅰ. ①王… Ⅱ. ①郑… ②吴… ③陈… Ⅲ. ①王承绪 - 人物研究 - 文集 Ⅳ. ①K825. 46 - 53

中国版本图书馆 CIP 数据核字（2018）第 025917 号

**王承绪研究文集**

WANGCHENGXU YANJIU WENJI

| | |
|---|---|
| **出版发行** | 广东高等教育出版社<br>地址：广州市天河区林和西横路<br>邮编：510500　　营销电话：(020) 87553335<br>http://www. gdgjs. com. cn |
| **印　　刷** | 广东信源彩色印务有限公司 |
| **开　　本** | 787 毫米 × 1 092 毫米　　1/16 |
| **印　　张** | 17 |
| **插　　页** | 1 |
| **字　　数** | 280 千 |
| **版　　次** | 2018 年 2 月第 1 版 |
| **印　　次** | 2018 年 2 月第 1 次印刷 |
| **定　　价** | 52. 00 元 |

# “王承绪研究丛书”支撑项目

教育部人文社会科学研究规划基金项目（项目编号：14YJA880007）

广东省哲学社会科学规划项目（项目编号：GD16CJY05）

华南师范大学哲学社会科学优秀学术著作出版基金资助项目

# “王承绪研究丛书”主编简介

**陈伟** 教育学博士，华南师范大学职业教育学院院长、教授、博士生导师。2004 年浙江大学教育学院比较教育学专业博士毕业，师从我国著名教育学家王承绪先生；2015 年加州大学洛杉矶分校访问学者。在《教育研究》《高等教育研究》《比较教育研究》等刊物发表学术论文近 90 篇；出版专著《西方大学教师专业化》，主编《当代外国教育》《广东高等教育发展研究：1978—2008》等多部著作；获得省部级哲学社会科学优秀成果奖一等奖 2 项、二等奖和三等奖各 1 项，广东省高等教育教学成果奖一等奖 1 项。

**郑文** 教育学博士，研究员，华南师范大学高等教育学专业博士生导师、广东省教育厅高等教育处处长。2005 年浙江大学教育学院比较教育学专业比较高等教育方向博士毕业，师从我国著名教育学家王承绪先生。主要从事高等教育管理、比较高等教育的教学和研究。先后在《教育研究》《教育发展研究》等刊物发表学术论文 40 多篇，出版《美国教育问题透视》《英国大学权力协调与制衡》等专著。曾获广东省哲学社会科学优秀成果奖一等奖、二等奖，广东省高等教育教学成果奖一等奖等。

**吴世勇** 教育学博士，副研究员，华南师范大学职业教育学院硕士生导师。主要从事高等教育、职业教育和教育史研究。先后在《教育发展研究》《高教探索》等刊物发表学术论文 20 余篇，主持广东省、广州市、广东省教育厅规划课题 3 项，曾获中国高等教育学会科研管理研究优秀成果奖二等奖。

# 出版说明

一、“王承绪研究丛书”共三卷，分别为《王承绪文集》（上、下）、《王承绪研究文集》和《王承绪学术思想研究》，集资料性和学术性于一体。

二、《王承绪文集》（上、下）和《王承绪研究文集》为文献汇编。《王承绪文集》（上、下）收集王承绪先生本人的文章、档案、图片等各类文献资料；《王承绪研究文集》收录若干篇国内外著名学者、社会活动家、重要组织等研究、评价和纪念王承绪的文章。

三、《王承绪学术思想研究》是基于对《王承绪文集》（上、下）等史实的解读、对《王承绪研究文集》的借鉴而撰写的学术专著，旨在梳理和研究王承绪的学术思想和活动，并尝试从学术史的角度分析、评价王承绪的思想贡献和学术影响。

# 编辑凡例

一、《王承绪研究文集》收录若干篇国内外著名学者、社会活动家、重要组织等研究、评价和纪念王承绪的文章。

二、《王承绪研究文集》所录文章，按文体和内容不同，分类编排。

三、《王承绪研究文集》所录文章，均保持原文风貌，并在页底注明作者和原载刊物名称及期号，著作权归原作者所有。

# 总 序

王承绪先生离开我们已有四年时间了，但一提到比较教育，就会立即想起他，想起他对我国比较教育学科建设的贡献，想起他敬业爱生、严谨笃学的精神。今年是比较教育学科诞生200周年，在纪念这个日子的时候，我们更加怀念他。

王承绪先生是我国老一辈教育家，他的百年生涯见证了中国教育发展的百年沧桑。王先生与我同乡，他出生于江阴县沙洲镇，中学毕业于梁丰中学，后就读于浙江大学。我认识王先生已是改革开放以后，从1980年一起编写新中国第一部《比较教育》开始，30多年来我们几乎年年见面，他的博士生答辩邀我去主持，我的博士生答辩请他来主持；后来我在杭州师范学院（现杭州师范大学）担任学术委员会主任，每年到杭州，总要去看望他。我们常常促膝长谈，成为忘年之交。

我一直只了解王先生改革开放30年来为我国比较教育建设做出的巨大贡献，今天拜读了“王承绪研究丛书”，才了解他教育的一生，他为中国教育的现代发展做出的巨大努力。他青年时就立志“教育救国”，投身于中国的教育事业。早在20世纪30年代就发表了多篇论文，论述中国教育的问题，特别是介绍和评论各国的教育，这是我国早期的比较教育重要论著，是比较教育理论宝库中的重要财富。“王承绪研究丛书”的出版填补了我国比较教育发展史的空白。

“王承绪研究丛书”不仅收录了王承绪先生的论文，而且收录了他的弟子研究王先生教育思想的专著。其中，《王承绪学术思想研究》介绍了王先生的生平和他的学术生涯，研究了王先生关于“基本教育”“高等教育”“比较教育”“教育史学”以及翻译等领域的思想，使我对王先生的学术生涯有了全面的认识。我祝贺“王承绪研究丛书”的出版。

顾明远

2017 年 7 月 19 日

# 目　录

## 第一部分　各界评介

## 第二部分　学术访谈

## 第三部分　思想研究

# 第一部分　各界评介

# 第一部分 各界评介

# 作者小传：王承绪[1]

《江苏教育》杂志社

王承绪先生，江苏省江阴县（现为张家港市南沙镇）人。1912 年生，现年 23 岁。浙大教育系三年级高材（才）生。他是一个在艰难困苦中奋斗着的青年，现在依旧继续着他求学的时代。他生长在一个偏僻的乡镇，自小便怀着一颗热望上进的心。小学，初中，都是在学风淳朴、讲求实学的梁丰学校，在那里，便立了他学问的始基，型（形）成了他刻苦的习惯。在初中毕业的时候，因经济竭蹶，大有弃学就业之势。可是，在他，是再也不愿意的，同时，家里也很希望他能继续上进。就在那年暑假，考进了锡中师范科（现为无锡城市职业技术学院），这是他求学时代最可纪念的三年。在那里，他获得了许多新知识、新经验和新思想，眼界是扩大了，心境是宽广了。他认识了时代，认识了社会。那时的师范科主任吴伯昂先生，以人格感化爱学生如子女的精神，行施着理想的教育。他所受到的影响尤大。在师范期间，他又结识了二个亲如骨肉的好友——庞翔勋，陆新球。因为志趣的相投，环境的相似，他们团结着向着共同的目标奋

---

① 原载《江苏教育》1935 年第 4 卷第 4 期。

斗！在那时，大家都说他们是“三兄弟”。师范毕业时，他名列前茅，由教育厅保送到中央大学，留实小服务。在儿童乐园里，快乐地过了一年，本拟求学中大。但以风潮发生，停止招生，当即往浙大借读，旋以成绩特优，经校方特许，免试改为正式生，在名教授的指导下，专心攻研者三载于兹，在校除功课每试辄冠侪辈外，课余颇喜译作，投登各杂志。故每年的奖金和稿酬，亦是他读书经费的大来源。

# 喜迎门人王承绪中选赴英留学[①]

郑晓沧

夏时方鼎沸，
吾子适遐征。
入选原非易，
一朝事竟成。
天驹怀远略，
云隼上前程。
闻捷予心喜，
寒门亦自荣。

① 原载郑晓沧著《粟庐诗集》，杭州：杭州大学出版社，1995 年版。

# 晤王承绪教授[①]

余　立

一见倾心十载从，中西学贯说元龙；
精神矍铄今犹昨，笑语温良我愧公；
晚岁依然多述作，华年早已决雌雄；
相期去国开新域，促膝燕京话别衷。

① 原载余立著《从心诗词集》，上海：华东师范大学出版社，2000 年版。

# 满江红　赠王承绪教授[①]

刘操南

塔影楼头，烟柳里，斜阳溅血。长空望，漫山黄叶，飘风猎猎。天上声声征雁逝，江头滚滚惊涛立。对孤灯，默默诉穹苍，心弦窒。

湖上地，鸣鸿泣；天涯路，寒嶂迭。念云程万里，百花如灼。依旧江南春梦续，顿教鬼蜮秋魂绝。欣今朝，东海灿霞光，龙虎跃。

① 原载刘操南著《揖曹轩诗词》，杭州：杭州西泠印社，2002 年版。

# 王承绪先生是新中国比较教育学科的创始人和奠基人①

顾明远

欣闻您百岁华诞，中国教育学会谨向您表示最衷心的祝贺和敬意。祝您生日快乐！健康长寿！

您是我国老一辈的著名教育家，您早年留学英国，但为了祖国的建设，抗战胜利后回到祖国，在浙江大学执教。六十多年来，不论遇到什么艰难险阻，您都矢志不渝地坚信中国共产党的领导，忠诚党的教育事业。在您的身上集中体现了老一辈知识分子的爱国情怀和崇高精神。您是新中国比较教育学科的创始人和奠基人，您领导的中青年学者编写了新中国第一部《比较教育》，您编写的《比较教育学史》等著作奠定了我国比较教育学科建设的基础。您不仅关心祖国的教育事业，而且时时注意国际教育发展的动向，不断介绍国外经验和发展趋势，尤其值得钦佩的是您九十高龄仍手不释卷，近几年来还翻译出版了数部国外高等教育的著作，在国内高等教育界产生了重大影响。您学养深厚，中西贯通，执教于浙江大学、杭州大学的几

① 原载《世界教育信息》2011 年第 3 期。

十年时间里，勤奋耕耘，教书育人，诲人不倦，培养了一批又一批的人才，他们都成为我国社会主义建设的栋梁之材。您的学术无愧人师，您的德行堪为世范。在这喜庆的日子里，恭祝您生命之水长流！生命之树常青！

# 历史钩沉向未来
## ——介绍王承绪先生主编的《比较教育学史》[①]

顾明远

对每一门学科的发展来说，整理和反思自身的发展历程，都是一件很有意义而且非常必要的事情。比较教育还十分年轻，从朱利安 1817 年发表《比较教育的研究计划和初步意见》至今，不过一百八十年的历史。但关于比较教育的史学研究一直相当薄弱，对这一百八十年短短的历史，我们的考稽、梳理和分析还很不足。这无疑在一定程度上影响了比较教育的发展。我们每一个比较教育研究工作者都在期盼着在这方面有优秀的成果问世，而王承绪先生主编的《比较教育学史》就是这样一部优秀的论著。

在廓清前期历史的基础上，侧重整理介绍当代比较教育的发展状况，这是本书的第一大特点。这本书把比较教育的发展历史分成奠基期、形成期和发展期三个基本阶段。对奠基期和形成期的历史，书中作了简明概括的描述，条理分明，脉络清楚。在二战后的发展时期，作者则用了较大的篇幅进行整理和剖析，史料翔实，亦较有新意。这样的

① 原载《比较教育研究》1998 年第 4 期。

剪裁和安排，一方面可以弥补以往有些比较教育史学研究厚古薄今的不足，另一方面也符合比较教育发展的实际历史事实。

紧扣各个时期的重要人物和主要学术流派来架构比较教育的历史框架，这是本书的第二大特点。一切历史都是人的活动史，比较教育的历史，也就是不同历史时期的比较教育学者们进行努力不懈的探索的历史。因此，抓住某一时期重要的比较教育学者，也就抓住了比较教育在这一发展阶段的主要历史线索。对这些比较教育学者以及由他们组成的重要学术流派进行深入细致的研究，就不仅可以厘清这一时期的基本历史事实，而且还可以从中得出对当前及以后比较教育发展的有益启示。王先生主编的这部《比较教育学史》，把比较教育发展在每一个时期中的重要人物和学术流派作为描述历史的主线，通过对各个重要学者和流派的主要思想和研究方法的概括介绍，来揭示比较教育在这一时期的发展状况。读来简明扼要，眉目清楚，脉络分明。

国际化的开阔视界是本书的第三大特点。国际化和全球化是近年来世界教育发展的一个新现象和新趋势，同时也是比较教育研究中一个新的发展方向。“国际教育”和“比较教育”如今已经成为一个统一一体的完整的研究领域，世界上很多高等学校系科设置的变更也反映了这一发展趋势。在这样的历史背景下，比较教育的史学研究理所当然也应当拥有一种国际化的开阔视野，否则就难以对当今和以后比较教育的发展产生积极的影响。本书在叙述二战后比较教育发展和繁荣时期的历史时，就不再仅限于人物和流派的介绍，而是把眼界拓展到了世界各国以及一些国际组织在比较教育研究中的一些新进展和新趋向，表现了作者面向未来的理论眼界和远见卓识。

研究历史是为了更好地走向未来。我们研究比较教育的发展历史，目的也在于进一步推动它向前发展。比较教育发展到今天，已经走到了一个重要的转折时期。人类文化发展呈现“全球化”和民族化并存的趋向，以及各国教育在这一背景下的国际化和民族化发展，都要求比较教育必须在更加广泛的领域里获得新的更大的发展。史学积累不足困扰比较教育发展的状况不应再继续下去了。王承绪先生是我国比较教育界的老前辈，他为我国比较教育学科的建设作出过重要贡献，今天他又以八十五岁的高龄主编这本《比较教育学史》，又一次对我国比较教育的发展做了奠基的工程。这本书的出版必将产生深远影响。当然在这一方面，我们还有很多艰苦的工作要做。我们期待着有更多优秀的比较教育史学研究成果贡献于世。

# 博学笃行的学界楷模
## ——庆贺王承绪先生百岁华诞[①]

顾明远

中国教育界的老前辈王承绪先生即将迎来百岁华诞，我们热烈地向他祝贺，祝愿他健康长寿！

我认识王先生是在 1980 年夏天编写新中国第一部《比较教育》教材的时候。1980 年春季，教育部邀请美国哥伦比亚大学师范学院比较教育专家胡昌度教授到北京师范大学教育系来讲学，同时举办了比较教育教师高级研修班共同听课和研讨。我当时担任北京师范大学教育系主任兼外国教育研究所所长，负责组织这次活动。一个学期课程结束以后，研修班的老师们提出，我们应该编出一本比较教育教材，以便在教育系开设比较教育课程所用。但是我们这批当时的中年教师，过去都没有研究过比较教育，于是想着把老一辈比较教育学者请出来做我们的指导，第一位想到的就是王承绪先生，还有檀仁梅教授、朱勃教授。他们都欣然答应。于是就在他们的指导下，我们经过两年的努力，编写出版了新中国第一部《比较教育》教材。

---

① 原载《比较教育研究》2010 年第 9 期。

比较教育原本是师范院校教育系的一门课程，新中国成立以后，因为一边倒地向苏联学习，这门课就被取消了。改革开放以后，我国教育界迫切希望了解世界各国教育发展的情况，于是有必要重建比较教育学科。教材建设是最重要的一步。胡昌度教授的讲座为我们打开了眼界，可惜他当时没有讲稿，讲课时介绍的比较教育论著也都是英美的出版物，无法直接用于本科生教学。于是，就出现了上面讲到的编写我们自己的教材的想法。在这次编写教材过程中，王先生和朱勃教授（檀仁梅教授因病中途退出了）带领我们认真地讨论了提纲；1981 年夏天又在北京住了大半个月，在炎热的天气中亲自修改各章稿件，我第一次感受到了王先生那种严谨治学的态度。

1983 年，国务院学位委员会批准杭州大学和北京师范大学比较教育学科博士授权点，并批准王先生和我为比较教育学科的博士生导师，我们的联系就多了起来。特别是头几批的博士研究生的论文答辩，我们都互相聘为答辩委员，参加研究生的论文答辩。论文答辩本来就像一次专题研讨会，因此这就成为我向王先生学习的最好机会。我虽然没有成为王先生的入门弟子，但在这整整 30 年的交往中向王先生学习了许多许多，也可算得上是王先生的编外弟子了。

王先生是我国比较教育的奠基人，他不仅指导主编了新中国第一部《比较教育》教材，而且主持翻译了许多比较教育的经典著作，如埃德蒙·金的《别国的学校和我们的学校》、康德尔的《教育的新时代》等；特别是他撰写了《比较教育学史》专著，梳理论述了比较教育学科发展的历史及各个学派的理论；作为我国第一批比较教育博士、硕士授权点的导师，王先生 30 年来培养了大批人才。王先生为我国比较教育学科的理论建设和队伍建设都做出了重大贡献。

王先生对国外高等教育有专深的研究，特别是对英国的高等教育研究更为深入。他的头几批研究生都研究英国高等教育，使浙江大学（当年的杭州大学）高等教育研究所成为英国高等教育的研究中心。比较教育研究领域十分广阔，从横向来看，有世界五大洲的国别教育、区域教育，从纵向来看，有各级各类教育和各种教育问题，研究这些问题都需要多种语言能力的支撑。因此，一个研究机构不可能包罗万象地研究所有领域，必须从自身的优势和特点出发，选择几个重点领域，系统地、长期地研究下去，才能深入和全面。在这方面，王先生设定的研究领域和特色给其他比较教育研究机构提供了榜样。

我和王先生交往30年，深深地被他的博学笃行的精神所感动。

王先生博学多才。他熟谙中外教育经典，精通英语。他对高等教育有深入研究。虽然他发表自己的意见不多，但总是抓住了高等教育理论的前沿，介绍国外的理论和经验。特别令人钦佩的是，20世纪90年代，王先生已过耄耋之年，但他仍把主要精力放在翻译国外高等教育的名著上，先后翻译出版了克拉克·克尔的《高等教育不能回避历史》、伯顿·克拉克的《探索的场所：近代大学的科研和研究生教育》、《建立创业型大学：组织上转型的途径》和《大学的持续变革：创业型大学新案例和新概念》等，主持翻译了《国际高等教育政策比较研究》等书，在高等教育界产生了很大的影响。

王先生勤奋好学。每次我请他到北京来参加博士研究生论文答辩，他一下飞机就奔向国家图书馆去查阅最新的图书资料。平时他也是卷不释手，我每年都要到杭州他的家里去看望他，总是见到他在看书，他戴着那副深度的近视眼镜，几乎贴到书本上。今年4月17日，我和周蕖在徐小洲的陪同下到浙江医院去看望他，他正手捧《比较教育研究》杂志在阅读，案头还放着《教育学报》与《教育研究》等几本杂志，这说明王先生时时关心着教育理论界的动向。他的好学精神，使我们无比感动。

王先生平易近人，是年轻学者的良师益友。王先生是我们的长辈，我们都是他的学生，但他一点没有学术权威的架子，他在学术上平等地与我们讨论问题，在生活上无微不至地照顾我们。20世纪90年代，他邀请我去参加研究生论文答辩，还多次亲自到机场去接我、送我。他以耄耋之年去接一位比他年轻20岁的学生，实在是让我无地自容，我再三劝说都没有用，只好铭记在心，把他爱护年轻人的精神作为我学习的榜样。

王先生出生在江苏张家港市南沙镇，说起来我们还是老乡。张家港市南沙镇在1958年以前属江阴县，后来成立张家港市才把它划过去。说到老乡，我们又多了一份亲情感。因此我和王先生成了忘年之交。我和周蕖每年到杭州去，总是要去看望他和夫人赵老师。每次去都受到王先生和赵老师的热情招待，有时赵老师还亲自下厨招待我们。王先生和赵老师恩爱几十年，前年赵老师不幸走了，王先生的悲痛可想而知，我们也无言劝慰他。近年来王先生虽无大病，但年事已高，常年住在医院中休养。每逢过年过节，他都会回到家中，从来不忘给我打电话，祝贺节日快乐。今年春节，又是一个远方的电话："你是顾老师吗？王老要跟你说话。"于是王先生就滔滔不绝地跟我说，向我拜年，祝我春节快乐。一个百岁老人给我打电话贺岁，这不是倒过来了吗？我怎么承受得了。可是没有办法，因为王先生已经有点失聪，只能我听他说话，他很难听清我说的话，所以我无法主动向他电话拜年。我除了寄一张贺年片以外，只能承受着王先生对我的爱。再一次向王先生祝贺，祝愿他身体健康长寿，学术青春常在！

# 王承绪先生的国际学术领导力卓越[①]

［美］罗伯特·阿诺夫

亲爱的王教授，非常荣幸今天能够在这里再次见到您，请允许我转达印第安纳大学以及您的美国朋友和同事对您的诚挚问候。

今天下午我会在讲演中对王承绪教授在国际与比较教育领域从事教学和研究工作所取得的重要成就做出更详细的阐述。现在，我只想通过一个例子说明王教授在建立持久的知识、文化和学术交流以及建立跨越中国和其他国家边界的长期友谊方面的卓越的学术领导力。

早在20世纪80年代初期，王教授就开拓和缔结了杭州大学与印第安纳大学的国际伙伴关系。正是通过这种伙伴交流关系，我得以有机会在1983年来到杭州，与王承绪教授一起为10名印第安纳大学学生和10名杭大学生共同讲授比较教育课程。这种国际交往具有重要而深远的意义。对于跟随我一起以及后来陆续到杭州大学学习的美国学生来说，他们中的很多人不仅成为以教育为专业的教师，而且很多人一直将与中国相关的工

---

① 原载《世界教育信息》2011年第3期。作者系美国印第安纳大学教育学院教授。

作作为毕生的事业。对于前来印第安纳大学学习和研究的学生和老师们来说，这种交流对他们日后的发展同样也产生了重大的影响。而对我来说，结识并与王承绪教授共事是我人生经历和学术生涯中最大的收获。正因为此，我愿与在座所有尊敬的嘉宾一起，衷心祝愿王承绪教授身体健康、生活幸福、万事如意！

# 思想肖像
## ——纪念王承绪教授百岁华诞①

［美］罗伯特·阿诺夫　［加］许美德　著
阚阅　译

很少有学者像王承绪教授这样经历过如此跌宕起伏的时代，也很少有学者能够像王承绪教授这样在沟通不同历史时期、不同文化、不同国家以及教育和比较教育的不同学科领域上发挥如此独特的作用。更确切地说，王承绪教授在其卓越的学术生涯中为沟通二战之前与之后的欧洲和西方、民族主义与社会主义时期的中国的发展、欧洲与中国的文化以及中国、英国和北美教育与比较的研究等方面做出了重要的贡献。

1978 年，邓小平掀起的改革运动使中国走向开放并复兴成为文明而现代的国家。王教授十分形象地将改革开放后的这个时期称为“教育科学发展的春天”，本文的两位作者正是在这种背景下有幸与王教授相识和共事。印第安纳大学的罗伯特·阿诺夫于 1983 年初识王教授，并在 20 世纪 80 年代印第安纳大学和杭州大学的教育交流与合作中与王教授建立了愉快的工作关系。1983 年，许美德也有幸在伦敦大学教育学院攻读博士研究生时

① 原载《比较教育研究》2010 年第 9 期。

与王教授相识。她至今仍对那个晚上从王教授那里了解到的有关中国比较教育发展的丰富信息而留有深刻的印象，但直到 2001 年 4 月她到杭州做访谈时，才得以再次见到王教授。那两次长时间的访谈为后来撰写《中国知名教育家的故事》（*Portraits of Influential Chinese Educators*）第二章奠定了基础。

本文的主要思想和事实均源自上述访谈（更完整的内容可以参阅《中国知名教育家的故事》一书）。在此基础上，阿诺夫对王承绪教授作为学者和教育领导者所取得的杰出功绩，以及所体现的中国儒家和道家传统的人格特质进行了精辟的总结。

当我们在庆祝王承绪教授百岁华诞之际，不能不回想起过去那个世纪中国和西方世界所发生的巨变。始于 1911 年的中国民族主义革命，在历经保守的改良主义者以及具有远见卓识的社会主义者的各种艰苦卓绝的努力后，清王朝末期以来遭受百年屈辱和没落的中国终于开创出独立自主的现代国家。王教授早年接受的教育折射出从传统到崭新教育形式的变迁。他曾在传统的私塾中读过儒家经典“四书五经”，后来又曾在江苏老家体现教育发展活力的新式学堂进行长期的学习。他以顽强意志克服家庭条件和时代环境束缚的奋斗经历，对今天的青年一代无疑具有激励意义。在求学过程中，他获得很多老师在关键时刻给予的支持和帮助，这在今天也别具启示意义。

王教授就这样从小学到初中再到师范不断延伸自己的求学之路，并在师范毕业后当了一年小学老师。他因中央大学停止招生而到浙江大学借读，并且在浙江大学教育系接受到诸多知名教授在比较教育、社会学、教育统计和基础教育等方面的思想启迪，这些经历也都是非同寻常的。然而，他并没有只囿于专业学习，他还积极参与到学生抗议示威活动中，最终反动的郭任远校长遭到驱逐，取而代之的是 20 世纪中国教育界一位最令人敬佩和具有远见卓识的大学校长——竺可桢。

王教授不仅是一名满怀激情而努力勤勉的学生，而且他从一开始就不断锻炼自己的写作和编辑能力，这其中包括他在王云五任总经理的商务印书馆从事的暑期工作，与俞子夷教授一道为《小学教育》[①] 杂志所做的编

① 原文此处为《小学教育》，经编者考证，俞子夷当时创办的杂志为《教师之友（上海）》。

辑工作，以及他在《教育杂志》等期刊上发表的有关土耳其、墨西哥、波兰和苏联教育的论文。因此，1936 年他从浙江大学一毕业就得以留校任教。不料 1937 年日本侵华战争的全面爆发给中国带来深重的灾难，浙江大学被迫不断向内地迁校直到定址广西。

1937 年，王教授通过庚款留英考试获得唯一的公费留英学习教育的名额，但这并不意味着他能够躲过战争的灾祸。他研究生阶段的学习是在第二次世界大战的战乱中在伦敦和诺丁汉（二战期间伦敦大学教育学院为躲避德军对伦敦空袭而迁于此）完成的。此后，在撰写有关 19 世纪英国社会主义思潮与伦敦大学的建立的博士论文之余，他还与祖国保持着紧密的联系，而且先后接待了商务印书馆王云五、浙江大学校长竺可桢以及曾教授他比较教育的郑晓沧等访英学者。

王教授在英国求学过程中与其博士生导师——伦敦大学教育学院院长弗莱德·克拉克（Fred Clarke）教授以及英国比较教育学界重要人物约瑟夫·劳瑞思（Joseph Lauwerys）建立了密切关系，这为他参加具有历史意义的、促成 1947 年建立联合国教科文组织的同盟国教育部长会议创造了条件。然而，此时他依然心系祖国，他下定决心宁可推迟完成博士论文，也要回到处在内战中的祖国。1949 年新中国成立后，他以满腔热情投入到学习苏联经验建设国家的工作中，他在短时间内翻译出大量的苏联教学资料。同时，他还将很大精力投入到浙江大学教育系主任及后来新成立的浙江师范学院副教务长的领导工作上。在 1958 年的院校调整中，浙江师范学院升格并改名成为省属综合性的，并且在教育研究和师范教育方面具有鲜明特色的大学——杭州大学，而王教授正是其中最宝贵的“财富”之一。

作为一位学贯中西的学者，王教授通过翻译大批国外名著和编写基本教材致力于为比较教育奠定坚实的基础。他大力培养研究生，并造就了一批优秀的青年学者和领导。他还长期而深入地参与到与英国和北美大学的各种国际交流与合作中。

现在回想起来，我们很难判断王教授数量庞大的译著、影响深远的论著以及比较教育和教育比较史领域的研究中哪些更为重要或更有影响。在此，我们首先对他的翻译工作予以回顾和评述，然后再探讨他在教育学术上的独创性贡献。

一个有趣的事情是，王教授早期的译著主要是译自俄文而非英文。这是由于20世纪50年代，伊凡·凯洛夫（Ivan Kairov）的教育学是中国师范教育的主要教材，因此他的志趣在于提供有关凯洛夫教育学的背景知识。他意识到苏联教育思想深深地植根于欧洲，但他也对早期的俄国教育改革家特别感兴趣。1958年，随着从直接学习苏联转向"大跃进"，他开始将注意力转移到西方经典教育著作上，他和华东师范大学的学者们共同编译了三卷本的《西方教育论著选》。其中，第一卷包括柏拉图、亚里斯（士）多德和昆体良等古代教育家，第二卷包含有夸美纽斯、欧文、第斯多惠、伊拉斯漠（谟）、蒙恬和拉伯雷等近代教育家，第三卷包含有斯金纳、怀特海、奥康纳和尼尔等现代教育家。当时由于资料所限，论著选中的很多文章是根据俄文文献翻译而成。

20世纪60年代初期是50年代后期激进主义式微后的调整与稳定时期，王教授的翻译转向约翰·杜威以及意大利文艺复兴时期的教育论著。同时，他还翻译并出版了沛西·能的《教育原理》。事实上，该书是"文化大革命"以前所能获取的唯一的西方著作，其他很多西方著作的翻译工作不得不搁置起来，直到1978年改革开放后才得以全面展开。

在这个"教育科学的春天"，王教授出版了高等教育和比较教育的系列译著，这些译著对中国教育改革的话语产生了重要的影响。这些翻译工作也使得王教授重新与英国建立起紧密的联系，他先后访问伦敦、苏塞克斯和其他一些地方，并且与埃德蒙·金、布莱恩·霍尔姆斯以及黎安琪（Angela Little）、柳基思（Keith Lewin）等年轻一代学者建立起深厚的友谊。与此同时，他还发展起与印第安纳大学和南加州大学等美国大学的深入合作。结识伯顿·克拉克教授后，他翻译了《高等教育系统》《探究的场所：现代大学学科和研究生教育》《建立创业型大学》等著作，这些译著为加深对高等教育的认识和推动中国高等教育改革发挥了积极的作用。由于高等教育是"文化大革命"受到冲击最严重的领域之一，因此，他的译著对中国这个新兴学科的发展显得尤为重要。

王教授并没有局限于高等教育领域具有重要影响的当代著作，他希望中国教育界能够更多地了解欧美大学的历史起源，使人们从中认识到哪些经验值得中国学习，以及如果有效借鉴这些经验的话，必须做出怎样的改变和调整。为此，他精选了约翰·亨利·纽曼的《大学的理想》（1873）、亚伯拉罕·弗莱克斯纳的《现代大学论：美英德大学研究》（1930）、奥尔特加·加塞特的《大学的使命》（1944）、罗伯特·赫钦斯的《美国高等教育》(1962)、约翰·S. 布鲁贝克的《高等教育哲学》(1977)和德里克·博克的《走出象牙塔》(1982)等经典著作。

一个学者只有在全面而深入了解西方高等教育的情况下才可能在选择著作过程中做出精准的判断。值得一提的是，王教授翻译的大部分著作都与多伦多大学高等教育专业研究生的必读书目相一致。当谈及翻译的艺术时，王教授认为他深受曾翻译赫伯特·斯宾塞、托马斯·赫胥黎和亚当·斯密等19世纪思想家作品的中国著名翻译家严复的影响。他注意到严复是在消化理解外文原著之后才用中文加以表达的。王教授认为翻译绝不是机械的，而是需要深层次的理解。

王教授对中国比较教育发展做出的独特贡献也是非常值得关注的。从某种意义而言，他是庄泽宣教授比较教育思想的直接继承者。庄泽宣教授1928年在浙江大学任教时就撰写了中国第一部比较教育教科书，这比哥伦比亚大学师范学院艾萨克·康德尔1933年出版的、对后世影响巨大的教科书还早了5年。王教授一直在追踪英美比较教育的发展，这一点在1980年出版的新中国第一部比较教育教材《比较教育》的有关章节中就可以得到印证。在该书中他着重阐述了四个主要方面的问题：比较教育的历史发展、比较教育的基本特征、主要国家的教育制度以及教育专题比较。

在比较教育的历史分期上，王教授赞同乔治·贝雷迪将比较教育发展划分为三个时期的简洁而灵活的分析框架，即19世纪为第一个时期，20世纪初至第二次世界大战结束为第二个时期，二战后为第三个时期。在比较教育的基本特征上，王教授认为比较教育具有两方面的性质：其一，比较研究是基于对两种以上文化或两个以上国家的反思；其二，比较教育需要运用哲学、历史学、社会学和经济学等多方面的知识进行跨学科的分析。根据当时中国现代化建设的需要，王教授认为比较教育研究最应关注的对象国为美国、苏联、英国、法国、德国和日本，因此上述六国也成为最初的这部教科书中论及的主要国家。但是，他也指出，在比较教育研究中应重视对一些发展中国家的研究。如果将王教授在该书中所选择的国别与20世纪80年代末他所翻译的埃德蒙·金的《别国的学校与我们的学校：今日比较教育》(1962)中所涉国别(丹麦、法国、英国、美国、苏联、印度和日本)进行比较的话，是很有趣的。

王教授在最初的这部教材中还初步探讨了可比性(comparability)的

问题，但是直到20世纪90年代当他致力于教育史的转型研究时，也就是从割裂地研究中国和西方教育转向以整体性的方法研究世界教育，可比性才成为一个关注的重要问题。在三卷本的《中外教育比较史纲》中，他将中国教育的历史置于中心位置，然后再甄别出各个历史时期世界教育发展进程中的一些平行和交叉的问题。王教授将这种方法形象地比喻为“编织经纬”，即以历史阶段为“经”，以不同国家出现的共同问题为“纬”。

《中外教育比较史纲》第一卷首先论及了作为世界文明发源地的古代东方教育发展状况，然后对孔子和苏格拉底、荀子和柏拉图的教育思想以及古代中国和希腊的学校制度进行了比较，其后的篇章还对不同地区和不同阶段的传统课程、中国早期书院和12世纪欧洲大学、理学与基督教新教的教育思想、中西启蒙思想以及其他一些专题进行了比较。《中外教育比较史纲》的第二卷和第三卷也同样以历史发展为脉络，对各种共同的问题作了比较。

王教授主编的《中外教育比较史纲》给中国教育学者带来新的观念，也就是现时期的比较教育要超越以简单的描述法来研究外国教育制度的模式，而且要深入反思和全面了解历史根源，认识到中国深厚教育传统的历史影响以及19世纪初期以来外国模式对中国教育发展的冲击。同时，不能盲目和机械地进行教育借鉴或移植，而是要具有丰富的历史理解，要能够认清和分析其中的哲学价值以及经济和政治力量的影响。因此，尽管依附理论在解释19世纪和20世纪中国教育饱受帝国主义侵扰的发展历程方面具有相当大的价值，但中国并不是由外部经济和政治力量随意书写的“白板”。相反，只有通过深刻的历史和哲学理解才能促进教育的复兴，这正是文化和教育价值的动力源泉所在。但是遗憾的是，当中国成为21世纪重要的文化力量时，这部重要的著作仍未能被翻译成英文，因此外国学者也一直未能注意到这部著作所蕴含的重要价值。这部著作更大的教益在于可以促使我们思考中国独具特色的教育发展史，并且期待中国通过扩大在联合国教科文组织、世界银行以及其他各种非政府组织中的作用来影响当代的教育外交。

最后，本文要重新聚焦我们所要恭贺的王承绪教授本人，由阿诺夫对王教授最令人敬佩和爱戴的人格品质加以总结。王承绪教授是一位将其理想与精神融入当代中国大学历史与使命的重要人物。他的国际视野、他的学贯中西、他对教育制度在培育民主精神和促进人民福祉方面作用的关注，使其成为20世纪中国最有影响和最受尊重的教育家之一。他在比较教育研究上耕耘不辍，努力寻求将比较教育领域中的历史维度与科学维度以及教育制度研究中的独特方面与普遍方面整合起来。作为一名老师，他乐于接受各种新鲜思想，促成了与印第安纳大学之间富有活力的学术交流，也使阿诺夫于1983年有机会来杭州与他一道为10名印第安纳大学的学生和10名杭州大学的学生共同授课。他悉心指导下的学生已成长为知名学者和教育部门领导。他鼓励学生出国深造，吸收一切先进经验，并以对世界教育的真知灼见回报祖国。他还广泛联系各省市地方教育行政部门，帮助他们了解国家和国际教育的发展动向。

王承绪教授对杭州自然美景和历史遗迹的热爱，亦如他对相濡以沫、风雨同行近70载的妻子的挚爱，都将继续给人以感动。王承绪教授不仅是杰出的学者，更具有崇高的人格，他对学术、教育和终生情谊的执着追求，也将不断给人以激励。

# 王承绪先生为沟通中英两国关系贡献巨大①

［英］柳基思

非常荣幸能够来到这里参加王承绪教授的百岁华诞庆典。我谨代表您在苏塞克斯大学和伦敦大学的朋友向您致以最诚挚的问候。

正如英国国际与比较教育学会前主席所说，您为沟通两国特别是两国学会之间的关系所作出的巨大贡献是无可估量的。我初次与您相见正值您的学术生涯“第二春”，那时我刚好中年，也刚刚进入学术发展的新阶段。正像我的同事阿诺夫教授所讲，30 年前也就是 20 世纪 80 年代的中国正处于一个非常特殊的年代。那是一个改革开放的时代，也是王承绪教授为青年人创造出国留学深造机会的时代。我是 1993 年与王教授初识于苏塞克斯大学，并于一年后到杭州访问。从那时起，我们协助英国文化协会开展一些工作，我们发起实施了一个合作研究项目，使很多人从中受益，这其中就包括了徐辉和郑继伟。通过这个研究项目，我们出版了著作，发表了很多论文，形成了良好的合作关系。王承绪教授，您留下的思想财

① 原载《世界教育信息》2011 年第 3 期。作者系英国苏塞克斯大学国际教育中心主任。

富将继续给后辈学者尤其是从事英国教育研究的学者以启迪。

同时，我也带来了母校伦敦大学的问候。20 世纪 30 年代，王教授曾在伦敦大学学习工作多年。伦敦大学对王教授为加强两国学术合作所作出的巨大贡献给予了高度认可，伦敦大学教育学院曾授予王教授“荣誉院士”称号。在此，我也转达伦敦大学教育学院黎安琪（Angela Little）教授及其所在的国际与终身教育系对王教授的问候，向王教授所取得的卓越学术成就表示敬意，并祝愿王教授幸福安康！

我为曾经与王教授共事的经历而倍感荣幸。我至今仍清楚地记得 20 世纪 90 年代初期清冷的一天，我骑着自行车在杭州街道上飞驰而过的情景，我尤其记忆深刻的是王教授所居西溪路时的那个温馨而狭小的房间。杭州是我永远的“家”。王承绪教授知道，我家里的墙上就挂着杭州的图片。

最后衷心祝愿王承绪教授健康长寿！

# 我国比较教育的一部奠基之作
## ——评王承绪和顾明远主编的《比较教育》兼议学风问题[①]

王英杰

第一次读《比较教育》这部书是在20年前（1982年）这部书初版时，当时我国比较教育学科才刚刚起步，它是新中国第一本比较教育专著和教科书，是我们比较教育青年学者的启蒙读本，它引领我步入比较教育的学术殿堂。1985年再版时，我已经成为全国比较教育的第一位博士生，有幸师从这部书的主编之一顾明远先生，在我作论文的日日夜夜它始终在我的案头，书中折射出我导师的治学态度和敏捷才思，指导着我走完求学的漫漫之路。当1999年这部书出第三版时，我自己已成为博士生导师多年，但这部书仍然在我的案头，每当我遇到困惑和问题时首先想到的就是翻阅它。不但我时时读它，我还要求我的学生读它，我总是告诫他们，这部书虽然是为本科生编撰的，但是它可以教给我们做人的道理和治学的态度。

当今我们国家正处在激烈变革和迅速发展的时代，学术百花盛开。但是，也有可怕的病

① 原载《中国大学教学》2003年第6期。

菌孳（滋）生，这就是浮躁之风兴起，功利主义盛行，在某种程度上已成为时代的特征，它正在侵入圣洁的大学校园，吞噬着学者的心灵。也许这有危言耸听之嫌，但是，君不见抄袭事件逐浪高，一波未平，一波又起，君不见学者为了追求利益只求论文数量而毫不顾及质量，君不见学术评审已经变了味道。但是，当我再次阅读王承绪和顾明远先生主编的《比较教育》一书时，紧缩的心逐渐舒展开来，它像一股清风抚平躁动的心，它像一剂良药摆在我们比较教育后来者的面前。

《比较教育》是比较教育学科的基本教材，其最显著的特征就是基础性。该书涵盖了比较教育学科的最基本内容，以及当代国外教育的最基本事实，从学科的最基本的发展脉络到学制比较、各级各类教育比较和世界教育发展的展望等均在作者的视线之中。该书提出了比较教育研究的最基本范式和最基本的理论基础，成为后来有关比较教育的各种教材和专著的基本出发点。我在这里首先强调指出该书的基础性，就是有感于当前一种风气，一些“宏（鸿）篇巨著（制）”动辄几十万上百万字，在时间隧道中纵马驰骋，在宇宙空间中遨游畅想，但是下笔千言，离题万里，忘却了在核心问题和基本理论上作深入的研究，忘却了读者对基本事实和基本理论的需要，此种风气实不可长。

该书基础性这一显著特征并未掩盖其原创性和科学性。毋庸置疑，比较教育基本上是一门发源在西方、成长在西方的学科，是一个西方中心的学科。但是，即使是在西方，对于什么是比较教育，使比较教育独立成为学科的基本特点有哪些，比较教育研究的基本范式和自己独特的方法是什么，都没有定论。这就对比较教育在我国的发展提出挑战，同时也赋予了广阔的发展空间。该书的作者们研究了比较教育的发展历史和有关比较教育的权威著作，提出了比较教育的三个基本特征，即跨国或跨地区性、跨文化性、跨学科性和可比性。在此基础上首次对比较教育提出了我们自己的定义，“比较教育是对当代不同国家或地区的教育进行比较分析，找出教育发展的一般规律和特殊规律，为本国或本地区的教育改革作借鉴”。这一定义提出了既要寻找规律又要立足本国，这就与西方比较教育学者所提出的定义有了质的差异，既不同于讳言“规律”的西方文化相对主义比较教育流派，又不同于一味强调实证研究而忽略从本国实际出发的西方比较教育研究中的实证主义学派，为比较教育学科打上了中国的烙印。此外，该书还提出了比较教育研究应该坚持五个基本观点，即客观观点、实践观点、联系观点、发展观点和矛盾观点。这五个观点闪现的理论光彩是我们在西方比较教育论著中所未曾见过的，应该说这是运用辩证唯物主义于比较教育方法论研究的范例，展示了以辩证唯物论武装起来的我国比较教育学者在方法论研究上的优势，这是我国比较教育学者对比较教育学科发展做出的原创性的特殊贡献。我们在从这本书的原创性和科学性受益的同时，还应学习作者求实和求真的良好学风。当前我们有些学者不在基础理论上下工（功）夫，趸来西方的某种理论，不深入研究其产生的时代背景和社会、经济和文化环境，自己尚未真正读懂、读透，翻译的文字还非常晦涩，就摆出权威的派头拿来到处吓人，而一些不知就里的人则人云亦云，以讹传讹。这种风似有愈演愈烈之势，在我国日益开放的情势下，在国际化和全球化趋势势不可挡的国际环境中，这样做是有百害而无一利的，既不会促进我国学术的发展，也无助于我国在国际学术界找到自己的位置，与国外学术同仁平等交流。我丝毫没有反对学习外国的意思，“拿来主义”是绝对必要的，特别是在建设一个新学科的过程中，但是要真学懂，要学会“由此及彼，由表及里，去粗取精，去伪存真”的功夫，学来实实在在的东西，放在我国真实的环境中予以检验。求真求实应是学术研究永恒的出发点和终极目的，切不可人云亦云，亦步亦趋。

我以为《比较教育》一书之所以优秀，还在于它的深入浅出。全书没有故弄玄虚之处，没有妙笔生花之处，但是，学有所成的学者反复研读，会在比较教育的理论问题上有所收获，对于初学者，只要潜心学习，不会一头雾水，不知所云。这样的著作要有作者的深厚理论造诣为基础，要求作者以读者为本，而不是以作者为中心，以作者的利益为驱动。当前，我们一些学者以晦涩难懂的文字来炫耀自己的“高深”学问，以生造词汇来展示自己的“原创性”，实不足为取。《比较教育》一书告诉我们，求真求实的学术著作应该是朴实无华的，也应该力求做到深入浅出。

总之，我认为《比较教育》是一部学风严谨、文风朴实的基础之作、经典之作。我已经读过多遍，还会再读，也建议从事比较教育的青年学者们反复阅读，我相信会有所收获，会常读常新。

# 不倦的学术追求　杰出的学者楷模
## ——百岁学者王承绪先生学术人生记事[①]

单中惠

王承绪先生是我国著名比较教育学家和外国教育史学家。在长期的学术生涯中，他不仅在教学工作上勤于耕耘，为我国培养了一批又一批学有专长的学生，而且在学术研究上不倦追求，以丰硕的学术成果为我国比较教育和外国教育史学科的发展作出极其重要的贡献。王承绪先生的学术成就既表现在比较教育学领域，也表现在外国教育研究等领域。

### 一、里程碑的比较教育学研究

作为我国著名比较教育学家，王承绪先生在比较教育学领域的研究成果十分丰硕。其中最具代表性的著作是他与我国著名比较教育学家、华南师范大学教授朱勃先生以及中国教育学会会长、我国著名比较教育学家、北京师范大学教授顾明远先生共同主编的《比较教育》。这本书早在1982年就由人民教育出版社出版，此后又多次再版，成为我国很多高等师范院校比较教育课程的教材，在

① 原载《比较教育研究》2010年第9期。

我国教育界，尤其在比较教育学领域产生了极其重要的影响。应该说，很多人正是读着这本书而逐渐走上比较教育学的教学和研究工作岗位的。《比较教育》一书主要包括：学制述要、学前教育比较、初等教育比较、中等教育比较、高等教育比较、师范教育比较、教育行政制度比较等。作为我国改革开放后的第一本比较教育学著作，它在我国比较教育学科发展上具有里程碑的意义。

此外，王承绪先生在我国比较教育学领域很有影响的著作还有 1999 年由人民教育出版社出版的《比较教育学史》。这本书系统论述了比较教育学科的百年发展史，其中包括：19 世纪的比较教育学、20 世纪前半叶的比较教育学、二战后比较教育研究方法的主要流派、20 世纪 70 年代以来比较教育理论界的争论、世界各国比较教育研究以及国际教育组织与比较教育研究等。就特点来说，这本书以大量外文资料为基础，着手在比较教育发展史领域进行探索。正如王承绪先生在该书的“后记”中所指出的：“翔实的史料是编写史书的重要条件。……在编写过程中引用了大量外文资料。”由于之前我国还没有出版过完整的比较教育史著作，因此，《比较教育学史》无疑是我国第一部比较教育史著作，极大地推动了我国比较教育学科史研究的发展和深入。

还应该提到的一本书，是王承绪先生与其他人翻译的、1989 年由人民教育出版社出版的《别国的学校和我们的学校——今日比较教育》。这是英国比较教育学家和教育史学家埃德蒙·金教授所撰写的一本重要的比较教育著作。这本书的翻译出版，至少在 20 世纪 90 年代对我国比较教育学者拓展自己的国际视野产生了不小的影响。

## 二、开先河的现代西方教育思想流派研究

20 世纪以来，特别是第二次世界大战以后，随着世界政治和经济的巨大变革以及科技革命浪潮的猛烈冲击，各种新的教育思想流派在西方国家纷纷涌现。因此，对现代西方教育思想流派的研究成为我国改革开放后教育界的一项重要任务。

为了加强对现代西方教育思想流派的研究，1980 年，王承绪先生与华东师范大学赵祥麟先生等人共同编译的《现代西方资产阶级教育思想流派论著选》一书由人民教育出版社出版。这是我国出版的第一本有关现代西方教育思想流派的论著选。该书以实用主义教育、新教育、要素主义教

育、永恒主义教育、新托马斯主义教育、存在主义教育、新行为主义教育、结构主义教育、分析哲学与教育等标题，收集和选译了现代西方教育思想流派主要代表人物的有代表性的、影响较大的著作，其中不少著作在我国教育界第一次翻译出版。从其内容来看，主要有：改造主义教育家布拉梅尔德的《急需一个改造的教育哲学》；新教育代表人物罗素的《教育与美好生活》、怀特海的《教育的目的》；要素主义教育家巴格莱的《要素主义者的纲领》、科南特的《知识的堡垒》、贝斯特的《教育的荒地》、里科弗的《教育与自由》；永恒主义教育家赫钦斯的《教育中的冲突》、艾德勒的《为教育哲学辩护》、阿兰的《教育漫谈》、利文斯通的《古典语言和国民生活》；新托马斯主义教育家马里坦的《教育在十字路口》；存在主义教育家布贝尔的《品格教育》；分析教育哲学家奥康纳的《教育哲学引论》，等等。

实际上，《现代西方资产阶级教育思想流派论著选》的整个编译工作开始于“文化大革命”后期。这项编译工作是由我国已故著名教育家、前华东师范大学校长刘佛年先生提议的。在《现代西方资产阶级教育思想流派论著选》的初稿完成后，先是在华东师范大学印刷了一批白色封面的校内使用本。后来，它又经过王承绪先生和赵祥麟先生增加了不少内容。刘佛年校长说，这本书可以交由出版社正式出版。我当时还是一位年轻教师，赵祥麟先生叫我把书稿送到当时还是由工宣队领导的上海一家出版社。大概过了 3 个月，这家出版社的有关编辑打电话给我说书稿经审读后不准备出版，要我去拿回书稿。我至今还清楚地记得，在拿回书稿时，我问了为什么不准备出版这本书的原因，那位编辑对我说，领导的意见是工农兵看不懂。现在来看，这确实是幼稚可笑的。

在改革开放后，我国很多教育学者正是通过王承绪先生与赵祥麟先生共同编译的《现代西方资产阶级教育思想流派论著选》这本书，熟悉了当代西方众多的教育思想流派，并进而对这些教育思想流派进行更深入的研究。在这个意义上，这本书的出版在我国教育界学者对当代西方教育思想流派的研究上开了先河。

《现代西方资产阶级教育思想流派论著选》一书由人民教育出版社出版后，曾多次重印发行，被我国许多高等师范院校教育系作为现代西方教育思想课程的教材，在我国教育界产生了广泛而重要的影响。该书于 2001 年重版，更名为《西方现代教育论著选》。

### 三、开创性的中外教育比较史研究

在我国教育史界，尽管教育史学者在研究中有时也把中国教育史和外国教育史联系起来进行思考，但一直没有出现过中外教育史比较研究的著作。直到 1997 年，王承绪先生和张瑞璠先生主编的《中外教育比较史纲》三卷本由山东教育出版社出版后，才结束了这一情况。因此，在某种意义上，《中外教育比较史纲》在我国教育史学界是一项具有开创性意义的学术成果。

《中外教育比较史纲》一书源于改革开放后始终重视教育史著作出版的山东教育出版社。我记得，大概是 1994 年夏天，山东教育出版社的刘编辑到上海来，上午先找到我国著名的中国教育史学家、华东师范大学教授张瑞璠先生。在张瑞璠先生家里，刘编辑和张先生一起谈论了中外教育史比较研究，既谈到这个研究的重要学术意义，也谈到这个研究如何开展以及将会遇到的困难。最后，张瑞璠先生答应担任《中外教育比较史纲》一书的主编。为了邀请我国著名比较教育学家王承绪先生担任《中外教育比较史纲》的另一位主编，我下午又陪山东教育出版社的刘编辑赶赴杭州。在原杭州大学新村的王先生家里，刘编辑又与王承绪先生一起谈论了中外教育史比较研究。我记得，王先生既充分肯定了中外教育比较史研究的学术意义，也指出这个研究工作是有较大困难的。对于山东教育出版社请他担任主编的邀请，王先生开始希望最好请更有学术造诣的人来担任，但最后还是答应担任《中外教育比较史纲》的主编。那天晚上，王承绪先生和夫人还十分热情地留我们在他家里用餐。

后来，王承绪先生和张瑞璠先生又邀请华东师范大学孙培青教授和华中师范大学任钟印教授担任古代卷主编、北京师范大学吴式颖教授和河北大学阎国华教授担任近代卷主编以及广州大学张人杰教授担任现代卷主编。在中外教育史比较研究的过程中，经过泰安会议和上海会议的多次讨论，中外教育史比较研究的指导思想以及研究框架和研究方法越来越明确。王承绪先生和张瑞璠先生在《中外教育比较史纲》的前言中明确指出：“本书的指导思想是‘立足中国，放眼世界’，力求贯彻我国改革开放及邓小平同志提出的‘三个面向’的精神，从中国的国情和需要出发，比较研究世界教育发展的规律和历史经验，为建设有中国特色的社会主义现代化教育服务。”

在王承绪先生和张瑞璠先生的主持下，中外教育比较史研究确立了"以史为经，问题为纬"的研究模式以及"纵横比较，横向为主"的研究方法。在《中外教育比较史纲》三卷本中，古代卷包括"孔子和苏格拉底教育思想比较""荀况与柏拉图教育思想比较""中西课程六艺与七艺源流""《学记》与《雄辩术原理》比较""中西选才制度与教育""中国早期书院与欧洲中世纪大学""明清之际启蒙教育思想与文艺复兴时期人文主义教育思潮""中西功利主义教育思想"等；近代卷包括"西方教会学校与中国近代教育""中日近代留学的审视比较""近代西方教育思想的传入及其影响""杜威与胡适、陶行知、陈鹤琴""马克思主义教育思想在中国的早期传播及其影响""中外近代高等教育制度的比较""中外近代普及义务教育的比较""中外近代师范教育的比较""中外近代教育行政制度的比较"等；现代卷包括"教育理论的移植与借鉴""教育结构变革""留学生教育""STS 教育课程与中国理科教育""学生心理辅导与教育""多元文化与教育""教育改革理论"等。

应该说，王承绪先生和张瑞璠先生主编的《中外教育比较史纲》三卷本是我国改革开放以来教育界的一项重要的学术成果。尤其突出的是，这个研究成果在研究模式和研究方法上具有开创性的意义。正如两位先生在《中外教育比较史纲》的前言中一开头就指出的："'中外教育比较史纲'是教育科学新开拓的前沿课题。它要求把中外教育史放在世界历史大文化的背景中进行比较研究，就其所涉及的广泛内容，可以说是融（熔）比较教育、中外教育史及文化科技交流史于一炉，这在教育科学研究中尚无先例。"无疑，《中外教育比较史纲》三卷本的出版为今后我国教育比较史的研究指出了方向和提供了范例。

## 四、基础性的西方教育名著翻译

王承绪先生与我的老师、我国已故著名教育史学家、华东师范大学教授赵祥麟先生是老朋友，在学术上也有过很多合作。例如，在赵先生主编的《外国教育家评传》四卷本中，王先生就撰写了"沛西·能"和"弗雷德·克拉克"这两位英国教育家的评传。我正是在跟随赵祥麟先生做研究的过程中，开始与王承绪先生相识并一直得到他的热情关照和指导。至今，我的书架上还存放着王先生亲笔签名送给我的《民主主义与教育》《教育原理》《高等教育系统——学术组织的跨国研究》等著作。大概是

1980年，我跟赵祥麟先生一起去原杭州大学与王承绪先生讨论《杜威教育论著选》一书的编译工作。我记得，我们抵达杭州的那天，王先生亲自与我国著名教育史学者、前杭州大学副校长金锵教授一起到城站火车站接我们。这是我第一次见到王承绪先生。出站后，我们一起坐北京吉普去北山路省招待所安排好我们的住宿。在杭州待了两三天，我们一起完成了有关《杜威教育论著选》编译工作的讨论。第二年，1981年，这本书就由华东师范大学出版社出版。这是我国教育学者编译出版的第一个《杜威教育论著选》中文本，在我国教育界得到广泛的发行并产生重要的影响，成为教育界学者了解和研究杜威教育思想必读的一本著作。该书于2006年10月更名为《杜威教育名篇》，由教育科学出版社出版。

此外，在杜威教育思想研究方面，王承绪先生还翻译了两本很有影响的著作。一本是由人民教育出版社1990年出版的《民主主义与教育》。这本书是继1928年邹恩润先生翻译的中文本后又一个中文本，在我国教育界产生了极大的影响，因为很多教育学者和学生正是通过阅读这个中文本认识杜威的。另一本是由华东师范大学1991年出版的《杜威学校》。这本书是王先生及夫人赵端瑛与赵祥麟先生等人翻译的，对我国教育学者了解杜威教育实验有很大的帮助。《杜威学校》这本书于2007年1月由教育科学出版社重版。从上述两本书及其他西方教育著作的翻译中，可以清楚地看到曾在英国伦敦大学教育学院留学和诺丁汉大学工作过的王承绪先生在教育著作翻译上的学术造诣。有一件事我记得很清楚，那是发生在《杜威学校》翻译上的事情。王先生翻译的《杜威学校》英文本是由赵祥麟先生在新中国成立前夕从美国带回来的，但不知什么原因书中少了一页。后来，赵先生请美籍华裔学者、美国内布拉斯加大学樊星南教授帮忙复印了这一页。有一天，王承绪先生来华东师范大学，正好我们教研室老师在开会，赵祥麟先生问王先生是把《杜威学校》的这一页带回杭州去翻还是在这里翻，王先生说就在这里翻。于是，根据赵先生的吩咐，我给王先生安排了办公室。大概不到一个小时，王承绪先生就在没有英汉词典等工具书的情况下把这一页翻译好了，并工工整整地抄在稿纸上。这给我留下太深的印象，尽管它已经过去了差不多20年时间。后来，我曾对很多学生谈过这件事情，希望他们在学术上要以王承绪先生为楷模，努力提高自己的英文水平。

在西方教育名著翻译上，对我国教育界还有广泛而重要影响的是王承绪先生主持翻译的并由浙江教育出版社2001年出版的“汉译世界高等教育名著丛书”，其中包括：布鲁贝克的《高等教育哲学》、博克的《走出象牙塔》、克拉克的《高等教育新论》、克尔的《高等教育不能回避历史：21世纪的问题》、赫钦斯的《美国高等教育》、弗莱克斯纳的《现代大学论：美英德大学研究》、纽曼的《大学的理想》等。这些著作都是我国高等教育领域学者和学生必读的西方高等教育名著，王先生主持翻译出版的“汉译世界高等教育名著丛书”无疑为这种阅读提供了十分有利的条件。“汉译世界高等教育名著丛书”曾被评为浙江省社会科学优秀成果翻译类一等奖。

2009年10月，在浙江大学教育学院召开的瑞士教育家裴斯泰洛齐教育思想国际教育思想研讨会期间，我曾陪同北京师范大学吴式颖教授、华中师范大学任钟印教授和福建师范大学李明德教授3人去浙江医院看望正在那里休养的王承绪先生。见到大家去，王先生不仅很高兴，聊得很开心，而且还给大家赠送了刚刚由人民教育出版社出版的一本新的译著，即伯顿·克拉克著的《大学的持续变革：创新型大学新案例和新概念》。他工整地签了名字还盖了图章。在拿到王先生的赠书时，我心中立即充满了对百岁学者的无限崇敬。确实，王承绪先生的学术人生真正体现了“活到老，学到老”的精神。

在王承绪先生百岁华诞之际，谨向这位百岁学者致以最美好、最诚挚和最衷心的祝愿，祝愿他健康长寿，并为我们提供更长久和更丰富的智慧。

# 王承绪先生的教育理念启发我如何处理好教育与心理发展的关系①

林崇德

在今天庆贺我国杰出的教育家、国际教育活动家、我国比较教育学科的重要创始人和奠基者王承绪教授百岁大寿的喜庆日子里，请允许我代表中国心理学会向王老表示热烈的祝贺，也向庆典的举办方浙江大学教育学院对我的邀请表示衷心的感谢。

中国心理学会之所以对王老的百岁生日表示热烈的祝贺，其原因不仅仅在于教育和心理有着密切的联系与关系，更重要的在于王老培养了一大批卓有成效的教育家的同时，在他们家里也出了一位国内外著名的心理学家——王重鸣教授。在国际心理学界有两个权威的组织：一个是国际心理学联合会，另一个是国际应用心理学会。今年暑假，国际应用心理学大会在澳大利亚召开了学术大会，王重鸣教授在会上获得了大会组委会的表彰，并成为继荆其诚教授之后中国第二位国际应用心理学会的会士。我和王重鸣教授是近 30 年的朋友，他比我小 8 岁，因此我们两个友谊深厚。我一直称

① 原载《世界教育信息》2011 年第 3 期。作者时任中国心理学会理事长。

王承绪教授为王伯伯。

在与王伯伯的接触过程中，他老人家高瞻远瞩，曾多次用精深先进的教育理念启发我如何处理好教育与心理发展的关系。在王伯伯的教育思想和学术思想中，教育是塑造人类心理的基础之一，是促进人类发展的动力，是成就人类心理发展的催化剂。从某种程度上说，人类心理发展的水平取决于教育的质量。正是在作为教育学大师的王伯伯的这一启示下，我才敢把教育定义概括为：一种以促进人的发展、社会的发展为目的，以传授知识、经验和文化为手段，培养人的社会活动。教育的实质就是发展。作为从事教育工作的教师，只要是促进人的发展了，推动社会发展了，搞的就是好教育，出色的教育，成功的教育；否则，就没有搞好教育。当然，我这些观点在学贯中西的王伯伯面前显得太“小儿科”了。我从内心感谢德高望重的王伯伯，他使我在教育与人的发展，特别是人的心理发展关系上有了更坚定的指导思想。

十年前，在一个庆典上，我和王伯伯同桌进餐，当我获悉王伯伯已经九十高寿时，我对他说，当您一百大寿时我肯定来祝寿。今天我来到这里庆贺王伯伯的百岁大寿，我更期待着五年以后我再来庆贺王伯伯的105岁大寿，十年以后再来向王伯伯的110岁大寿拜寿。为什么呢？要让我们这些晚辈在庆贺大寿的过程中获得一些长寿的喜气，沾上一些长寿的仙气，增添一些长寿的福气。

祝王伯伯生日快乐!

# 王先生是终身学习的典范　后辈追随的楷模[①]

张民选

今天来自全国各地的比较教育界的专家、学者、老师、学生，来自英美亚太的学者代表汇聚在西子湖畔，共同庆贺我国杰出的教育家、新中国比较教育学科的奠基人王承绪先生的百年华诞。在这激动人心的大喜日子里，我与所有接受过王先生指导、聆听过王先生教诲的弟子一样，都有说不完的回忆，讲不完的感受和对王先生报答不尽的那如苍穹辽阔、如沧海浩荡的恩情。

最让我敬佩的是恩师王承绪先生一生践行教育报国的信念。20 世纪 30 年代，面对积贫积弱饱受屈辱的祖国同胞，王先生立下了学习各国经验发展本国教育以此强民富国的壮志。1945 年，二战刚刚结束，王先生就听从祖国和母校的召唤，践行他教育报国的诺言。他放弃了令人留恋的英伦生活，中断了他正在研究的英国工人教育和社会主义的理想，推迟了完成博士论文的机会，毅然决然做出了早日回国服务的决定，并且终于在完成参与联合国教科文组织筹建工作以后就急切登上了返回祖国的

① 原载《世界教育信息》2011 年第 3 期。作者时任上海市教育委员会副主任。

第一班货船。如果这是一位身处异乡的中国知识分子为教育报国做出的人生抉择，那么恩师王承绪先生在历经“文化大革命”磨难后，重新以前所未有的热情投身教育研究开展国际交流，编译各国名著，培育教育英才，并在年过七旬之时申请并加入中国共产党，就更加显示出王先生教育兴国信念矢志不渝的理想光辉。

最让我铭记的是王承绪先生关爱入微、德艺并重、言传身教的风范。王先生的从教生涯始于80年前的无锡中学实验小学，20世纪80年代王先生开始招收研究生，能成为王先生的入室弟子是我一生的幸福。我至今还清楚地记得王先生对我面试的情景。他问了我英国史上的一个问题，又问我科学教育思潮的兴起与内容。他以鼓励、期待的神情耐心地听我讲完不那么自信的回答，又平易谦和地指出我答辩中的幼稚和不足。更让我意想不到、诚惶诚恐的是，第二天一早老先生竟骑着自行车来到杭大天目山路边我暂歇的简易平房旅社。王先生说，他来为我送行。王先生还为我带来几十页《英格兰与威尔士教育》（*Education in England and Welsh*）的影印件，嘱咐我在乡间教学之余阅读原著，尝试翻译，并在阅读和翻译中学习教育的历史和理论。我想这绝不仅仅是为学生的一次送行，而是一位伟大的教师用他慈父般的关爱和独特的方式给一个即将入门的弟子上了一堂让他永远珍藏于心间的启蒙课。

最让我永远追随的是恩师王承绪先生孜孜不倦、永无止境的求知求学的精神。王先生是我国公认的比较教育的奠基人，也是名扬四海的中国教育家。全国几十万、几百万教育系毕业的学生哪个不知道、没有读过王先生翻译的《西方教育论著选》，学习教育史的研究生哪个没有读过王先生主编的《中外教育比较史纲》，研究高等教育理论的哪个没有引用过王先生主编的“汉译世界高等教育名著丛书”，学习过比较教育的几十万、几百万的本科生、研究生哪个没有学习过我国“文化大革命”后第一部比较教育教材和王先生撰写的《比较教育学史》。这当然是因为王先生博览群书、慧眼识才，所选所译才能跨越时代，为我们一代代学子提供精神食粮。这当然也是因为王先生学贯中西、敏感睿智，所书所著方能够揭示本质、指明趋势，为我国教育改革和发展提供借鉴和依据。然而，我们是否意识到，这一切凝聚着王先生穷其一生的学术追求和深厚扎实的学术功夫。正像王先生主译的那部罗马俱乐部的报告《学无止境》（*No Limits to Learning*）一样，学无止境是恩师王先生一生治学的最好写照。王先生早年不满足于中师所学的知识而进浙大求知求学，王先生又不满足于浙大的毕业留校而远涉重洋赴英国留学。王先生赴英前就已经精通英语、学习法语，但为了研究苏联教育，学习社会主义的教育理论，人到中年王先生又转而学习俄文。在座的各位也许不太清楚，在我们所读的欧洲教育经典中有几篇还是王先生通过俄语翻译的，因为在20世纪五六十年代王先生能够获得的唯有俄文文献。20世纪90年代，人类进入了信息时代，电脑和网络来到了我们身边，九十高龄的王先生还和我们年轻人一样满怀热情地迎接现在新的技术和工具，学习使用更为便捷的计算机。王先生不仅学会了使用电脑，而且还曾兴奋地告诉我，他是在电脑上完成“汉译世界高等教育名著丛书”的翻译的。自学者始于求学，自学者毕生求知。王先生真是终身学习的典范，也是我们永远学习追随的楷模。

今天我们欢聚一堂，庆贺王先生的百年华诞，让我们所有的学生一起向恩师王承绪先生献上最衷心、最美好的祝愿。祝愿王先生健康长寿，生活幸福！也祝愿我国的比较教育后继有人，事业辉煌！

# 开启王承绪教育思想新传承 创造比较教育学科建设新契机

## ——庆祝著名教育家王承绪教授百岁华诞特别报道①

阚　阅

### 王承绪教授百岁华诞庆祝会隆重举行

2010年10月，王承绪教授百岁华诞庆祝会在浙江杭州隆重举行。来自全国各地政府部门、高等院校、科研机构、新闻媒体的代表以及国外专家学者共600余人参加了庆祝会。中国工程院常务副院长潘云鹤院士，中共浙江省委常委、宣传部部长茅临生，浙江省副省长郑继伟，浙江省政协副主席徐辉等嘉宾参加了庆祝会。

庆祝大会由浙江大学副校长罗卫东教授主持，浙江省委常委、宣传部部长茅临生先生，浙江大学校长、中国科学院院士杨卫教授，中国教育学会会长顾明远教授，中国心理学会理事长林崇德教授，教育部教育发展研究中心副主任周满生教授，美国印第安纳大学教育学院罗伯特·阿诺夫教授，英国苏塞克斯大学国际教育中心主任柳基思教授，

① 原载《世界教育信息》2011年第3期。

上海市教育委员会副主任张民选教授分别在大会上致贺辞，为王承绪先生庆贺百岁寿辰。王承绪教授在致答谢辞中情真意切地表达了他对国家教育事业和教育学科发展的祝福。

庆祝会上，中国高等教育学会授予王承绪教授“高等教育科学研究特别贡献奖”。中国教育学会比较教育分会也向王承绪教授赠送了百岁华诞贺礼。

王承绪教授是我国著名比较教育学家，也是新中国比较教育学科的奠基者之一。他 1936 年从浙江大学毕业后留校工作，1938 年考取庚款留英，在伦敦大学教育学院攻读教育学，获得伦敦大学教师证书和教育学硕士学位。1946 年 11 月，作为中国代表团成员之一，王承绪参加了在巴黎举行的联合国教科文组织的成立大会。20 世纪八九十年代，他曾长期担任联合国教科文组织亚太地区教育合作咨询委员会委员。在将近八十载的教育生涯中，王承绪教授以其高尚的师德、严谨的治学和原创性的成果赢得了广泛声誉。1993 年，王承绪教授荣获伦敦大学教育学院首次设立的“荣誉院士”称号。2003 年，联合国教科文组织授予王承绪教授“亚太地区教育革新终身成就奖”。

## 中国教育学会比较教育分会第 15 届学术年会概况

2010 年 10 月 9—10 日，由中国教育学会比较教育分会、浙江大学、中国联合国教科文组织全国委员会、联合国教科文组织驻华代表处主办，浙江大学教育学院承办的中国教育学会比较教育分会第 15 届学术年会暨庆祝王承绪教授百岁华诞国际学术研讨会在杭州之江饭店举行。本届会议嘉宾云集、盛况空前，来自英国、美国、日本、捷克、加纳等国家以及国内 140 多所高等院校、科研机构的代表参加了会议，参会人数近 600 人，共收到会议论文 280 余篇，均为历届年会之最。

本届年会在庆祝王承绪教授百岁华诞的喜庆气氛中拉开帷幕。国务院学位委员会教育学科评审组召集人、中国教育学会比较教育分会会长王英杰教授在开幕辞中对过去两年学会的工作进行了总结和报告，并对我国比较教育学科发展的现状、特征及趋势作了分析。浙江大学副校长罗卫东教授代表浙江大学致祝贺辞。他强调主办本届年会对加强浙江大学比较教育学科及人文社会科学建设的重要意义，希望借助此次年会的东风，进一步加强学校教育学科的建设，使浙江大学这个有着80多年历史的学科焕发出新的生机和活力。浙江大学教育学院常务副院长徐小洲教授代表承办单位发表热情洋溢的欢迎辞，对来自各地的会议代表表示热烈的欢迎，并向与会代表介绍浙江大学比较教育学科悠久而光荣的历史。开幕式上，中国教育学会会长、中国教育学会比较教育分会名誉会长顾明远先生也即兴发表了讲话，他特别对大批青年学生的与会感到高兴，对我国比较教育研究事业的薪火相传和兴旺发达感到欢欣和振奋。

在本届年会上，来自国内外比较教育领域的专家、学者围绕“国际视野下的教育均衡发展”这一大会主题，展开了积极热烈而富有成效的探讨。在全体大会阶段，本届年会特邀中国教育学会比较教育分会副会长、中山大学教育现代化研究中心主任冯增俊教授，原欧洲比较教育学会会长、英国伦敦大学教育学院罗伯特·科文教授，浙江大学教育学院常务副院长、联合国教科文组织创业教育讲座教授徐小洲，英国苏塞克斯大学教育与社会工作学院教育系国际教育中心主任柳基思教授，美国印第安纳大学教育学院罗伯特·阿诺夫教授，中国教育学会比较教育分会副会长、华东师范大学国际与比较教育研究所所长黄志成教授，原联合国教科文组织国际教育规划研究所所长、香港大学比较教育研究中心主任马克·贝磊教授，分别发表了题为《国家中长期教育规划下中国比较教育学科的历史使命》《比较教育的历史与未来》《高校创业教育的战略选择：美国模式与欧盟模式》《基础教育均衡发展能否普遍实现?》《中国高等教育：应对挑战、实现均衡》《基础教育均衡发展与人的受教育权：全纳教育的视角》《从比较的观点看比较教育》的主题演讲。

本届年会分组讨论阶段思想激荡、异彩纷呈，与会代表就“基础教育均衡发展”“高等教育均衡发展”“创新人才培养与教育改革”“比较教育学科建设”“王承绪先生比较教育思想研究”5个专题展开热烈的研讨。北京师范大学马健生教授、哈尔滨工业大学姜华教授、首都师范大学丁邦平教授、解放军炮兵学院王春茅教授、香港教育学院胡少伟博士、美国印第安纳大学海蒂·罗斯（Heidi Ross）教授、日本同志社大学普尔·格雷戈里（Poole Gregory）教授等来自国内外高校和科研机构的近50位专家、学者就各专题的议题交流了最新的研究成果。

在本届年会的闭幕式上，华南师范大学柯森教授，北京大学施晓光教授，北京师范大学刘宝存教授、项贤明教授，浙江大学汪利兵教授分别对

5 个专题的分组讨论情况进行了精辟的概括和总结。中国教育学会比较教育分会会长王英杰教授在对本届大会的总结中认为，本届大会在参会人数、发言水平、学术论文质量等方面都有了新的突破。浙江大学教育学院党委书记、副院长许迈进教授在闭幕辞中指出，本届年会实现了学院几代比较教育学人举办全国性年会的夙愿，续写了学界同仁新的交流，开启了王承绪先生教育思想新的传承，也创造了比较教育学科建设的新契机。

本届年会规模之大、层次之高是前所未有的，会议的成功举办展现了我国比较教育学科建设、人才培养、科学研究等方面的丰硕成果，也展现了我国比较教育师生积极进取、开拓创新的精神风貌。由浙江大学教育学院承担的本届年会的会议组织工作得到中国教育学会比较教育分会和全体与会代表的积极评价和高度赞赏。年会闭幕式上，在中国教育学会比较教育分会会长王英杰教授的提议下，全体与会代表起立以热烈的掌声对浙江大学教育学院师生为年会成功举办所付出的努力表示感谢。

# 王承绪先生为我国教育科学发展作出杰出贡献[①]

茅临生

今天我们在这里隆重聚会庆贺著名教育家王承绪先生百岁华诞，我谨代表中共浙江省委、省人大、省政府、省政协向王承绪先生表示诚挚的祝贺和良好的祝愿，对王承绪先生对我省教育改革发展事业作出的贡献表示衷心的感谢和崇高的敬意。

王承绪先生是我国德高望重的教育家，从事教育工作八十载，以研究学问为毕生事业，以教育后进为无上职责，潜心专研，无私奉献，辛勤耕耘，为我国教育科学发展尤其是浙江教育发展作出了杰出贡献。先生严谨治学，精钻学术，长期致力于比较教育的奠基性研究和外国教育思想的基础性翻译整理工作，取得了丰硕的学术成就，是我国比较教育学科的创建者、外国教育思想的传播者和高等教育新理念的倡导者，是我国比较教育学领域的泰斗，具有广泛的国际影响。

先生胸怀国家，追求真理，在我国革命、建设和改革的不同历史时期，始终以实际行动秉承和践行教育报国和科教兴国的信念，

① 原载《世界教育信息》2011 年第 3 期。作者时任中共浙江省委常委、宣传部部长。

投身于西方先进经验和学术思想在我国的推广和应用，培养了一大批优秀教育人才，成为浙江高等教育和师范教育的重要推动者，彰显了一代大家的精神气质和责任担当。

先生作为民主党派成员，关注社会，心系教育，积极参政议政，建言献策，为政府决策提供参考和咨询，特别是在担任省政协领导职务期间，围绕我省改革与发展大局倾情事业、开拓创新，做了大量卓有成效的工作。

浙江大学的老校长竺可桢先生曾经说过，教授是大学的灵魂，有好的教师才有好的教育。长期以来，包括浙江大学教师在内的广大教师和教育工作者认真贯彻党的教育方针，教书育人，勤勉工作，默默耕耘，无私奉献，为我省教育发展付出了大量心血，为改革开放和现代化建设培养了大批人才。王承绪先生是大学教授的优秀代表。他志存高远的学术追求，严谨求是的治学态度，教书育人的高尚品格，是进行大学教育和建设的宝贵财富。

今天，我们隆重庆祝王承绪先生百岁华诞，就是要学习和发扬他的崇高追求、学术思想和优秀品格，在科学研究、人才培养、服务发展的实践中不断光大，努力造就适应一流大学发展建设的大师、大家。

当今时代，人才资源的战略地位日益凸显，是推动科学发展的核心要素。当前和今后一个时期是我省全面提升工业化、城市化、市场化、信息化、国际化水平的关键时期，是加快转变经济增长方式的攻坚阶段。培养和造就一大批优秀人才对深入实施“八八战略”和“两创”总战略，全面建设惠及全省人民的小康社会具有决定性意义。我们要大力弘扬和牢固树立人才是第一资源的理念，切实尊重人才，真诚关心人才，努力创造条件促进人才脱颖而出。人才培养的关键在教育。浙江大学作为我省高端人才的聚集地和重要来源地，尤其要把培养、使用和凝聚高层次人才作为重要战略任务，紧紧围绕国家和我省中长期人才发展规划纲要，进一步明确目标方向，创新人才培养模式，提高人才培养水平，努力造就更多的高端领军人才和创新团队，为推进我省经济转型升级，加快转变经济增长方式，提供坚强的人才支撑和智力支持。省委、省政府将一如既往地支持浙江大学的改革和发展，为浙江大学加快建设世界一流大学创造条件。

祝愿王承绪先生身体健康、生活幸福！

# 王承绪先生为浙江大学百年办学和成长发展贡献杰出[①]

杨　卫

今天，我们在这里隆重集会，共同庆祝我国著名教育学家、中国比较教育奠基者王承绪先生百岁华诞，首先，我谨代表浙江大学全体师生向王老百岁寿辰表示热烈的祝贺，向王先生对我国教育事业和浙江大学发展作出的杰出贡献表示崇高的敬意和衷心的感谢。

王承绪先生是我国当代著名比较教育学家，在海内外享有盛誉。20 世纪 30 年代，王先生怀抱对国家和民族兴旺的强烈责任感和使命感，立志教育救国，献身教育研究和教育实践。在长达近 80 年的教学和研究生涯中，先生耕耘不息，精勤不倦，硕果累累，先后主持编写了新中国成立后第一部比较教育教材，主编了《比较教育学史》《中外教育比较史纲》等重要著作，对繁荣比较教育学术研究、发展我国比较教育学科作出了杰出贡献。先生积极倡导和引介外国教育思想，凭借精通英、法、德、俄等多国语言，翻译出版了《民主主义与教育》《西方现代教育

① 原载《世界教育信息》2011 年第 3 期。作者时任浙江大学校长、中国科学院院士。

论著选》等诸多经典著作，极大丰富了中国现代教育思想宝库，对更新教育观念、推动教育变革发挥了重要作用。

王先生与浙江大学有着跨越世纪的深厚情缘。他在 1932 年进入浙江大学学习，1947 年又受竺可桢教授之邀回母校任教至今。作为一位世纪老人，他目睹了中华民族的沧桑巨变，见证了我国教育事业的蓬勃发展，更是亲历了浙江大学定名复兴、西迁办学、调整发展、战略合并和改革腾飞的发展历程，为浙江大学百年办学和成长发展贡献了毕生的精力、智慧和心血。为表彰先生为浙江大学作出的卓越贡献，学校特于 2009 年向先生颁发了最高荣誉奖——浙江大学“竺可桢奖”。

王先生在浙江大学不仅笔耕不辍，著作等身，更是爱生乐教，成为广大学子的良师益友。先生一生学为人师，诲人不倦，甚至在九旬高龄仍身处教学第一线，亲自指导研究生，对人才培养倾注了满腔热忱。他既强调学生扎实的基本功，又注重学生的方法论训练，更鼓励学生提出新理论、新方法和新模式。桃李不言，下自成蹊。几十年来，先生培养出的学生已成为高等院校、科研机构和政府部门的骨干人才。2010 年的教师节，经全校师生的民主推荐和投票评选，王先生光荣当选浙江大学“三育人”标兵。这是广大师生对先生的崇高风范表达敬意的最好体现，也是送给先生百岁华诞的最好礼物。沧桑岁月，世事变迁，铸就了先生不平凡的一生。我们今天庆贺先生百岁寿辰就是要学习他心系国家、献身教育的爱国情怀；学习他开宗立派、求是创新的治学精神；学习他修德甄善、教书育人的师德风范；学习他淡泊为怀、物我两忘的可贵品格；学习他桑榆未晚、彩霞满天的不懈追求，传承和发展先生开创的事业，为浙江大学早日建成具有中国特色世界水平的一流大学而努力奋斗。

再次向王先生致以最崇高的敬意。祝愿先生福寿延年、青春永驻！也祝先生阖家幸福！

# 王承绪先生为国家教育改革和发展积极献计献策　影响重大[①]

周满生

值此庆贺王承绪教授百岁华诞之际，我代表教育部教育发展研究中心全体同志向王老致以最衷心的祝贺。王承绪教授是我国著名的比较教育专家，为新中国比较教育学的奠基和理论体系的建设作出了杰出的贡献。王老在1946年作为中国代表团成员参加在巴黎举办的联合国教科文组织成立大会。1947年开始担任浙江大学教育系教授、系主任等重要学术职务；1982年指导主编新中国第一部比较教育学教材；1983年成为我国首批比较教育学科博士授予点博士生指导教师。近30年来，杭州大学高等教育研究所从研究英国高等教育的龙头机构发展壮大成为我国高等教育学的重要研究基地。今日的浙江大学教育学院积累了众多的研究成果，培养了大量的高等教育教学研究人才。这些都与王老所做的大量开创性工作密不可分。

作为优秀的教育科研工作者、教育活动家，王老积极为我国的教育改革和发展献计

① 原载《世界教育信息》2011年第3期。作者时任教育部教育发展研究中心副主任。

献策。他从教育部教育发展研究中心成立起就担任发展中心兼职研究员和专家咨询委员会资深专家。每次专家咨询会上，王老都积极参与并作了非常精心认真的准备。他反复阐述，教育改革要从国际化的角度寻求突破，研究国际教育要脚踏中国实际。他参与了发展中心多项重大研究课题，中心出版的《八十年代外国高等教育改革述评》《发达国家教育改革动向与趋势》等书，很多都有王老亲自的著述和译述，凝聚了王老的大量心血，引述了英、美等国教育改革的大量经验，提出了值得我国教育改革借鉴的对策，这些成果对推动我国教育宏观决策科学化、民主化进程产生了积极重要的影响。

作为一名杰出的教师，王老始终坚持育人为本、诲人不倦。在 70 年的教学生涯中，他始终坚守在育人第一线，辛勤耕耘。他严谨的治学态度和谦逊的治学风格在学界有非常好的口碑，采取的英国精英大学导师制独特的育才之道颇受赞誉。我本人 1984 年跟随顾明远先生到杭州大学访学时就被王老的人格魅力深深吸引。20 多年来，得到了王老很多直接的教诲，终生难忘。

在王老百岁华诞的大喜日子里，我们诚挚祝愿王老健康长寿，为培育更多的优秀人才，推动高等教育事业科学发展作出新的贡献！

# 王承绪教授获亚太地区教育革新终身成就奖[①]

新华社记者

新华社杭州11月18日电（记者谢云挺）联合国教科文组织日前将首度设立的“亚太地区教育革新终身成就奖”颁给了我国比较教育学奠基人之一，浙江大学教授、博士生导师王承绪。据悉，王承绪教授是全球首个获此殊荣的教育专家。

102岁高龄的王承绪教授1936年毕业于浙江大学教育系，1938年留学英国，考取英国伦敦大学教育学院攻读硕士学位，毕业后在诺丁汉大学当讲师。抗战结束后，王承绪回国到浙大任教，先后编译和出版了《外国教育论著选》《比较教育》《现代西方资产阶级教育流派》等10多部著作，并与顾明远等学者一起创立了比较教育学这门新学科。

早在57年前，联合国教科文组织正式成立时，王承绪作为中国代表出席了联合国教科文组织成立大会，还参与撰写了联合国教科文组织的文献——《基本教育》。由他主持建立的联合国教科文组织亚太地区教育创新为发展服务计划浙大联络中心是联合国教科文组织在我国建立最早的联系中心之一，为推动亚太地区的教育革新做出了重要的贡献。

---

① 原载《新华每日电讯》2003年11月19日。

# 中国高等教育学会关于授予王承绪教授、潘懋元教授“高等教育科学研究特别贡献奖”的决定①

中国高等教育学会

浙江大学、厦门大学：

中华人民共和国成立60周年以来，我国的高等教育事业经过几代人的不懈努力，发生了翻天覆地的巨大变化，在此期间涌现出了一批从事高等教育科学研究的杰出人物。王承绪教授、潘懋元教授就是其中的典型代表。

王承绪教授、潘懋元教授长期从事高等教育科学研究工作，取得了丰硕的学术研究成果，在国内外产生了重大影响；他们为中国高等教育科学研究事业做出了杰出贡献；他们注重研究借鉴国外高等教育的成功经验，为探索中国特色的高等教育理论体系做出了积极的贡献；他们潜心于高等教育研究领域的人才培养，培养了大批从事高等教育科学研究及高等教育管理实践的专家学者，可谓桃李满天下。

在广泛征求各方面意见的基础上，经中国高等教育学会会长办公会讨论，决定授予王承绪教授、潘懋元教授“高等教育科学研究特别贡献奖”荣誉称号，以表彰他们对中国高

---

① 原载《中国高教研究》2010年第11期。

等教育科学研究的特别贡献。

中国高等教育学会希望广大高等教育科学研究工作者学习他们严谨治学、为人师表的师德师风，对高等教育事业的执着追求、无私奉献的精神，共同推动中国高等教育事业向前发展。

中国高等教育学会
2012 年 10 月

# 沉痛悼念著名教育家、国际著名比较教育学者王承绪先生①

中国教育学会比较教育分会

中国共产党优秀党员、浙江省政协原副主席、民盟浙江省委原常委，我国比较教育学科创始人之一、著名教育家、国际著名比较教育学者、浙江大学教授王承绪先生于2013年11月19日11时28分在杭州逝世，享年102岁。王承绪先生遗体告别仪式，于2013年11月24日上午在杭州举行。

王承绪先生住院、病重期间及逝世后，党和国家领导人习近平、李克强、张德江、俞正声、刘云山、张高丽，胡锦涛、温家宝、朱镕基，以及刘延东、赵乐际、赵洪祝、沈跃跃、常万全、路甬祥，中央国家机关领导陈希、袁贵仁、潘云鹤、杨卫、王永乐、徐辉等，浙江省领导夏宝龙、李强、乔传秀等，浙江大学领导金德水、林建华等前往医院看望、慰问家属或以发唁电、送花圈等不同方式表示吊唁。中共中央组织部、统战部、教育部、民盟中央、中共浙江省委、省人大常委会、省政府、省政协、省纪委、省委组织部、省委宣传部、省高级人民法院、省人民检察院、省军区、省武警

① 原载《比较教育研究》2013年第12期。

总队、民盟浙江省委、省教育厅以及联合国教科文组织等送了花圈、花篮或发来唁电、唁函。

王承绪先生1912年6月生于江苏江阴，1951年2月加入中国民主同盟，1983年4月加入中国共产党。他1936年毕业于浙江大学教育系并留校任教；1938年获公派赴英留学，入伦敦大学教育学院攻读教育学，1941年获伦敦大学教师证书和教育学硕士学位；1947年应邀回国任教，历任浙江大学教育系教授、系主任，浙江师范学院教育系教授、系主任、副教务长，杭州大学教育系教授、比较教育研究中心主任、高等教育研究所所长及名誉所长、联合国教科文组织APEID计划杭州大学联系中心主任，浙江大学教育系教授，第五、六届省政协副主席；曾任教育部国家教育发展研究中心兼职研究员，中国陶行知研究会副会长，加拿大《交流》季刊咨询编委等职；1983年荣获“浙江省优秀教师”称号，1991年起享受国务院特殊津贴。1993年获伦敦大学教育学院荣誉院士称号；2003年获联合国教科文组织亚太地区教育革新终身成就奖；2009年获浙江大学教师最高荣誉“竺可桢奖”；2010年获中国高等教育学会“高等教育科学研究特别贡献奖”。

王承绪先生忠诚党的教育事业，专注于教材和专业书籍编写以及外文文献的翻译工作，以渊博的学识，关心比较教育研究工作者的知识需求。他曾任《中国大百科全书》教育卷外国教育副主编，合作主编新中国第一部《比较教育》教材，出版的专著和编著包括《伦敦大学》《比较教育学史》《中外教育比较史纲》《英国教育》等，单独或合作翻译的著作包括《教育原理》《民族主义与教育》《杜威学校》《高等教育哲学》等；主持翻译的“汉译世界高等教育名著丛书”是我国高等院校比较教育学、高等教育学专业的经典教材，具有广泛的社会影响。他是新中国比较教育专业首批硕士生和博士生导师，在近80年的教育生涯中，治学严谨、潜心教学、诲人不倦，深受学生们的敬爱。

王承绪先生积极致力于国际教育交流与合作。1946年11月，他作为中国代表团秘书参加在巴黎举行的联合国教科文组织成立大会；1980年至1992年在担任联合国教科文组织亚太教育合作咨询委员会委员期间，多次出访亚太各国，研究各国教育，广交教育界朋友；2004年被省侨办、省侨联授予“浙江省归国归侨侨眷先进个人”荣誉称号。

王承绪先生积极推动人民政协工作，任省政协副主席期间，注意调查研究，积极参政议政、建言献策，为坚持和完善中国共产党领导的多党合作和政治协商制度，为浙江政协事业和经济社会健康发展作出了积极贡献。

王承绪先生的逝世是我国教育界的重大损失。他崇高的科学精神和道德风范永远值得我们学习和敬仰。

# 王承绪逝世时部分单位唁电[①]

## 一、联合国教育、科学及文化组织唁电

The Assistant Director-General for Education

Professor Lin Jian Hua
President
Zhejiang University
Hangzhou
People's Republic of China

ReF：ADG/ED/13.79　　20 November 2013

Dear President,

It was a great shock to hear the news of eminent Professor Wang Chengxu's passing away on 19 November 2013. I wish to express my sincere condolences to his family and Zhejiang University. No comfort is quite enough to replace the loss.

Although I did not know Professor Wang in person, I knew for long that he was a very famous educator and devoted his whole life, with

① 此部分内容摘录自浙江大学缅怀王承绪专题网站。

great compassion, to teaching and research in education in China. Professor Wang founded the Chinese Centre for Comparative Education Studies at the then Hangzhou University and now Zhejiang University, where he served as Director from 1958 to 1998.

Professor Wang also showed his great compassion towards UNESCO. His involvement with UNESCO started in 1946, as the secretary of the Chinese delegation to the first UNESCO General Conference in Paris, and as a specialist of the Chinese delegation to the UNESCO Far East Fundamental Education Conference in Nanjing in 1948. During the late 1980's and early 1990's, he served as a member of the UNESCO Advisory Committee for Educational Cooperation in Asia and the Pacific. For his devotion and contribution to education and its innovation, Professor Wang received UNESCO-APEID award in 2003. His great contribution to UNESCO's noble cause has been greatly appreciated.

May the legacy of Professor Wang be sustained and his soul rest in peace.

Qian Tang, PhD

## 二、联合国教育、科学及文化组织亚太地区教育局唁电

UNESCO Bangkok
Asia and Pacific Regional Bureau for Education

Regional Unit for Social and Human Sciences in Asia and the Pacific
Regional Advisor for Culture in Asia and the Pacific
Advisor for Communication and Information in Asia
Regional Advisor for the UNESCO Institute for Statistic

Ref: DO/13 Date: 21 November 2013

Dear Professor Lin,

I am deeply saddened by the news of the demise of Professor Wang

Chengxu. On behalf of UNESCO Asia and Pacific Regional Bureau for Education, I would like to express our heartfelt condolences to Zhejiang University and Professor Wang's family.

I would also like to take this opportunity to commemorate Professor Wang's valuable contributions. Professor Wang witnessed the founding of UNESCO and had been a long-time champion of UNESCO's values and programmes. His achievments in promoting educational innovations in the region had been well respected and recognized.

Our thoughts are with you and the University community at this difficult time.

Yours sincerely
Gwang-Jo Kim
Director
UNESCO Asia and Pacific Regional Bureau for Education

## 三、中华人民共和国联合国教科文组织全国委员会唁电

浙江大学：

惊悉我国著名教育学家、国际比较教育学泰斗王承绪教授今日辞世，深感悲痛。王先生一生投身我国教育事业，成就卓著，德高望重，倾毕生精力为国家培养了一批优秀人才。百岁人瑞，几人可及。王先生的治学精神和学术成就将永远激励后学。

王先生作为我国出席联合国教科文组织成立大会的代表团成员，见证了这一国际组织的诞生与发展。此后，王先生密切关注联合国教科文组织的发展，积极参加该组织的教育活动，展现了一代教育学大师的学养与水准，深孚众望。

我谨代表中国联合国教科文组织全国委员会秘书处全体同志，并以我个人的名义对王承绪先生的辞世表示深切的缅怀，向王先生的家人表示诚挚的慰问。特此致电，深表悼念。

杜越
中国联合国教科文组织全委会秘书长
2013 年 11 月 19 日于巴黎

## 四、教育部国家教育发展研究中心唁电

浙江大学教育学院：

惊悉王承绪教授辞世，深表惋悼。

王承绪教授是我国比较教育学科的创始人，是蜚声中外的资深专家学者。他立足讲坛，教书育人，桃李满天下。作为学者，他胸怀祖国，面向世界，科研成果丰硕。他积极投身教育改革开放伟大事业，为我国教育发展和改革做出了卓越贡献。他的遽然逝世，不仅使浙江大学失去了一位德高望重的资深专家，同时也是我国教育科学研究界的重大损失。

我们谨以无比沉痛的心情向你们并通过你们向王承绪教授的家人及亲友致以诚挚的慰问，尚望节哀珍重。

教育部国家教育发展研究中心
2013 年 11 月 22 日

## 五、中国高等教育学会唁电

王承绪同志治丧办公室：

惊悉王承绪同志辞世，深致哀悼。

王承绪同志为中国高等教育学会第六届理事会顾问，2010 年被授为高等教育科学研究特别贡献奖。他的逝世是我国学术界和教育界的巨大损失！王承绪同志一生献身于学术研究及教育事业，勤苦耕耘，著述等身且育人无数，诚为永远之楷模。特此致电，深表悼念。

百岁人瑞，几人可及，人虽逝而精神不朽，更达人生之高境界，故烦请转致王承绪先生家属，逝者已矣，务请节哀顺变。

中国高等教育学会
2013 年 11 月 20 日

## 六、中国教育学会比较教育分会唁电

浙江大学教育学院：

惊悉王承绪先生仙逝，我谨代表中国教育学会比较教育分会理事会及全体同仁，向先生的逝世表示沉痛的哀悼，向你们并通过你们向先生的家属表示深切的慰问！

王承绪先生是中国教育学界具有崇高威望的老前辈，是新中国比较教育学科的重要奠基人，为我国比较教育学的发展做出了卓越的贡献。他的道德文章，是新中国几代比较教育学者学习的楷模。他的逝世，是我国比较教育学界的重大损失！

我们将永远学习王承绪先生将自己的一生贡献给中国教育事业的献身精神，学习他一丝不苟的治学态度和谦逊求实的学术品格，学习他关心学生、甘为人梯的教育风范，学习他锲而不舍、百折不回的道德勇气，学习他宽厚待人和淡泊处事的高尚情操。

愿王承绪先生安息！

王英杰
中国教育学会比较教育分会理事长
2013 年 11 月 19 日

## 七、中国心理学会唁电

浙江大学：

惊悉著名比较教育学家、浙江省政协原副主席、浙江大学教授王承绪先生不幸逝世，我们感到非常的震惊和悲痛。

王承绪先生是新中国比较教育学科的奠基者之一，在该领域做出了巨大的贡献。他的逝世是我国教育学界非常重大的损失。我们对王承绪先生的逝世致以极其沉痛的哀悼，并向王承绪先生的家属表示深切慰问！

沉痛悼念王承绪先生！

中国心理学会
2013 年 11 月 21 日

## 八、香港比较教育学会唁电

王承绪先生治丧办公室：

惊悉先生驾鹤仙去，十分沉痛。

先生学贯中西、德高望重、广受爱戴。他的仙逝是学界的巨大损失！

晚生自本科开始攻读教育理论，有幸启蒙于先生大著《比较教育》。庚寅年初夏，专程赴杭州拜望先生，得亲笔签名赠书勉励，是年金秋复赴杭贺先生百岁诞。前后约卅年，先生教诲，言犹在耳，睹物思人，恍若昨日。吾辈当以先生为楷模，弘扬先生未尽之大愿。

谨此代表香港比较教育学会向先生家人表示诚挚的慰问。

李军鞠躬
香港比较教育学会会长
2013 年 11 月 20 日于香港中文大学

## 九、北京大学教育学院唁电

浙江大学教育学院：

惊悉我国著名教育家王承绪先生仙逝，北京大学教育学院全体同仁深表哀悼。

王承绪先生是新中国比较教育学科主要奠基人之一，在比较教育、高等教育研究和教育名著译介方面做出了卓越的成就，为我国参与联合国教科文组织活动、促进教育学科国际交流与合作做出了重要贡献。王承绪先生的逝世，是我国教育界、教育学界的重大损失。我们教育界同仁将与贵院师生一起化悲痛为力量，继承和发扬王承绪先生高尚的师德与严谨的治学精神，共同将教育研究事业推向新的台阶。

北京大学教育学院全体同仁
2013 年 11 月 20 日

## 十、清华大学教育研究院唁电

浙江大学教育学院：

惊悉中国著名教育家、国际与比较教育学研究泰斗、贵院教授王承绪先生辞世，深感悲痛。

王先生终身致力于教育研究，为国家培养了一大批优秀人才。作为一代教育学大家，王先生德高望重，令人敬仰。王先生的治学精神与学术贡献，将永远激励后辈学人在学术道路上不断奋进。

我谨代表清华大学教育研究院全体师生，并以我个人名义，向王先生的去世表示深切哀悼，并向王先生的家人表示诚挚的慰问。

史静寰
清华大学教育研究院
2013 年 11 月 20 日

## 十一、北京师范大学教育学部唁电

浙江大学田家炳书院及王承绪先生遗属：

惊悉王承绪先生不幸辞世，我们万分悲痛！

王先生是我国德高望重、德艺双馨的比较教育学家，也是新中国比较教育学科的奠基者之一。先生怀抱着高度的学术责任感和历史使命感，开创了中国的比较教育学科的研究。他的每一篇论文、每部著作，都堪称学术精品。在漫长的教学、科研生涯中，王先生总结和积累了独特而宝贵的比较教育研究思想，在夯实比较教育学科基础、推进中国教育研究科学化方面，发挥了无与伦比的作用，对我国的学科发展和人才培养具有重要意义。作为杰出的学术领袖和教育名师，先生总是严于律己、率先垂范，一丝不苟，他那高尚的师德、严谨的治学和原创性的成果德被当今、泽及后世。他是中国教育学界的学术泰斗、人生楷模。

王先生的辞世，是教育学界的重大损失，也使我们痛失良师益友！我们将化悲痛为力量，以继承和发展中国教育学优秀传统的实际行动，让先生含笑九泉！

王承绪先生永垂千古！

北京师范大学教育学部
2013年11月19日

## 十二、厦门大学教育研究院唁电

王承绪先生治丧委员会：

惊闻王承绪先生不幸逝世，不胜悲痛。王承绪先生是我国著名的思想家、教育家，也是新中国比较教育学科的奠基人，为中国及至世界教育事业的发展贡献了毕生精力、智慧和心血。

王承绪先生的逝世是中国教育界的损失，也是全球学术界的损失。先贤虽去，风范长存。

谨向王承绪先生的亲属表示最真挚的慰问。节哀珍重！

王承绪先生千古！

厦门大学教育研究院
2013年11月19日

# 父亲永存[①]

王重为

父亲、母亲依然和我们在一起，一切有如那融融和乐的时光。

父亲在母亲弥留之际昂首吟诵："落霞与孤鹜齐飞，秋水共长天一色。"将无限悲痛升华成无限高远的境界。

2002 年王承绪先生与夫人赵端瑛摄于杭大新村

宁静致远，正是父亲无限高远的思想境界，造就了一生的辉煌，成就了教育报国的理想。

父亲说过："学而奉献，老而弥坚。一息

① 作者系王承绪先生长子，该文为缅怀其父之作，写于 2017 年 12 月。

尚存，此志不渝。”对人生挫折不堪皆“置而不较，亦不介于胸中”。并以“捧着一颗心来，不带半根草去”为座右铭，一心学问，砥砺前行，为中国教育事业作出了卓越贡献。

父亲在八十年从教生涯中始终认为教育是教师的天职，父亲视学生如儿女，关爱备至，辛苦耕耘，桃李芳菲，学生皆为品行高洁的学界英才，如今春风化雨，递薪传火，青出于蓝，传承父亲的教育事业。

父亲生命永存！

# 第二部分 学术访谈

# 个人旨趣、社会责任与比较教育工作者的使命

## ——访王承绪教授[①]

《教育研究》记者

王承绪，男，江苏江阴人，生于1912年，历任浙江大学教授、博士生导师，浙江师范学院教育系主任，杭州大学比较教育研究中心主任、高等教育研究所所长，联合国教科文组织亚太地区教育合作咨询委员会委员等职。曾任《中国大百科全书·教育卷》编委及“比较教育和外国教育”部分的副主编，并合作编写了新中国第一部《比较教育》教材，先后出版《伦敦大学》《比较教育学史》《中外教育比较史纲》《教育原理》《民主主义与教育》《高等教育系统》《别国的学校与我们的学校》等专著、编著、译著二十余部，发表论文四十余篇。1993年被英国伦敦大学教育学院授予“荣誉院士”称号，2003年被联合国教科文组织授予“亚太地区教育革新终身成就奖”。

记者：王教授，您长期从事比较教育研究，能否简要谈谈您从事比较教育的初衷和感受？

王承绪：我初中毕业后于1928年秋进无

① 原载《教育研究》2006年第7期。

锡中学师范科读书，当时，就觉得应该学习国外好的做法来发展中国的教育。师范毕业后，由于成绩优异，按规定我先在学校的实验小学当了一年老师，然后被保送到南京中央大学教育系深造。从那时候开始，我对杜威的思想就很有兴趣了，也很赞同进步主义教育的观点。我在浙江大学教育系一年级学习时，就开始写文章，第一篇文章《意大利教育》在《江苏教育》上发表。1938 年出国前先后在《教育杂志》《中华教育界》等杂志上发表了十余篇论文，介绍英国、苏联、波兰、墨西哥等国的教育情况。1938 年 9 月我考取了中英庚子赔款的留英资格，赴英国伦敦大学教育学院学习。三年后，我获得了教师证书和硕士学位。在教育学院读教师证书时，教育原理是读沛西·能的《教育原理》，主讲教授是克拉克。其他课程与在浙江大学读书时学习的内容差别不大，但都有各自的特点。同时，还深入地了解了英国教育的实际，是留英的一大收获。

我于 1947 年 1 月启程回国到浙江大学任教。当时中国教育困难重重，大学图书、杂志缺乏，更不要说仪器设备了。为此，回国前我便购买了一些苏联和英国的书籍带回来，回国便讲授比较教育、外国教育。在从事比较教育的过程中，我就是一直想着怎样把教师做好，把外国可以借鉴的东西都学到，都介绍到。

记者：1993 年，您被伦敦大学授予“荣誉院士”的称号，奥尔德里奇教授在他撰写的《伦敦大学教育学院百年史》一书中还将此列为该校一个非常重要的事件，这是一个怎样的称号？

王承绪：当时，我在杭州大学教育系任教，伦敦大学教育学院院长写信邀请我到英国参加该称号的授奖仪式，我自己事先并不知道，所以感到有点突然。这是伦敦大学教育学院自创办一百多年来第一次设立“荣誉院士”的称号，以奖励对教育事业做出杰出贡献的人。当时，共授予了三个人，除我之外的另外两人是英国本国的。

记者：2003 年，联合国教科文组织授予您“亚太地区教育革新终身成就奖”，能否谈谈您在联合国教科文组织工作期间的经历和感触？

王承绪：授予我终身成就奖是给我的极高的荣誉，但我在联合国教科文组织做的工作还很有限。其间大体上可分为两个阶段，一是在联合国教科文组织初创时期，二是在我国改革开放以后。

1945 年 10 月，联合国教科文组织筹备委员会成立了一个编辑委员会，为联合国教科文组织成立大会编辑一本关于基本教育的专著，我曾为这本专著撰写了《略论基本教育》一文。该书在联合国教科文组织成立大会召开前出版。1946 年 11 月，联合国教科文组织在巴黎召开成立大会，我曾以《联合国教育科学文化组织会议的经过和观感》为题，以论文的形式在《大公报》发表文章，报道联合国教科文组织成立大会的经过。会后，我将《略论基本教育》一书译为中文，并由商务印书馆出版。

1980 年 4 月，亚太地区教育合作咨询委员会第一次会议在泰国首都曼谷召开。会议对亚太地区教育合作的优先考虑领域和战略部署等做出了决定，对“亚太地区教育革新为发展服务计划”，人口、环境和教育以及高等教育三个领域提出了详细的要求，我也参加了这次会议。

曼谷会议之后，我参加了 1981 年 7 月在新加坡举办的亚太地区高等教育项目开发会议。这次会议创建了亚太地区高等教育联合研究网，是亚太地区教育革新为发展服务计划的新项目。此外，应“亚太地区教育革新为发展服务计划中心”主任拉蒂夫先生之邀，我还出席了 1982 年在巴黎召开的国际会议。不久，杭州大学高等教育研究所和“亚太地区教育革新为发展服务计划联系中心”（APEID）先后成立。在中国联合国教科文组织全国委员会的领导下，中国的教科文 APEID 联系中心逐步发展，联系中心的会议先后在北京、西安、宜兴和苏州等地召开，我也曾多次参加。

亚太地区教育合作咨询委员会从 1980 年至 1991 年共举行过六次会议。我在参加亚太地区教育合作咨询委员会会议期间，一方面报告中国有关会议主题的情况，会后及时向全委会汇报，另一方面在会议期间还广交了朋友。

记者：现在有人认为外国的东西其他的专业的人也可以自己去学，不需要专门的比较教育研究了，您是怎么看的？

王承绪：每个国家的教育都有自己的历史和传统，不是简单地参观一下就能学到的，一定要了解到其制度层面。关于这一点，我个人的体验特别深刻，对于英国我不必说了，读书时代我曾参加英国的教育实习。后来每次出国访问，从幼儿园到大学都仔细地看，深入到基层。没有比较充裕的时间，不深入进去，你就没有办法真正理解他们的东西。我们的比较教育不是学一点做法，而是要知道他们为什么这么做，究竟是怎样做的，不是到哈佛或到牛津把他们的教材搬过来就可以解决问题的，所以需要专门的比较研究，需要了解他们的历史。我们现在的比较教育可以说还是黄金时代，我们需要搞国际论坛，请他们来，我们也派人出去，但深入的研究还是要靠我们自己。

记者：伦敦大学教育学院比较教育方法论目前有两派，一派以科温为代表，提出比较教育研究应以文化理解为主线和目标；一派以格林为代表，认为比较教育研究应以为国家民族的教育发展服务为目的。对这个问题，您是怎么看的？

王承绪：我们提倡两者都要搞。我们主编的《中外教育比较史纲》提出了比较教育方法论：一方面要从实际出发，立足本国；另一方面要强调文化解释和理解以及可比性，要“以问题为纬、以时代为经，立足本国、放眼世界”。也就是说，介绍国外东西要先了解本国的情况和政策。学习国外的理论，开展交流，要立足于我国现状，从实际需要出发，根据我们的需要加以借鉴。在开展比较教育研究时要全面深入地掌握该国的政治、经济和文化等各方面的情况，并在此基础上建立相关的理论框架，才能够真正厘清可比性和可借鉴性。

记者：您认为中外教育和文化交流要注意什么问题？

王承绪：首先，主体在我，主次要分清。其次，和国外学者合作，并不是我们请来讲什么就马上跟他们做什么。我们请人来交流，要先了解他们的思想，再看我们自己有没有相关的研究需求和条件。如果合作和研究可以达到借鉴和发展的目的，就可以积极开展合作。有时候，建立合作关系也要有计划地进行，不能急功近利。

记者：您组织翻译了很多书籍，在教育界影响很大，您是怎样选择要翻译何种类型的书的，应该怎样借鉴外国的成果？翻译者应注意什么问题？

王承绪：国外的书籍很多，我们翻译时只选择那些在他们本国和国际上影响比较大的作品。这不仅要选作者，对同一个作者选哪一本书也要认真考虑。我们所选的作者都是靠得住的，而且所选择的书籍要针对国内的教育实际和研究现状。我自己翻译的理论书，美国选了杜威，英国选了沛西·能，这两个人的著作在他们各自国家的教育中都起了很大的作用，在世界上也有很大影响。把这些书翻译过来不是为了完全按照他们的观点去做，而是想把这些西方观点作为参考，我们起的是桥梁的作用。

关于翻译问题，我认为翻译首先要语言过关，要忠于原文，要在本国文字上超越原文。同时，翻译就要全译而不是节译。新中国成立初期有人翻译俄文书，拿着书做卡片，把卡片上的翻译联起来，这种翻译没有把书吃透。真正的翻译首先要选好书，译者要整个地把书理解透了才能动笔，而不是一到手就翻译。翻译最好能做到“信、达、雅”。

记者：您在《比较教育学史》中，对比较教育方法论的发展历程做了系统的梳理和阐述，您能否谈谈我们在比较教育的方法论方面应如何突破？

王承绪：比较教育的方法论是提高比较教育研究品质的保证。纵观国外比较教育发展的历史可以发现，比较教育在方法论上经历了从朱利安时期的资料收集、翻译和经验介绍，到康德尔、汉斯的因素分析阶段，再到贝雷迪、诺亚和埃克斯坦、埃德蒙·金的科学实证主义阶段，直至受波普尔影响的霍尔姆斯的证伪主义阶段和当前的多元化解释阶段，每个时期的方法论要素，包括资料收集、翻译、经验介绍、因素分析、科学实证研究方法、证伪主义方法和解释学方法等，都成为当今比较教育研究的基本方法和要素。这些要素是不能省略的，重要的问题是在我们的比较教育研究中如何使这些要素更为完整，在此基础上再谈论突破。我们的比较教育严格说来还没有走完这个方法论历程，需要加强对比较教育研究者的方法论训练。要谈突破的话，我们要注重怎样从单向地引进国外的比较教育方法论转向输出我们自己在方法论方面的创新。要达到这个目的，首先需要比较教育研究者提高个人素质，加强国际化的训练，融入国际学术圈，成为国际型的学者，在此基础上，结合国情和社会科学发展的前沿，建立新的方法论模型。

记者：那么，怎样寻找比较教育理论上的突破口呢？

王承绪：在比较教育的理论方面，可以从三个层面入手来寻求突破。首先是因果关系分析理论层面：传统的比较教育因果关系理论，如依附论和结构功能主义，更多地注重从国家间和国家内部的关系出发来提出假设和建构理论。当前，在全球化和国际化的世界背景下，应从教育国际化的角度去寻求突破。其次是价值观方面的理论层面：传统的比较教育更多地从国家竞争力的角度去分析和比较，而当今世界，一个国家的问题往往无法单单从自身出发去解决。从全球的视角看，不依靠教育很难建立起平衡合理的世界经济秩序，新情况的出现，全球化和国际化等方面的问题都对比较教育理论的价值观层面提出了新的要求。联合国教科文组织提出的很多理念，如可持续发展、全民教育、终身教育等都是比较教育应该追求的理念和价值观。最后是比较教育分类的理论层面：传统的比较教育注重阶段性的学校制度的研究，现在越来越多地注重从终身教育的角度出发研究学校教育和学校之外的教育。比较教育分类越来越淡化，边界越来越灵活，同时范畴也越来越广，需要加强这方面的研究并建构相应的理论。

记者：我们欣喜地看到比较教育研究对我国的教育实践正在起着越来越重要的作用，同时还存在一些问题，对此您有什么看法？

王承绪：从20世纪60年代开始，我们就把比较教育工作和国家的长远规划联系起来。目前我国很多重要的教育决策都参考了比较教育的研究成果。在当今全球化背景下，教育改革要建立在扩大眼界的基础上才不至于迷失方向。我们应非常重视对国际性问题的实际研究，增强我国的比较教育对实践问题研究的国际相关度，提升我国比较教育的国际地位。在当前的社会环境下，一个学科如果不注重实践研究，很难生存和发展。而理论也是非常重要的，理论是分析工具，可以借助理论的分析工具推导出很多有意义的东西。我们目前教育改革的涉及面很广，对比较教育实践研究的需求很大，比较教育的范围和领域不断扩展，实践研究得到了很大的发展。我所担心的是，实践研究加强以后，对实践研究得到的资料和数据开展总结时，如果方法论的含量很少，会使很多研究质量受到影响，同时会使研究结果对教育实践难以起到应有的作用，甚至会误导。总之，内容的发展和方法论含量的增加应该同步。

记者：从比较教育的视角您对我国当前课程改革是如何看待的？

王承绪：课程改革反对死记硬背是正确的。我觉得课程的组织应强调怀特海所讲的，应该起始于wonder，就是说首先要让学生产生好奇，要有知识的准备。新课程强调在探究中学习知识也是对的。在我国教育史上曾经对杜威有些误解，杜威并不是完全反对知识的学习，他也是要知识的，他强调从做中学知识，从研究中学知识，强调综合能力的培养。

关于课程问题，我常想起怀特海在《教育的目的》一书中所讲的“教育的节律”。书中提出的一个原则就是：“学生应该在适合的时间，在他们到达恰当的心理发展阶段时，为不同的学生，采用不同的学习方式。”怀特海把儿童心理的发展分成三个阶段。第一是奇异阶段，即开始理解阶段。教材具有新奇性和生动性，在这个阶段，知识没有被系统的程序所控制。第二是准确阶段，表示知识的增长，这是打基础阶段。没有先前的奇异阶段，准确阶段便是贫乏的。第三是概括阶段，就是黑格尔体系中的综合。这个阶段又返回到赋予传奇色彩的阶段，并增添了分类的观念和恰当的技术，这是准确训练的结果，也是准确训练的目标，这就是教育的成就。

儿童认知的发展表现为一个包含周期交织的节奏，教学的质量应该适应学生已经达到的节奏中的阶段，学校的科目自然地按阶段展开。这些阶段，表现着共同的特点，又和各学科历史发展的阶段相似。以磁电的历史为例，第一阶段可以称为“奇迹阶段”（wonder stage），第二个阶段可以称为“实用阶段”（utility stage），第三个阶段可以称为“系统阶段”（system stage）。中学传统教学中最严重的错误就是过早地集中于系统阶段，而忽略了较早的两个阶段。沛西·能在《教育原理》一书中谈道：“怀特海独立地做出了一个和我们相似的节奏法则，这是一件有趣味的事。在怀特海的论述中，以‘浪漫’（romance）代替奇迹，最后阶段‘概括’（generalization）相当于‘系统’，中间阶段是‘精确’（precision），‘精确’和‘实用’不过是整个节奏中相同阶段的不同名称罢了。”

怀特海和沛西·能的理论很有参考价值。当然，有无借鉴意义要根据我国教育的实际。

记者：您能否谈谈对比较教育发展趋势的看法？

王承绪：从学科的角度看，比较教育理论体系将越来越完善，方法论越来越接近严格意义上的社会科学方法，研究领域不断拓宽，研究内容不断扩展，比较教育研究者的语言能力、分析能力、使用各种比较教育方法的能力、参与国际交流的能力将越来越强，参与国际组织和国际事务的人员也会越来越多。而且，不仅教育研究部门需要受过比较教育专业训练的人员，政府决策机构、外事机构、企业培训部门也都需要比较教育专业人员。比较教育对教育实践和决策的贡献越来越大。比较教育在促进不同国家和文化的人民的相互了解方面也将起着积极的重要作用。

记者：您认为新时期比较教育工作者的使命和努力方向是什么？

王承绪：首先，作为新时期的比较教育工作者，需要打好基础，修好内功，提升自己的学科理论和方法论品质，融入国际化的时代。其次，要积极参与实践研究，多多思考怎样对国家的政策做出更多贡献，做一个专业的政策贡献者和专业的批评者。最后，要积极参与学科建设，突破在比较教育方法论上总是步人后尘的局面，要多研究和总结我国目前教育发展过程中的经验和专业方面的发展，供国际同行学习和参考。

记者：您向我们展示了比较教育的重要作用和我国比较教育的光明前景，听了您的经历和对比较教育的理解深受鼓舞。谢谢您接受本刊的采访。

# 王承绪：治学要从实际出发①

言　宏

9月26日下午，记者来到浙江医院，在著名教育家王承绪先生将逢百岁诞辰之际，对他进行了采访。

因为堵车，记者比约定的时间稍晚了一些才到。王承绪先生手中拿着《比较教育研究》杂志，正在翻阅。我连连道歉，鹤发童颜的王先生宽厚地微笑着："没关系，我反正在看书。"一下子让记者如沐春风。

## 从借读生到学贯中西的大家

王承绪是我国著名的比较教育学家，出生于1912年6月。1932年，王承绪凭着恩师无锡中学师范科主任吴伯昂的一纸推荐信只身来到杭州，找到浙江大学教育系主任郑晓沧先生。郑晓沧同意王承绪在浙江大学教育系借读。一年以后，学业成绩优异的王承绪就被转为正式生在浙大读了下来。"没有经过考试，我正式成了浙江大学的学生。不容易，开辟了特殊通道。这是我年轻时最关键的事，而郑晓沧老师对我的影响很大。"王承绪说。

① 原载《浙江教育报》2010年9月30日。

此时浙大教育系的图书资料很丰富，尤其是购置了英国伦敦大学的《教育年鉴》等重要资料。正是这些资料激发了王承绪钻研外国教育的热情。一年级的时候，他就撰写了《意大利的新教育》发表在1933年第9号的《江苏教育》上。此后，他陆续在《教育杂志》《中华教育界》等杂志上发表多篇介绍苏俄、波兰、墨西哥、土耳其等国教育状况的文章。

1936年，王承绪从浙江大学教育系毕业，同年留校任教。1938年，他又在比例为120：1的庚款留英名额考试中胜出，并于同年8月赴伦敦大学教育学院留学，一去10年。1947年，王承绪应时任浙江大学校长竺可桢的邀请回国工作，任浙江大学教育系主任、教授，从事比较教育课程的教学工作至今。

1978年，改革开放打开了我国向外国学习借鉴的大门，比较教育学科进入了发展的春天。王承绪以满腔的热情投入到了比较教育学科重建过程中。他积极参与全国外国教育研究会（1982年改称“全国比较教育研究会”）组建工作，在引领比较教育研究方向和促进学科建设发展等方面产生了重要影响。1982年，由王承绪与朱勃、顾明远主编的新中国成立后国内学者自主编写的第一本比较教育学教材《比较教育》一书由人民教育出版社出版发行，这成为中国现代比较教育学学术繁荣的开山之作。

在王承绪率领的比较教育团队积极努力下，浙江大学分别于1982年、1984年成为全国首批获得比较教育学科硕士学位、博士学位授予权单位。自学位点设立以来，王承绪招收了数十名博士、硕士生，为我国比较教育学科培养了一批学术骨干。

浙江大学教育学院常务副院长徐小洲教授说：“王先生对中国比较教育学学科发展做出了杰出贡献。在王先生的带领下，浙江大学比较教育学科在英国教育研究、比较高等教育研究、教育制度与政策比较研究等领域形成了鲜明特色，成为我国比较教育研究与人才培养的重要基地、教育政策咨询的重要智库、国际交流与合作的活跃中心。”

王承绪一直认为比较教育在促进不同国家和文化的人民相互了解方面具有特殊的积极作用。他指出，这就要求比较教育研究者必须能够胜任并积极推动国际交流。尤其在高等教育走向国际化的今天，不同国家之间的交流不断增加、国际组织的活动日益活跃，从事比较教育研究的人应当加强国际化的训练，融入国际学术圈，融入国际化的时代，成为国际型学者。

而他自己恰恰是一位著名的国际型学者。1980 年，在中国联合国教科文组织全国委员会推荐下，他当选为联合国教科文组织亚太地区教育合作咨询委员会委员。在之后长达 12 年的任职期间，他分别参加了在泰国曼谷等地召开的 5 次咨询委员会会议。在中国联合国教科文组织全国委员会的支持下，他牵头在浙江大学成立了“亚太地区教育革新为发展服务计划（APEID）联系中心”，该中心成为教科文组织在中国建立最早的联系中心之一。鉴于其在推动国际合作与交流中发挥的重要作用和巨大贡献，2003 年，王先生被联合国教科文组织亚太局授予“亚太地区教育革新终身成就奖”。

加拿大学者露丝·海霍（中文名为许美德）盛赞王承绪为“中国最有影响力的比较教育研究者”“比较教育的领军人物”，“在其卓越的学术生涯中为沟通不同历史时期、不同文化、不同国家以及教育的不同学科领域发挥了独特而重要的作用”。

## 治学必须学以致用

谈到现在社会浮躁，部分学者责任感缺失，甚至出现学术腐败的问题，王承绪说，要提倡师生静下心来读书搞研究，要认识自己，认识这个国家和社会，了解时代对我们的要求。治学不能离开实际，要从国家社会的需要出发做学问才能摒弃名利，潜心读书、教书与研究。

从王承绪的教育实践来看，他一生践行了这样的主张。他总是把握时代的脉搏，根据社会需求调整自己的工作。他认为，在当前的社会环境下，一个学科如果不注重实践研究，很难生存和发展。对于文化交流，他强调要“以我为主”，以借鉴和发展为目的积极开展合作，不能盲目跟从他人的思想或理论。在研究对象上，他指出，比较教育研究不仅包含研究国外教育，也包括国内教育的比较研究。他尤其重视比较教育研究为我国教育政策提供咨询。徐小洲说：“王先生高度重视研究中国教育发展的实际问题，强调实践研究。”

数十年来，王承绪对《光明日报》等主流媒体不仅做到每天必看，而且多加圈点批注，抒发学习体会。他翻译了大量有影响的外国教育著作，这些译著的选择都是根据中国社会发展与教育改革需要精心挑选的，对我国教育改革具有实际参考价值。如根据我国创业型大学建设的需要，他在

90 多岁高龄伏案翻译出版了美国著名高等教育学者伯顿·克拉克的《建立创业型大学：组织上转型的途径》《大学的持续变革——创业型大学新案例和新概念》等书，为我国创业型大学建设介绍国际成功的案例。

中国教育学会会长顾明远以"博学笃行的学界楷模"来评价王承绪。确实，王承绪对教育事业的执着、追求与奉献为我们提供了弥足珍贵的财富。作为传道授业的师者，他把"得天下英才而教育之"当成终生的乐趣，甚至在年近百龄的今天仍然亲自授课、指导学生，他也因此收获了桃李芬芳，从政府机关到高等院校，遍及各地的学生是他最大的骄傲；作为孜孜不倦的学者，他笔耕不辍，与时俱进，化"教育报国"和"科教兴国"之志为躬行践履，他的很多著作都已成为我国教育学领域的经典之作，而他谦虚谨慎、实事求是的为学之道更堪称学界楷模。

华南师范大学教育科学学院高等教育研究所所长陈伟、华南师范大学发展规划办公室主任郑文，以"开宗立派、修德臻善"来盛赞王承绪，说他以杭州为中心，新创了比较教育研究的"杭州学派"。认为王承绪之所以能够做出如此巨大的学术贡献，受益于他诸多难能可贵的学术品性和人格精神：爱国报国的知识分子精神、"以学术为业"的物我两忘精神、"圣人无意"式的人生境界。在近百年的比较教育学术史中，王承绪为中国学术界、中国教育学界塑造、展现、诠释了诸多难能可贵的学术精神。在后辈心中，王承绪已不仅仅单纯作为一个学者被尊敬，他已升华为一系列学术精神的标志。而这些学术精神，恰是王承绪之所以能够在学术界开宗立派的根基。也许他的学术观点会随着时间的推移而被后辈发展甚至超越，但他的学术精神，则是后辈永恒的财富。这类财富，在学术道德和学术规范仍待建设与完善、学术失范时有发生的当今中国学术界，尤其难能可贵。

采访结束时，王承绪为本报读者题词："一切从实际出发，不要迷信外国，不能离开实际。我们要根据党中央的号召，切实按照教育改革纲要所确定的方向，吸收外国教育优秀成果，走自己改革创新之路。"

# 王承绪：比较教育大家的世纪人生[①]

言　宏　俞寅琳

【人物名片】

王承绪，1912 年 6 月生。浙江大学教育系教授、比较教育专业博士生导师，浙江省政协原副主席。他是新中国比较教育学科的主要创始人之一。合作主编了新中国第一部《比较教育》教材，曾连续承担国家教委全国教育科学规划“六五”“七五”“八五”“九五”重点课题。他合作主编的《中外教育比较史纲》一书获得 1999 年第四届国家图书奖，《比较教育史》则获得 1999 年全国第二届教育科学研究优秀成果一等奖。译有《西方古代教育论著选》等。2003 年，获联合国教科文组织首度设立的“亚太地区教育革新终身成就奖”；2009 年 10 月，获“浙江大学竺可桢奖”；2010 年，获中国高等教育学会颁发的“高等教育科学研究特别贡献奖”荣誉称号。

今年 8 月的一天，记者到浙江医院病房看望王承绪先生，他已经 102 岁了。

---

① 原载《浙江教育报》2013 年 9 月 25 日。

床头柜上立着他曾外孙的一张虎头虎脑的照片，照顾他的阿姨还将他两个孙女自己制作的相册、日历拿出来给我们看。照片里，一家人和乐融融、笑容可掬，不难看出这真是个名副其实的“全国五好家庭”。

考虑到他的听力状况，记者将想说的话写在白纸上给他看。他侧着身子，用手拿着白纸，戴着眼镜，一字一句认真地辨认。自去年年末起，他就很难开口说话了。但得知记者的采访计划时，他费力地说出：“你有什么要求？讲具体一点。”明白了我们的要求后，他说：“你们已采访过多次，自己再找一点资料吧。我没精力帮你们找了。”随后，他让旁边照顾他的阿姨拿出资料让记者挑选。

初识王先生是在1994年“中国教育实验研究会”成立大会时，近20年来陆陆续续采访过多次，每次都为王先生平易近人的大家风度所打动。

犹记得两年前，王先生百岁华诞之际，记者对他的采访情景：那天，房间里播放着央视新闻频道的节目，他正阅读着《光明日报》，手拿一支笔在报纸上写着什么。他的听力已大不如前，但阅读报纸、了解资讯仍是他每天的必修课，他还会一丝不苟地画出重要信息，在旁边认真地做批注。数十年来，王先生对《光明日报》《参考消息》等主流媒体不仅做到每天必看，而且多加圈点批注，抒发体会。那天，王先生精神很好，与记者谈古论今3个多小时。

采访后，记者写就了《王承绪：治学要从实际出发》一文，发表于《浙江教育报》头版头条。当年，王先生还被评为2010年度浙江教育新闻人物。随后，记者再次拜访他，请他谈谈获奖感言，并请他为《浙江教育报》读者写了赠言。

## 恩师引领踏上治学路

王承绪先生一生致力于比较教育学，并卓有成绩。在他看来，是他求学时期的几位恩师将他引到了治学之路。

（一）初识外国教育理论

1912年，王承绪出生在江苏省南部的小县江阴。王承绪称他的家庭是一个“教育之家”。王承绪6岁入学，在私塾，跟着伯父读儒家经典

“四书”。一年后进入新制小学上学。1928 年，王承绪 16 岁时报考了无锡中学的师范科，开始了为期 3 年的学习生涯。

王承绪印象最深的老师是当时师范科主任吴伯昂和教务科主任张仲友，他们都任教教育学。吴伯昂还是杜威的学生。1919 年和 1920 年杜威访问南京“高师”时，他们一位负责整理杜威的讲演记录，一位担任翻译。这些老师带来的新的教育思想，以及学校开设的“外国教育史”等课程，使王承绪先生对外国的教育理论和实践有了初步的认识和了解，同时也使他认识到应该学习国外好的经验和做法来发展我国的教育。

（二）借读进入浙大

1932 年王承绪正指望着进南京国立中央大学，但是，大学被淹没在反对国民党政府新任校长的学潮中，以致那一年停止招生。正当王承绪踌躇苦闷之际，他在无锡中学的两位老师吴伯昂、张仲友向他伸出了援助之手。王承绪凭着恩师的一纸推荐信只身来到杭州，找到浙江大学教育系主任郑晓沧先生。郑晓沧看了介绍信后，同意让他借读一年。这不仅开始了他与浙大几十年的缘分，郑晓沧后来更成为他很多年的模范和引路人。旁听一年，郑晓沧发现王承绪学业成绩优异，颇为赏识，设法留他在浙大成为正式生。“没有经过考试，我成了浙江大学的正式学生，开辟了特殊通道。这是我年轻时最关键的事，而郑晓沧老师对我的影响很大。”王承绪说。当时，吴伯昂、张仲友两位老师还借钱帮他支付学费。他自己也用在无锡师范学习和实验小学工作期间得到的稿费和工资支付学费。

在浙江大学的第一年，王承绪很高兴有机会在浙大听 5 位教育学名教授的课。他跟孟宪承学习教育社会学，跟黄羽仪学习教育心理学，跟郑晓沧学习教育理论，跟俞子夷学习初等教育，跟沈有乾学习教育统计学。

谈起在浙大的学习经历，王承绪记忆犹新，他就读的教育系设在文理学院，课程设置非常广泛。院长邵裴子曾在斯坦福大学学习经济学，也非常熟悉日本和欧洲的教育。第一年，学校要求全体学生学习很多学科。王承绪修习了中文、化学、数学、物理和生物学以及 5 门教育课程。第二年他专攻教育课程。所有课程多用英文教学，教材采用美国教科书。也就是这时，他发现了自己对于比较教育的热情。浙江大学图书馆关于这门学科的藏书非常丰富，甚至还有伦敦、日内瓦和纽约出版的 3 套教育年鉴，这让他非常惊喜。到大学三年级，他能够独自进行科研，撰写一些有关各国教育的文章。从此，他一生与比较教育结缘。

1936 年毕业后，王承绪留校工作。

（三）恩师鼓励抓住人生机遇

1938 年，带给了他人生发展的新机遇，同样，也是他沐浴老师关怀的一场见证。

那是 8 月初的一天，恩师孟宪承获知王承绪考取了清华庚款留英录取的消息后，清早来到王承绪的住处，轻声对他说："取啦！"显出极大的喜悦。"孟老师表现出对门生的极大关爱。这件事，我终生难忘。"王承绪说，"孟老师曾于 1918 年考取清华庚款留美资格，在备考过程中，孟老师给我很大鼓励，并给了我许多指导意见。一生感谢！"那年，王承绪获悉中英庚款当年 5 月举行留英考试，共招收 20 名，其中教育学 1 名。这是中英庚款留学考试首次设教育学名额，机会难得，他决定应考。事后王承绪才知道，报名教育学这一个名额的竟达 120 余人，个个都是人中翘楚。王承绪的另一恩师郑晓沧先生获知他庚款留学录取的佳音后特地作诗一首以示庆贺。

1938 年 9 月，王承绪进入英国伦敦大学教育学院学习。毕业后因为战乱无法回国，王承绪一边在伦敦大学教育学院教授中国历史，一边读博士做论文。1946 年底，时任浙江大学校长竺可桢先生到英国访问，力邀王承绪回浙江大学。面对母校恩师们的邀请，王承绪颇为感动和惊喜。

1947 年 1 月，王承绪夫妇登上了二战后第一艘开往中国的货船离开了英国，辗转 3 个多月回到了祖国。回国后，王先生一直在浙大工作，至今未离开过杭州。

## 重视实际问题，强调实践研究

（一）研究：把握时代脉搏，一切从实际出发

王承绪说，要提倡师生静下心来读书搞研究，要认识自己，认识这个国家和社会，了解时代对我们的要求。治学不能离开实际。

对于文化交流，他强调要"以我为主"，以借鉴和发展为目的积极开

展合作，不能盲目跟从他人的思想或理论。在研究对象上，他指出，比较教育研究不仅包含研究国外教育，也包括国内教育的比较研究。他尤其重视比较教育研究为我国教育政策提供咨询。他翻译了大量有影响的外国教育著作，这些译著的选择都是根据中国社会发展与教育改革需要精心挑选的，对我国教育改革具有实际参考价值。如根据我国创业型大学建设的需要，他在 90 多岁高龄时还伏案翻译出版了美国著名高等教育学者伯顿·克拉克的《建立创业型大学：组织上转型的途径》《大学的持续变革——创业型大学新案例和新概念》等书，为我国创业型大学建设介绍成功的国际案例。

（二）翻译：要做到“信、达、雅”

记者在王承绪的病房里看到了他多年前的手稿，一篇名为《学生的动机》的翻译文章。泛黄的稿纸上，蓝色字迹工整俊逸，而修改的地方则用黑色水笔标出。有时他还把英文原文用蝇头小字标注出来，然后用红色笔画出不确定之处。

他曾说过：“我认为翻译首先要语言过关，要忠于原文，要在本国文字上超越原文。同时，翻译就要全译而不是节译……译者要整个地把书理解透了才能动笔，而不是一到手就翻译。翻译最好能做到‘信、达、雅’。”值得一提的是，为了达到育人的目的，晚年在翻译比较高等教育领域的名著时，王承绪组织了大量的年轻学者参与其中。这种组织工作，虽然远比个人单独翻译要复杂困难得多，但它极具教育意义，为当今学术界培养和锻炼了一批学术中坚力量。

（三）活动：要置于国际的语境下

2003 年，王承绪被联合国教科文组织亚太局授予“亚太地区教育革新终身成就奖”。颁奖词中有这样的语句：“鉴于其在推动国际合作与交流中发挥的重要作用和巨大贡献。”记者采访他时，他只平和地笑笑：“做了点可以做的小事，算是纪念和鼓励吧。是大家共同努力的成果。”

王承绪一直认为比较教育在促进不同国家和文化之下人民相互了解方面具有特殊的积极作用。从事比较教育研究的人应当加强国际化的训练，融入国际学术圈，融入国际化的时代，成为国际型学者。

20 世纪 80 年代，与国外校际学术交流的渠道十分闭塞，国家公派学术交流的机会也十分有限，因此先生亲自与国外的大学和文化教育机构联系，多次组织安排年轻教师和博士生赴研究对象国实地考察，并亲自审定考察计划方案。1980 年，在中国联合国教科文组织全国委员会推荐下，他当选为联合国教科文组织亚太地区教育合作咨询委员会委员。他牵头在浙江大学成立了“亚太地区教育革新为发展服务计划（APEID）联系中心”。在 80 多岁高龄之际，他还多次出国考察，参加国际教育组织会议，了解最新发展动态，掌握最新研究信息。

# 学界前辈　殷切期望

## ——王承绪教授寄语比较教育分会第13届年会①

哲　达

王承绪教授首先向主席、与会代表问好，指出这次会议是我国比较教育界的一大盛事，向大会表示诚挚的祝贺，并预祝大会取得圆满成功！接着表明自己已经多年未参加年会，这次年会在上海举行，虽然很想参加，而且杭州近在咫尺，但由于年事已高，腿脚无力，所以不能亲自前来参加，但非常高兴有通过视频向大会领导和与会代表问候的机会。

然后王教授深情地回顾了自己的比较教育生涯："1934年在大学读书时开始系统学习比较教育，但实践、研究与祖国建设认真联系起来却是在新中国成立以后，特别是在党的十一届三中全会以后，就是在1979年首届全国教育科学规划会议之后。那次会议迎来了教育科学繁荣的春天，在会上，教育部、高等师范教育司的领导指定我、顾明远和朱勃等同事负责组织编写比较教育教材。会后，全国高师院校比较教育任课教师通力合作，于1982年出版了第一部比较教育教材，同时还翻译了美国卡扎米亚斯的《教育的传统与

① 原载《全球教育展望》2007年第1期。

变革》作为参考书。此外我还参加了《中国大百科全书教育卷》编辑委员会工作，该书于1985年正式出版。1980年为杭州大学77届、78届同学开设比较教育课程。1982年招收比较教育硕士研究生，1984年招收博士生直到现在。这20多年时光是在编写教材，承担全国教育科学规划办比较教育研究课题，培养比较教育研究生，与学生一起翻译引进国外比较教育专著，出国访问以及讲学等活动中度过的，这也是我这一生中生活得最愉快的时光，一回想来不胜神往。”

接着，王教授对比较教育学科的最近发展情况做了简要介绍：“对过去20年比较教育的发展顾明远同志最近在《我与比较教育》一文中做了总结：‘现在全国已有比较教育授权点6个，硕士授予点几十个，20多年来培养了一大批比较教育人才，出版了无数专著。’这与西方近年来存在的国家停开比较教育课程，停聘比较教育教师形成鲜明对照。我对有些同志认为比较教育学科存在危机的说法不赞成，就个人而言，20多年来，我深入比较教育的教学、研究，总觉得时间不够，有强烈的紧迫感，‘真想做到有三头六臂，把过去失去的时光补回来’。近几年来，比较教育界部分同志对我国比较教育研究、发展中存在的问题比较关切，比较教育学会领导及时与西南师大同志联系，于2004年7月联合举办了一次以‘全球化背景下比较教育教学、学科体系、研究方法与人才培养’为主题的我国比较教育学科建设方面的论坛，并及时在《比较教育研究》杂志2004年第12期发布了会议综述。以陈时见教授为首的西南师大教育、比较教育同行还把他们近两年来有关比较教育的研究范式和方法论的文章结集在《比较教育研究》杂志2006年第6期发表。对比较教育的发展做出了贡献，值得学习。论坛综述中提出的一些问题是我国比较教育学科发展中存在的问题，有些问题我也有同感，但如果这些问题能及时研究，就不难解决。在全球化背景下，在后现代思潮的影响下，世界比较教育学科出现了众多的问题，我们也正在对这些问题进行研究。”

最后，王承绪教授指出：“这次大会如果时间许可，希望对比较教育学科建设问题能够安排一次讨论，并预祝大会顺利完成各项任务。”

（本文系对我国比较教育学界前辈、浙江大学王承绪教授致中国教育学会比较教育分会第13届年会录像文稿的整理，标题为作者所加。）

# 比较教育的世纪回顾
## ——我国著名比较教育学家王承绪教授访谈录[①]

汪利兵

编者按：王承绪教授系杭州大学教育系比较教育专业博士生导师。1912 年 6 月出生于江苏江阴，1936 年浙江大学毕业后留校工作。1938 年考取中英庚款公费留英资格，在伦敦大学教育学院攻读教育学，获伦敦大学教师证书和教育学硕士学位。二战期间因海上交通阻隔，继续在伦敦大学从事研究工作。自 1947 年返回执教至今已整整 50 年。本刊特邀汪利兵博士对王先生进行访谈，并刊出专访，以示祝贺。

问：尊敬的王承绪先生，1947 年您应浙江大学竺可桢校长和著名学者郑晓沧教授的邀请，回国赴浙江大学教育系担任教授，从事教育学科的教学和研究工作，至今已经整整 50 年了。50 年来，您先在浙大教育系任教，后又转到浙江师范学院和杭州大学教育系任教，可以说是将毕生精力献给了我国教育科学研究事业。您曾与朱勃教授、顾明远教授联合主编了新中国成立以来我国高等院

① 原载《外国教育资料》1996 年第 5 期。

校第一部比较教育教科书，并长期担任联合国教科文组织亚太地区教育合作顾问委员会委员，您对我国比较教育学科的贡献有目共睹。在这个值得纪念的日子里，我们想就您的学术生涯及比较教育学科的发展与建设，向您了解一些看法。首先，我们想了解您是如何走上比较教育研究这条道路的？

答：是啊，我在外国教育和比较教育领域从事教学和研究工作，已整整50个年头。1945年秋天，抗日战争胜利，万众欢腾，竺可桢校长和郑晓沧教授先后访英，约我们夫妇回母校任教，离国8年，我们是多么想早日回到祖国的怀抱！可是战后海上交通恢复很费时日，从我们决定回浙大任教，预订轮船舱位，到登轮返国，又整整等了一年。我们是坐了战后英国开往上海的第一艘货轮离开英国的，因为是货轮，沿途许多港口都要停靠，卸货装货，从英国到上海，花了整整三个半月。现在从北京或香港到英国，坐飞机一天或一夜就到，那时的交通真难以使人想象啊！

好，话要说回来。回答你的问题，我是如何走上比较教育学科研究这条道路的。简单地说，一是老师的影响，再就是机遇。在小学时代，有好多老师对我影响很深，早就萌发了当教师的思想。在目前张家港的那所梁丰中学毕业后，考上了无锡中学师范科，有两位教教育课程的老师，一位是教务主任，一位是师范科主任，使我对教育课程很感兴趣。毕业后，又在附属实验小学当了一年老师。本来要在1931年保送南京中央大学学习，偏是那年中大因学潮停止招生，改来浙江大学教育系借读。那时的浙大教育系，晓沧先生任主任，外国教育和教育哲学有孟宪承教授，比较教育有庄泽宣教授，小学教育有俞子夷教授，可谓是名师荟萃。原想短期借读，结果留了下来，一直到今天。比较教育当时是一门新课，康德尔的名著《比较教育》刚出版，就是我们的参考书。庄泽宣教授教我们比较教育，他当时已出版了3本书：一本是《各国教育比较论》，一本是《各国学制概要》，还有一本是《西洋教育制度的演进及其背景》，是我们上外国教育史和比较教育课的主要教材。也就在这时，系里购置了当时国外出版的三种世界教育年鉴，即伦敦大学的《教育年鉴》，美国哥伦比亚大学的《国际教育年鉴》和日内瓦国际教育研究所的《教育年鉴》，课外阅读，加深了我对比较教育的兴趣。我开始写介绍苏联和一些新兴国家教育的文章，向《教育杂志》等刊物投稿。1938年参加留英考试，出国深造，就这样一步步走上了比较教育研究的道路。

问：比较教育学科在20世纪得到了很大的发展。您从30年代开始从事比较教育学科的教学和研究工作，可以说是亲身经历了这一发展过程。多年来，您与美国、英国、法国、德国、日本的许多知名的比较教育学者保持着密切的学术交流关系，同时致力于比较教育学科发展史的研究工作，对中外比较教育学科的发展情况有深刻的了解。请您谈谈这一学科在20世纪得到迅速发展的原因及主要特点。

答：是的。近两年来我对比较教育学科的发展史多花了一些功夫。比较教育学科的发展，从朱利安于1817年提出“比较教育”这个名词算起，至今还不到两百年。在整个19世纪，比较教育作为教育学的一个分支，只能说还在奠基阶段。它是社会发展的产物，英国19世纪60年代开始工业革命，成为世界上最先进的资本主义国家，法国从19世纪20年代起，进行了大规模的工业革命，30年代工业产量已居世界第二位。经济、政治和社会发展的需要，推动了各国教育改革的发展。那时欧洲大陆的教育比较先进，各国都派官员或学者前往取经，一般称为借鉴时期。日本明治维新，成为教育史上借鉴欧洲教育的一个典型。这个阶段比较教育的发展是国际性的。一般认为我国比较教育学科的发展起步较晚，最近我感到19世纪作为比较教育学科的奠基时期，我国和西方国家基本同步。1840年帝国主义通过鸦片战争打开了中国封建社会的大门，闭关锁国孤立于世界之外的封闭状态不复存在，并使中国沦为半封建半殖民地社会。帝国主义、封建主义和资本主义几种不同的政治和经济，产生了为之服务的教育。19世纪60年代至90年代，是洋务运动时期，兴学校、办教育是洋务运动的重要内容，接着是维新运动时期的教育改革。黄遵宪首先把明治维新时期日本人学习西方经验介绍到中国，成为我们千秋鉴戒。康有为六次上书，想以日为师，自上而下革旧图新，使中国走上近代化的道路。直到20世纪初颁布《钦定学堂章程》和《奏定学堂章程》。这些都不妨看作是比较教育奠基时期的活动。

20世纪上半叶是比较教育学科的形成期，它的标志是在大学设置比较教育课程，出版反映比较教育学科体系的教材。我国大学教育系在30年代初正式设置比较教育课程，庄泽宣的《各国教育比较论》是1927年他担任广州中山大学教育研究所所长时写的，1929年由商务印书馆出版，比康德尔的《比较教育》还早4年。该书用比较的体例写，全书十章，第一章总论，德法英美四国教育系统比较，第二章至第八章依次为四国教育行政制度、初等教育、中等教育、高等教育、师范教育、职业及补习教育和成人教育比较，第九章和第十章分别介绍了日本和俄国教育的最近发展。该书以“借鉴”作为比较教育的目的，并提出地理与民族性为学制演进的背景和缘由，比汉斯讲地理因素和民族性早十余年。我们当时在浙大学习时毕业论文就以“民族性与教育”“自然环境与教育”等为题。所以我国比较教育学科的形成期，应该说与英美也不相上下。

第二次世界大战以后，西方发达国家比较教育的教学和科研工作迅速得到恢复和发展。这首先是由于它们自身教育重建和改革的需要；其次就是二战以后，帝国主义殖民体系瓦解，独立民族国家兴起后新中国成立的需要，它们派遣留学生到发达国家学习，推动英美等国的大学设置比较教育专业，接受第三国家的留学生；再就是社会学科方法在比较教育研究中的应用，新一代比较教育专家提出一些新的方法，推动了比较教育的发展；还有就是发达国家的援外团体、各种基金会派人到第三世界国家工作，需要对人员进行培训，也是促使比较教育发展的一个原因。不过这种繁荣时期并不长，到20世纪70年代由于西方国家普遍出现经济衰退，使比较教育学科的发展受到影响。二战之后西方比较教育发展的主要特点，可以举以下几点：一是比较教育不局限于大学的门墙之内，与教育改革和发展的实践紧密结合：二是新学派的兴起，提出一些新的方法和新的理论；三是国际教育组织的建立，如联合国教科文组织等等，推动了比较教育研究的发展；四是各国和世界比较教育研究团体的建立，促进了国际比较教育工作者的交流与合作。

问：新中国成立以来，我国比较教育学科的发展曾遇到波折。学科真正得到迅速发展，可以说是在十一届三中全会以后。您认为这一时期我国比较教育学科取得了哪些主要成绩？还存在哪些问题？

答：的确，新中国成立后，我们一度曾专学苏联。1964年以后，在18所高等学校建立了研究外国问题的机构，其中有专门研究外国教育的机构。从此，我们不仅注意研究苏联等社会主义国家的教育情况，也开始搜集、整理、编译欧美、日本的教育资料。我们在杭大教育系就开设了“外国教育现状”课，成立编译组和南京师大合作编《西方资产阶级教育论著选》，接着又和华东师大合作编译西方教育论著。我国比较教育学科真正得到迅速发展，是在十一届三中全会以后。我认为这一时期我国比较教育学科取得的主要成绩有以下几点：①比较教育学科在高等学校中的地位得到恢复和发展。新中国成立前，一般是在设有教育系的大学开设比较教育课程。新中国成立后，我国设立了大量的师范院校和培训师资的教育学院和进修学校，它们一般都设置了比较教育课程，比较教育已成为师资培训的必修课程。②在许多大学建立了比较教育硕士点和博士点，或比较教育的研究中心，使我们能立足国内，培养比较教育研究的高层次人才。③出版了我们自己的教科书和大量的比较教育参考书籍。④出版了多种比较教育期刊。⑤建立了一支包括高等学校和教育行政单位在内的庞大的比较教育研究队伍。⑥我们的比较教育学会工作搞得很出色，自 1979 年学会成立以来已举行了八届年会，开展了多种形式的研讨活动，团结了全国的比较教育工作者，并且与世界比较教育学会建立了联系。

1994 年 5 月，美国《比较教育评论》发表了陈树清的文章，题为《中国大陆比较教育研究趋势》。文章统计了 1979—1989 年十年内我国四种比较教育期刊（《外国教育动态》《外国教育》《外国教育资料》和《外国教育研究》）所发表的论文，共计有 2 697 篇。其中关于宏观教育制度的有 320 篇（占 11.37%），高等教育 587 篇（占 21.76%），中小学教育 531 篇（占 17.69%），学前教育 377 篇（占 13.98%），职业技术教育 185 篇（占 6.86%），非正规教育 107 篇（3.97%），比较教育 63 篇（占 2.34%），其他 436 篇（占 16.17%）。此外，还出版比较教育专著 58 种，译著 65 种。单就以上不完全的统计数字来看，十多年来我们取得的成绩是很大的。

至于存在的问题，我们学会每届年会都在总结经验的基础上，提出了有待改进之处。我想我们研究的对象国可以扩大，不仅要扩大发展中国家，发达国家也有待扩大，以适应我国全方位扩大对外关系的需要。当然，也应该有重点，为此，各高等学校和科研机构应根据自身条件，适当分工。此外，我们的国别教育研究有待深入，图书资料有待增加，全国性的教育资料信息网络还没有建成，这些都是比较教育研究的基础性工作，有待改进。我国现在实施科教兴国战略，比较教育研究还有待加强，特别是对图书资料的经费投入需要增加，目前比较教育研究生的培养工作很受图书资料缺乏的影响。在比较教育研究方法方面，我们研究得不够，真正的比较研究工作还不多。

问：在我国，关于比较教育学科的作用问题，人们曾经有过争论。有些人认为比较教育研究难以为教育改革的实际服务，虽然作为一门学科它对教育科学知识具有自己独特的贡献。您是怎样看待这个问题的?

答：关于比较教育的作用问题，我认为搞教育改革离不开比较教育研究。从比较教育发展的历史看，比较教育学科正是在各国教育改革的过程中发展起来的，可以说它是教育改革的产物。博采众长，为我国教育改革服务，乃是我们研究比较教育的一个主要目的。作为一门学科，不仅要在积累教育科学知识方面做出我们的贡献，同时要为教育改革的现实服务，要做到这一点，一是要求我们深入我国教育实际，了解现实教育的需要，找准问题；二是找出国外解决这一问题可资借鉴的方法，要注意可比性。乌利希曾提出比较的标准问题，贝雷迪称它为比较点（Comparative Points）或比较因素（Comparative Factors）。找出比较点很重要，材料不对等，不可比，对现实就缺乏参考价值，更谈不上借鉴了。外国比较教育家中，贝雷迪对比较方法简述最多。搞比较分析，要具备这方面的修养，这也是我们比较教育工作者自我教育应当加强的一个方面。

问：英国著名比较教育学者埃德蒙·金教授和布莱恩·霍尔姆斯教授都是您多年的好友。他们都对比较教育学科的发展做出了重要贡献。同时，他们之间在比较教育方法论方面却存在着很大的意见分歧。请问您是如何看待他们之间的学术争论的?

答：是的，我和埃德蒙·金和霍尔姆斯两位教授联系比较多，每次访英，都得到他们的热情接待，并经常在图书资料方面得到他们的帮助。记得去年年初，金教授要参加牛津大学的一次有关比较教育研究方法的研讨会，在与会前就将他的讲稿寄给我征求意见。他们同在伦敦大学讲授比较教育，金在国王学院，霍尔姆斯在教育学院，他们两人之间的争论，主要是涉及比较教育方法论问题。在方法论方面，他们都受波普的影响。霍尔姆斯认为，实证主义的决定论者把关于社会的知识全部归入社会学定律中去，相对主义者接受所有知识都是通过协商的规范定律的观念。在方法论中，霍尔姆斯接受了规范定律和社会学定律之间的区别。有些学者只看到他的方法论的一个方面，而忽视另一方面，因此出现了一些人认为他是实证主义者，而另一些人则认为他是相对主义者。也有人认为他是折中主义者，因为他同时考虑了实证主义和相对主义的立场，并将它们协调起来。霍尔姆斯认为埃德蒙·金在《比较研究和教育决策》一书中误解了他对社会学定律的解释，因而错误地称为决定论者，而作为波普的追随者，他是不会那样解释社会学定律的。我和他们结下了十多年的友谊，每次见面，离不开比较教育的话题。他们一个学理，一个学文，都很有造诣。霍尔姆斯在比较教育方法论上下过很多功夫，30 年来不断发展他的方法论体系。埃德蒙·金也是一位大学问家，他攻读历史，掌握多种语言，现在 80 多岁了，还和夫人兴致勃勃学习欧洲各国语言。我们见面就谈学问，他家有个院子，自己种水果，做果汁，是一位不知疲倦的学者。在比较教育领域，他们都是我学习的榜样。我很怀念霍尔姆斯教授，至今也还保持着与金教授的通信联系。

问：1993 年 5 月，您被英国伦敦大学教育学院授予“荣誉院士”称号，当时我也在英国，有幸目睹颁授仪式盛况。这是该院成立以来首次设立“荣誉院士”称号，海外学者中获此殊荣者仅您一人，我想国内同行和您的学生都会为您感到骄傲。请您再回顾一下当时的情形。

答：1993 年 2 月，我接到当时的伦敦大学教育学院院长纽森爵士的书信，提到学院决定授予我“荣誉院士”称号，并邀请我亲自去伦敦参加 5 月 25 日举行的授予仪式。这是母校对我毕业 50 余年来教学和科研工作的高度评价，使我感到莫大的荣誉。整个颁授仪式庄严、肃穆、隆重，给我留下了永不磨灭的印象。你那次从英国东南沿海的布莱顿同柳基思教授和黎安琪教授等一起远道到伦敦参加仪式，一定也是记忆犹新。学院首次授予三位荣誉院士，除我以外，另外两位分别是教育学院前院长埃尔文教授（Lionel Elvin）和教育学院早期毕业生古尔德夫人（Daphne Gould）。埃尔文教授曾任牛津拉斯金学院院长，1956 年任伦敦大学教育学院赤道地区教育学教授，两年后任院长，1973 年退休。他是英国教育界的名人，曾任英国新教育同志会会长，世界公民教育理事会会长，英联邦教育联络委员会主席以及英国大学拨款委员会、中央教育咨询委员会和中等教育考试委员会委员。古尔德夫人曾任中学校长 17 年，是英国全国课程委员会等专业团体的成员。由于她在教育事业中所做出的杰出贡献，1988 年被授予英帝国勋章（OBE）。授予仪式与伦敦大学教育学院首次独立举行的历届国内外毕业生硕士和博士学位证书颁发典礼同时进行，到会来宾数百人。你那时坐在台下前排，一定还记得很清楚。仪式后举行了盛大的酒会。我的几位英国朋友如埃德蒙·金、霍尔姆斯、威廉姆斯等也都参加了仪式和酒会。当时在场的还有华东师大的王斌华同志，在伦敦期间得到了他的帮助和照顾。柳基思夫妇事后还特地在霍夫他们的寓所为我举行了庆贺 Party，年逾八旬的埃德蒙·金教授携夫人亲自驾车从伦敦赶来，当时的情景使我非常感动。此外，我还乘这次机会走访了莱斯特大学的怀特赛博士，重访了伦敦的汉普顿皇宫博物院和大英博物馆等地，度过了非常愉快的两周。

问：贝雷迪曾指出，在学习比较教育时，要特别注意 Language、Travel、Cultural Bias 的重要性，这是很有意义的。目前，随着比较教育学科的日益发展，从事比较教育学科的年轻同志越来越多，请您谈谈做好比较教育研究工作应具备的一些条件及您对年轻一代比较教育学者的期望。

答：你问的这个问题很有意义。你提到语言和旅行这两点，我有很深的感受。关于语言，回忆我在浙大求学时，第二外语选了日语，但没有学好。毕业后留校工作，感到了外语对研究比较教育的重要性，工作之余，旁听了法语和德语。到英国后，利用晚上时间继续在大学附近的一所夜校进修法语和德语。40 年之后，我曾在诺丁汉大学学院学习俄语，获得过英国皇家艺术协会的证书，除认真参加学校的教育实习外，还创造机会到各地学校访问，既加深了对英国教育的了解，又使自己的英语水平得到了提高，现在回忆起来，收获很大。现在从事比较教育研究的青年同志，旅行的要求要看机会。如有机会出国进修或访问，我都鼓励他们多参观些学校。外语的要求那是完全可以做到的。我基本上同意贝雷迪对比较教育研究工作者提出的上述一些要求，并以此与青年同志共勉。关于文化偏见问题，贝雷迪在他的《教育中的比较方法》一书中特辟专章讨论，记得他是从他和埃德蒙·金的几篇文章谈起的。他认为比较教育工作者在研究中有一种来自各自文化的偏见。他们各有一篇关于美国教育中种族主义问题的文章，金的文章从英国种族平等的理想出发，文章的调子比较悲观；贝雷迪的文章强调美国种族问题的历史背景和在种族平等问题上已取得的进展，文章对未来表示乐观。另外，他们也各自有一篇关于英国教育机会均等的文章，两人的意见也不相同，贝雷迪的文章从美国社会平等的理想出发，调子比较悲观；而金的文章强调英国教育上阶级问题的历史背景及目前已取得的成就，调子又比较乐观。贝雷迪还就比较教育研究在描述、解释和并置中可能出现的文化偏见举例做了说明。对于贝雷迪所举的所谓文化偏见的例子，我们应以马克思主义的观点，实事求是地进行分析。

问：您今年已 84 岁高龄，敬业精神仍不减当年，每天坚持工作十几个小时，经常晚上工作到 11 点。您现在指导 5 位博士研究生，给他们一上课就是 3 小时，并仍积极参加各种社会活动。最后。我们想请问您是如何保持旺盛的精力和良好的体力的?

答：关于这一点，很多同志也曾问起我，有什么养生之道。总结下来，有两条，是注意锻炼，我曾坚持早晨跑黄龙洞，上初阳台，即使寒冬腊月，冰天雪地，从不间断。我还学习过杨式太极拳，后来改学气功，一直坚持到现在。二是靠精神力量。我处事比较乐观，对事业无比爱好，对前途充满信心，学习奉献，老而弥坚，一息尚存，此志不渝。1979 年在北京举行的全国教育科学大会上，我表示过要把失去的时间补回来，恨不得三头六臂，比较教育的学科建设和人才培养，任重道远，我正是怀着这种心情，走过改革开放的十八年。学海无涯，做不完的工作，我还是精神抖擞，信心十足，向着 2010 年远景目标走下去。

# 第三部分 思想研究

# 士志于道　不舍昼夜
## ——回忆王承绪先生关于比较教育研究几个重要问题的看法[①]

徐　辉

我于1982年开始跟随王承绪先生学习比较教育学，先是做先生的硕士研究生，后来又做先生的博士研究生，在杭州大学留系工作后继续跟随先生从事比较教育学的教学与研究工作，一起承担多项学术课题，开展国际学术交流活动，翻译多本世界比较教育学和高等教育学名著，耳闻目染，受益良多。在先生将逢百岁华诞之际，尝试写下此文，总结先生有关比较教育研究几个重要问题的看法，以示纪念。

### 一、基本“三功”

王承绪先生十分重视比较教育研究基本功的掌握，特别强调要掌握外语基本功、资料基本功和考察基本功。先生本人留英多年，既是翻译大家，又谙熟数种外语，深知外语工具对比较教育研究的重要性。先生认为，娴熟地掌握外语是进行比较教育研究的必要前提，不能娴熟地掌握外语，就无法充分利用外文文献，也无法有效地、直接地与国外学者进行交流。

---

① 原载《比较教育研究》2010年第9期。

因此当年每有外国学者来校访问，他都要求学生担任讲座翻译，整理讲座录音，并亲自帮助学生解决翻译难题，审读录音资料。在我读研究生期间，先生就委托我校读埃德蒙·金的《别国的学校和我们的学校：今日比较教育》一书，让我体会了先生等人的翻译技巧，同时组织我们几位研究生翻译《高等教育哲学》《高等教育新论：多学科研究》《学术权力》等名著。他曾与我说过，外语是一种"eye opener"（即"开启视野之道"）。就语言的重要性而言，他曾专门建议我们详读贝雷迪（George Z. F. Bereday）教授撰写的《教育比较法》（*Comparative Method in Education*）一书中的第七章"语言的重要性"。贝雷迪教授关于在许多情况下，对研究对象国语言知识的匮乏是导致学术误判的重要原因的观点，先生是赞同的。

先生对研究资料掌握之全面，了解之细致，学术之敏感，常常令同事和学生敬佩不已。有时上课结束后，当我们表示需要进一步了解某篇学术论文的观点时，他会直接带我们去系外文资料室，熟练地取下相关书籍指导我们阅读。看着先生快速准确地从那相当拥挤的数十排书架中取出我们要找的资料，我们常常感到非常惊讶。后来我担任系主任时，曾经向图书管理员了解过，系资料室的图书杂志谁查和借得最多，他们异口同声地告诉我是王先生。有时他每周数次上资料室查阅文献，而当时他已经80多岁。我曾以此事为例子，和教育系年轻教师和研究生共勉，希望大家学习先生做学问脚踏实地、一丝不苟的敬业精神。从后来先生主编《比较教育学史》一书并亲自撰写比较教育学科发展演变，"20世纪70年代以来西方比较教育理论界的争论"，美国、英国、德国、法国、日本、苏联和中国的比较教育研究状况，以及"国际教育组织与比较教育研究"等章节，可以体会到先生掌握和利用资料文献的特殊功力。

先生对考察基本功十分重视，认为从事比较教育研究仅有外语功底和资料功底还不够，还应下苦功掌握学术考察的基本功。先生指出，从发展史看，比较教育始于旅行和考察，早期比较教育研究者都把旅行和考察看得十分重要。先生十分赞同比较教育研究中"眼见为实"的观点，并且认为贝雷迪所说的国外访学和短期考察有助于深入认识对象国的观点是很有道理的。20世纪80年代，我国与国外的校际学术交流渠道还十分闭塞，国家公派学术交流的机会也十分有限，因此先生亲自与国外的大学和文化教育机构联系，多次组织安排年轻教师和博士生赴研究对象国实地考察，并亲自审定考察计划方案。他本人也在 80 多岁多次出访国外考察，参加国际教育组织会议，了解最新发展动态，掌握最新研究信息。

## 二、研究“三法”

先生一向重视比较教育研究中的方法论问题，要求学生努力学习马克思主义，尤其是要努力学习辩证唯物主义和历史唯物主义，学会用联系的观点、本质的观点和发展的观点研究比较教育问题，以此作为学习和掌握比较教育具体研究方法的基础。

回顾多年跟随先生从事比较教育研究和教学的经历，觉得先生对“因素分析法”“问题研究法”和“比较研究法”谈得比较多。先生对伦敦大学的尼古拉斯·汉斯（Nicholas Hans）教授比较关注，对他为著名的《教育年鉴》定期撰稿的工作也很有兴趣。他曾要求我们仔细研读汉斯教授的代表作《比较教育：教育因素与传统研究》（*Comparative Education：A Study of Educational Factors and Traditions*），尤其要关注书中浓墨重彩表现的“因素”分析。汉斯认为，一个国家的教育传统因素十分重要，因为正是这些传统因素塑造了一个理想的国家，造就了统一的民族，统一的宗教，统一的语言，统一的领土与主权意识。汉斯特别指出，影响教育发展的因素有自然因素（种族因素、语言因素、地理和经济因素）、宗教因素（天主教传统、英国国教传统和清教传统）及世俗因素（人文主义、社会主义和民族主义）。对此，先生认为汉斯注重从影响因素的角度研究教育制度，有其独到之处，值得借鉴，但汉斯的“因素分析法”忽视统计资料的收集利用，因素的选择也不够合理全面，这是需要改进的。

传统学者认为，比较教育研究始于资料收集和对象描述。这一观点受到英国伦敦大学教育学院比较教育学者霍尔姆斯（Brian Holmes）的挑战。霍尔姆斯深受哲学家卡尔·波普（Karl Popper）和约翰·杜威（John Dewey）思想的影响，认为比较教育研究与其他自然科学研究、哲学研究一样，应该始于问题的确定或定位。先生对这一观点高度重视，专门找来霍尔姆斯的代表作《比较教育：关于方法的若干思考》（*Comparative Education：Some Consideration of Method*）与学生一起探讨，努力搞清“问题研究法”的基本内涵，以及与传统研究法的联系与区别。霍尔姆斯认为，问题研究法可以提升比较教育研究的“科学性”，并且可以成为教育改革和预测的有效工具。对这一观点，学术界至今仍在争论。

“比较法”是比较教育学科特有的研究方法吗？当初我曾专门就这一问题请教过先生。先生认为，自然科学和社会科学的许多研究工作都采用“比较法”，因此“比较法”不能算是比较教育研究特有的方法。但比较教育研究中所涉及的“比较法”，有其特殊性。由于比较教育研究往往以国家为基本研究单位，主要研究的是教育制度方面的问题，因此“比较法”的应用有其特殊复杂性，不能随意进行比较。此外，要运用“比较法”，首先应该提升研究者应用历史学、经济学、社会学、政治学等学科知识与方法“解释”教育制度与教育现象的能力。因为以国家为单位研究教育制度和现象，就必须对“影响”甚至“决定”教育内部事务的众多外部因素有很好的理解力和解释力。没有很强的“学科解释力”，要深入进行比较教育研究也是困难的。先生的这一观点对我影响很大，使我对比较教育研究中“解释力”与“比较法”的关系有了比较深入的理解。

## 三、目的“三要”

先生对比较教育研究的目的与功用，也做过很多思考。概括起来说，主要体现在三个方面，即学术目的、借鉴目的和咨政目的。先生的老友、英国伦敦大学英王学院比较教育学教授埃德蒙·金（Edmung King）曾经指出，比较教育研究有三个功能：一是为热心研究不同文化背景中的教育制度的人提供信息，提高他们对教育问题的敏感性；二是通过独特的视角深入分析各国教育的现象、趋势与问题；三是指导教育决策与发展，推动人们深入认识社会经济与政治因素对教育决策与发展的影响。先生对金教授的上述观点基本上是赞同的，认为比较教育研究一是要实现学术目的，即探寻教育改革和发展的内在规律和特点；二是要实现借鉴的目的，即通过比较研究发现他国教育改革与发展的经验教训，为本国教育改革与发展提供借鉴；三是要实现咨政的目的，即针对本国教育改革与发展的需要，有意识、有目的地进行调查研究，为政府决策提供参考和咨询。先生对第三种目的特别重视，曾带领我们多次承担国家教育政策研究中心的课题，并亲自担任该中心顾问多年。当年国家教育政策研究中心主编《发达国家教育改革的动向和趋势》系列资料时，先生组织我们提供了大量的研究报告和法律译文。

## 四、“三性”难题

比较教育研究看似简单，实则很复杂，充满了智慧与知识的挑战。在研究生学习期间，先生经常与我们探讨比较教育研究中遇到的三个难题，即“民族性”（nationality 或 nationalism）问题、“主观性”（bias）问题和“可比性”（comparability）问题，我把它们概括为“三性”难题。

“民族性”问题是几乎所有比较教育学者都十分关注的问题。许多比较教育研究先驱如萨德勒（Michael Sadler）、康德尔（I. L. Kandel）、汉斯、马林森（Vernon Mallison）等人都对“民族性”问题进行过深入思考，有过专门论述。在探究一国教育取得的成就或存在的问题的原因时，或在分析甲国与乙国教育的差异性问题时，人们往往最终从“民族性”方面寻找原因。我们曾以为这是一个很完美的方法，就像马林森告诉我们的，“民族性”决定了一个国家的教育类型。但先生告诉我们，用“民族性”概念去理解各国教育制度的异同虽然具有启迪性，但要知道用“民族性”概念去解释国民性差异本身不是比较教育学界的发明，历史学界早就这么做了，并且多有争议。“民族性”的概念到底怎么界定？哪些行为与习惯构成了“民族性”的基本特征？“民族性”与一个民族内部存在的阶级、阶层、种族、宗教、语言、地理等各种因素有什么样的关系？究竟是“民族性”决定了教育传统和教育制度，还是教育传统与教育制度“塑造”了“民族性”？这些问题都还远没有弄清楚，因此必须学会用批判性的眼光看待西方学者的“民族性”观点。我后来找过许多资料来研究“民族性”与教育制度之间的关系，发现先生的看法是正确的。

比较教育研究中常常遇到的第二个难题，是如何避免研究的“主观性”或“偏见性”的问题。一名比较教育学者，不管他如何出色，都不可能对所有研究对象国的历史文化、政治经济、民族心理等有全面和彻底的了解，再加上研究者本人受自身政治立场、思想意识、研究方法及知识结构的影响，要避免主观性或偏见性十分困难。贝雷迪教授曾在其《教育中的比较研究》一书中，专写一章讨论“文化偏见的意义”（The Significance of Cultural Bias）。他曾批评康德尔，说他既不会说俄语，也不了解苏联，却对苏联政治制度口诛笔伐。

先生认为，学者都有自己的世界观和方法论，都有自己的政治立场和知识基础，在比较教育研究中运用自己坚信的立场、观点看待问题，不能简单地说有“主观性”或“偏见性”。比较教育研究中要防止的倾向，大的方面包括“文化中心主义”或“民族优越论”，小的方面包括避免在数据收集不全、资料东拼西凑的情况下匆匆忙忙下结论。先生在上课时经常引用萨德勒先生的一段话：“在研究外国教育制度时……我们不能像孩子逛花园一样，在各国教育系统中闲逛，东采一朵花，西摘几片叶，然后把采摘到的东西埋在家中花园里，期待某日长出一棵植物。”以此告诫我们治学要严谨，“主观性”和“偏见性”既与世界观和方法论有关，也与治学态度和学术作风有关。

与“偏见性”紧密相关的是“可比性”难题。国与国之间历史不同、文化不同、经济发展水平不同、教育基础不同，教育制度之间到底有多大的“可比性”，常常是我们当初感到十分棘手的问题。先生告诉我们，看待“可比性”问题，思想不能僵化，许多问题虽然无法直接比，也可以“心中比”。一个国家教育改革与发展的经验虽然无法直接或简单地移植到其他国家，但它的改革思路与发展经验总还是可以参考借鉴的。“心中比”，比的不是简单的数据或指标，而是比思路、比模式、比方向。我一直认为，先生有关“心中比”的观点是十分精彩的。

### 五、立论“三新”

先生非常强调比较教育研究要敢于创新，立论要有新意，敢于研究和提出“新理论”“新方法”和“新模式”。当初我撰写博士论文《论大学与工业的关系》，尝试用“职能冲突”理论解释大学与工业之间存在的种种问题时，受到了先生的极大鼓励。他甚至建议我在博士论文的基础上建立起一种新的“职能冲突”模式，可惜后来我未能够完成。先生告诉我们，比较教育学科史不算很长，大凡有所建树的学者，无不在创建“新理论”方面有所贡献。

我们在先生指导下翻译《高等教育新论：多学科的观点》一书时，先生对该书体现的多学科和跨学科研究方法十分赞赏，认为该书从历史学、政治学、经济学、社会学、组织学、文化学、科学学及政策学八个学科角度进行研究，对高等教育历史与现状的分析与解释达到了很高的水平，而这在很大程度上要归因于多学科和跨学科方法的运用。后来我们翻译《高等教育系统：学术组织的跨国研究》一书时，先生又要求我们关注伯顿·克拉克（Burton R. Clark）教授是如何在分析框架方面大胆创新的。克拉克教授分别从组织要素（工作、信念和权力）、整合与变革及规范理论三大角度研究高等教育系统，建立起了一种前所未有的分析框架，观点新颖，解释力强，可以说是高等教育理论研究创新的典范。先生认为，要对高等教育体系建立起一种理论分析框架十分不易，西方学者很多人有过尝试，但都没有克拉克教授影响大。该书的翻译及对其特有的方法论的思考，让我们后来的研究工作受益匪浅。

最后，我想指出先生的同事和学生熟知的一个事实，即先生一生有“三爱”：爱国家、爱学生和爱书籍。有一个例子可以生动地说明这一点。1991 年我赴英国萨塞克斯大学教育学院访学，曾有几天与短期来访的先生一道住在教育学院 Keith Lewin 教授的家里。当时我们都很忙，白天先生访问学校，跑各大书店，只有晚上我们能够见面聊聊。先生访问结束回国时，我送他去盖特威克机场，在机场遇到了麻烦。他买的书太多了，远远超出规定的行李重量。当时机场嘈杂，先生听力也大不如前，经我与机场方面几次争取，对方答应可以适当放宽行李重量，但必须放弃一些图书。先生不肯，告诉我这些资料十分宝贵，是花了大力气才找到的，国家研究很需要，学生做论文很需要，无论如何不能放弃。我告诉机场方面有关先生的留英经历和学术荣誉，机场方面也敬佩一位 80 岁的老人的爱国爱生情怀，破例为他放行。以后每每想起此事，我都十分感动。

《论语》说：“知者乐水，仁者乐山；知者动，仁者静；知者乐，仁者寿。”又说“士志于道”“不舍昼夜”。在先生身上，我看到了智者与仁者的完美结合，看到了一位德高望重的学者是如何“不分昼夜”，争分夺秒，献身于其钟爱的比较教育研究和教学事业。在 2010 年中国比较教育研究会年会即将在浙江大学召开之际，我诚挚地向先生表示崇高的敬意，祝先生身体健康，生活幸福！祝我国的比较教育学科后继有人，事业兴旺！

# 不言之教，嘉惠后学[①]

汪利兵

恩师王承绪先生离开我们已快两年了，但是他一直淡淡地在我心里，一如他在世时一样。我是1982年开始在原杭州大学教育系念的本科，当时王先生并没有直接给我们开课，但在系里举办的各类活动中可以经常见到先生。在学生的心目中，王先生是杭州大学教育系的一面旗帜，是一个值得我们骄傲的传奇。1986年，我本科毕业后考入王先生门下攻读比较教育硕士学位，1989年毕业留系工作。一年以后，也就是1990年，经过入学考试，我又成为他的在职博士研究生，并于1994年顺利毕业。那时由于每年硕士和博士研究生招生人数很少，有时几届、几个相关专业的研究生一起上同一门课程，同学之间、师生之间互动很好，关系融洽。那时除上课之外，有事就去他家里。杭大新村那栋两层砖木小楼的二楼东单元，留下了我和其他同门师兄弟许多共同的美好记忆。后来我一直在原杭州大学教育系和合并后的浙江大学的教育系和教育学院工作，继续跟随先生从事与比较教育相关的教学和研究工作，直

① 原载《华南师范大学学报（社会科学版）》2015年第5期。

至 2012 年 11 月开始就职于位于泰国曼谷的联合国教科文组织亚太地区教育局。下面是我追随先生 30 年的若干感想与心得，与大家分享，以此纪念王承绪先生！

## 一、历史与国际视野

王承绪先生非常重视学生对历史知识和别国经验的学习，把这看作是比较教育研究生训练的重要环节。一手伸向历史，一手伸向国际，一个人的知识才能全面，就像一棵树，“树大根深”，八风吹不动。有了历史和国际的坐标，当前的教育问题不论以何种新名词出现，都能很快将其定位，从而不会在层出不穷的新名词和新概念中迷失方向。

我们读研究生那会儿，在英文原著方面的阅读量非常大，要把许多内容翻译成中文，还要做读书笔记，长长的书单，都是出于王先生精心的考虑和选择。当时我们这些学生不知道也不去想这些将来到底有什么用，但是大家都特别投入。现在回想起来，正是那段时间的高强度训练，起到了“童子功”的作用，使自己贮存了大量日后能不断释放的知识和营养，支持着自己教学、科研和其他社会服务工作的开展。在当下高校的学术训练日益“快餐化”的时代，王承绪先生重视学生对历史知识和国际经验的掌握，尤其具有重要的现实意义。

也正是由于有比较教育和教育史两个强学科点，原杭州大学教育系师生形成了一种踏实、内敛和从容的性格，不随便标新立异，能妥善对待自己的工作，不说大话，对历史和先贤有一种发自内心的敬畏和崇仰之心。这种性格，一直保持在现在的浙江大学教育学院中。

## 二、国别研究

国别研究是比较教育研究的基础，一个比较教育研究者必须要有自己深厚的国别基础，否则多国教育比较就会无从谈起。王承绪先生是我国英国教育研究的先行者和倡导者，这自然与先生早年庚款留英的经历有很大的关系。改革开放以后，我国比较教育研究迎来了新的春天，大家兴奋之余，就像王先生所说的，不用扬鞭自奋蹄，师生精神面貌非常的好。在先生的悉心指导下，20 世纪 80 年代和 90 年代先生带的硕士和博士研究生都对英国教育着墨很深。先生指导我们通读英国社会发展史，翻译英国自 1870 年以来的教育法律法规，通过教育系和高教所所订的《泰晤士报教育副刊》和《泰晤士报高教副刊》了解和追踪英国教育的最新发展情况。我们是用最大的努力"打进去"，以便今后能"打出来"，使英国教育研究能最大限度地服务于我国的教育改革与发展。

我们是幸运的，因为英国教育传统与美国、欧洲大陆和苏联的教育传统一样，是一种源头性和上游性的教育传统，对世界上其他许多教育后发国家，特别是其他英联邦国家影响很大。了解了英国的教育传统，就可以兼及许多其他国家，如澳大利亚、新西兰、印度、马来西亚、南非等教育的传统与变革，相关研究的深度和广度就会得到很大的扩展。

## 三、与联合国教科文组织的合作

比较教育研究传统上主要有三大块，即国别研究、专题研究和方法论研究。王承绪先生除在英国教育、高等教育和比较教育方法论方面有许多基础性贡献之外，也将比较教育研究的视角拓展到了国际组织，特别是联合国教科文组织的教育政策研究。先生与联合国教科文组织有很深的渊源，二战之后，他曾作为中国代表团秘书参加了联合国教科文组织的成立大会，并参与了该组织成立初期开展的许多活动。改革开放以后，先生更是积极投身到联合国教科文组织在亚太地区的各项活动中，多次代表我国出席联合国教科文组织举办的亚太地区各类国际教育会议，并长期担任联合国教科文组织亚太地区教育合作顾问委员会委员。

在王承绪先生的推动下，原杭州大学教育系在20世纪80年代初成为联合国教科文组织"亚太地区教育革新为发展服务计划"（APEID）在中国设立的最早的联系中心之一。通过参与联合国教科文组织的各类地区性活动，王先生源源不断地给大家带回国际教育发展的最新动向与信息，这在那个信息通信技术并不发达、主要依赖纸质文献的年代，弥足珍贵！可以说，原杭州大学教育系是改革开放之后最先与联合国教科文组织开展交流与合作的少数国内高校教育系科之一。目前，浙江大学教育学院比较教育学科点一共拥有四个与联合国教科文组织相关的国际平台，包括"联合国教科文组织浙江大学APEID联系中心""全球大学创新联盟亚太中心（GUNI-AP）秘书处""联合国教科文组织创业教育教习""亚太创业教育联盟中国中心"（EE-Net National Chapter for China），与联合国教科文组织的合作非常频繁，合作的广度与深度也在不断增加。所有这些，都是王承绪先生当年打下的基础。

2012 年，我决定竞聘联合国教科文组织亚太地区教育局 APEID 总协调员兼高等教育高级项目专家这一职位。在我竞聘期间，王先生一直给予很大的支持、关心与鼓励，并亲自给我写推荐信。竞聘成功后，我第一时间去浙江医院向先生报告这一消息，他紧紧握住我的手，笑容满面地说："太好了，太好了！"王先生视联合国教科文组织为除浙江大学和伦敦大学外他一生所上的"第三所大学"，对之感情很深。现在看到自己的弟子能进入这一国际组织工作，先生的欣慰不言而喻。而我深知，没有先生长期的培养，这不会成为现实。

## 四、比较教育学科对外交流

王承绪先生是改革开放后我国比较教育学科对外交流的主要开创者和实践者。由于先生广泛的国际联系和影响，杭州大学教育系在 20 世纪 80 年代中期至 90 年代中期成为国内比较教育学科对外交流的一个中心。在这期间，国际上比较教育领域的一流学者几乎都曾应邀来到美丽的西子湖畔访问讲学，其中包括：美国著名学者库姆斯（Philip Coombs）教授、克拉克（Burton Clark）教授、卡扎米亚斯（Andrews M. Kwzwmiws）教授以及印第安纳大学的阿诺夫（Robert Arnove）教授；英国伦敦大学教育学院的劳顿（Denis Lawton）教授和黎安琪（Angela Little）教授、苏塞克斯大学的柳基思（Keith Lewin）教授、比彻（Tony Beeher）教授和艾劳特（Michael Eraut）教授以及莱斯特大学的怀特塞德（Tom Whiteside）教授；法国巴黎第八大学的德博韦教授；德国的米特（Wolfgang Mitter）教授；日本的小林哲也（Tetsuya Kobayashi）教授。那个时期来原杭州大学教育系访问讲学的外国比较教育专家的层次之高、交流之频繁，可谓是盛况空前。

我 1982 年来系就学，直至 1994 年博士研究生毕业，真是赶上了好时光。在这一时期，我去车站和机场接过外国专家，参加过他们的各种讲座，给他们的讲座当过翻译，陪同他们参观过学校，还陪同过他们去外地访问，这种机会是现在的学生很难碰到的。记得那时每逢外国专家讲座，王先生都会要求我们备好录音机全程录音，事后再由我们根据磁带录音把讲座内容整理成文字材料，供大家进一步学习。听录音整理讲座材料，是王先生推荐给我们的有效提升专业英语能力的方法，的确有显著效果。后来我自己带研究生了，也一直向学生推荐这种方法，这是王先生留给我们的一个传家宝。

除了把外国专家“请进来”之外，王承绪先生也努力创造机会让学生“走出去”。他认为学习比较教育，一定要去研究的对象国，亲身体验该国的教育及其背后的社会经济文化背景。20 世纪 80 年代中期至 90 年代中期，借助先生广泛的国际联系，本专业年轻教师和博士生都有机会到英国或美国进修和深造，我也是受惠者之一。当时比较教育专业的博士生可以排着队去英国进修，很受其他学科同学的羡慕，使得比较教育成为原杭州大学最“吃香”的专业之一，虽然每年招生人数不多，但是报考者甚众。如今各专业招生竞争很激烈，广泛的国际联系应该成为学科专业竞争力最重要的指标之一。

### 五、身教重于言教

王承绪先生淡泊名利，生活简朴，与世无争。他对人和事没有很多的“控制欲”，喜欢顺其自然，尽人事而听天命。他在谈论学问之外，话并不多。他从不在学生面前拿腔拿调，或将做人的道理整天挂在嘴上。然而，他身上散发出的那种博学、谦逊、淡然、纯粹、忘我和包容的品性，对学生具有很强的教育性，学生不知不觉中无不受其感染。王先生是一位具有大气场的人，在他面前，任何个人的小算盘、侥幸心理和自私倾向都会消减于无形。他身上有一种莫名的力量，会让人变得纯粹和高尚。

不论学生资质聪颖或愚笨、学术上有无成就、行政上有无官职，他都一视同仁，对大家都一样的好，没有“大小眼睛”。因而学生毕业后都喜欢拖家带口去先生家看望他和赵端瑛先生。他们就像是自己家里的长辈，嘘寒问暖，静静倾听学生分享他们毕业后在工作和生活上的成就、喜悦、不顺和烦恼，他们是所有学生的港湾。

# 王承绪比较教育思想与实践①

徐小洲 薛 珊

王承绪先生是我国比较教育学科创建者之一，对我国比较教育学科建设与发展做出了杰出贡献。在60多年比较教育研究与教学生涯中，王先生兢兢业业，著述丰硕，堪称学界泰斗；诲人不倦，桃李满天下，实为育人典范。本文试图在访谈与文献分析的基础上，探讨王先生比较教育学科发展与人才培养观。作者认为，研究王先生比较教育思想与实践，对理解我国比较教育学科发展具有重要的参考价值。

## 一、论比较教育学科特性

王先生对比较教育学科特性具有深刻的认识，他深入阐述了比较教育学科性质和研究目的。在1979年《从国外比较教育学科发展的现状看我国比较教育教学中的若干问题》一文中，他指出，为本国发展服务乃是比较教育研究的根本出发点。他说："比较教育乃是一门以马列主义、毛泽东思想为指导，分析研究各国教育制度，吸取其优良经验，以供我

---

① 原载《比较教育研究》2010年第9期。

‘四化’建设借鉴的学科。”① 他剖析了比较教育学科在各国教育改革过程中的发展历程，认为比较教育是教育改革的产物，教育改革离不开比较教育研究。因此，中国的比较教育研究应当为我国的教育改革服务，这是进行比较教育研究的一个主要目的。②

他认为，比较教育具有四个重要特征：国际性、跨学科、可比性、实践性。

第一，比较教育研究具有国际性特征。比较教育研究者必须具有国际视野、深入研究国际教育理论与实践和深刻把握多元文化。他指出，比较教育研究应当从教育国际化的角度去寻求突破。他说：“传统的比较教育更多地从国家竞争力的角度去分析和比较，而当今世界，一个国家的问题往往无法单单从自身出发去解决。从全球的视角看，不依靠教育很难建立起平衡合理的世界经济秩序，新情况的出现，全球化和国际化等方面的问题都对比较教育理论的价值观层面提出了新的要求。”③ 我国比较教育研究应当扩大对象国的覆盖面，以适应我国不断扩大的国际交流。王先生的研究对象国非常广泛。从20世纪30年代赴英伦留学后，他对英国教育开展深入、系统的研究，是我国英国教育研究的权威。他还持续关注法国、德国、俄国、美国等发达国家的教育改革，根据这些国家教育改革的经验提出值得我国教育改革借鉴的对策。同时，他也非常重视东南亚国家高等教育改革，认为这些国家的高等教育改革对我国高等教育发展具有重要的启迪。开展跨国家、跨文化研究要求研究者掌握和研究不同对象国的语言与文化。为了了解多国教育发展状况，王先生本人除精通英语外，还掌握日语、德语、法语、俄语等多门外语，并要求博士研究生掌握第二外语。凭借着深厚的英语功底，王先生翻译了大量国外教育名著，为我国比较教育学科发展奠定了资料基础。对于教育论著翻译，王先生认为不应停留在表面文字的理解，更应充分理解其语义，既要忠于原文，也要在本国文字上超越原文。他强调，真正的翻译要完整地把书理解透了才能动笔，不宜

---

① 王承绪. 从国外比较教育学科发展的现状看我国比较教育教学中的若干问题［J］. 杭州大学学报（社会科学版），1979（4）：72－79.

② 汪利兵. 比较教育的世纪回顾：我国著名比较教育学家王承绪教授访谈录［J］. 外国教育资料，1996（5）：1－4.

③ 本刊记者. 个人旨趣、社会责任与比较教育工作者的使命：访王承绪教授［J］. 教育研究，2006（7）：44－47.

书刚到手就翻译。王先生不仅自己精于翻译，还通过翻译实践培养了一批翻译人才。

第二，比较教育研究是跨学科的，具有研究方法多样性和研究视角多元性的特征。他敏锐地注意到20世纪80年代以来跨学科研究的趋势及其重要作用。他指出，比较教育研究涉及领域非常广泛，不能孤立、片面地研究国际教育改革与发展问题。他非常关注比较教育研究方法问题。他说："我所担心的是，实践研究加强以后，对实践研究得到的资料和数据开展总结时，如果方法论的含量很少，会使研究质量受到影响，同时会使研究结果对教育实践难以起到应有的作用，甚至会误导。"① 在《比较教育学史》中，他详尽阐述了西方比较教育研究方法论发展历程，认为"我们的比较教育严格来说还没有走完这个方法论的历程"②，我国比较教育学界应当加强对比较教育研究者的方法论训练，建立新的方法论模型，促进比较教育学科的发展。比较教育研究要根据不同研究对象采用多元化的研究方法，对不同性质的教育问题从多元的视角去分析。如：在20世纪80年代，根据国际高等教育发展中传统高等教育与新型高等教育并行的趋势，他明确提出，高等教育要采用双重质量观，用两种标准衡量高等教育质量，避免片面不切实际的单一评价标准。

第三，比较教育研究必须加强科学规范，注意比较研究的可比性。③ 在《比较教育》教材编写中，他引入了比较教育研究的可比性特征，以加强研究结果的可信性。在对不同国家和地区教育问题比较时，要深入分析其不同的发展背景、条件，厘清不同情景下的理论与改革内涵，分析其不同思想与制度特征，提高比较教育研究的可靠性。他明确反对不加区别、望文生义式的"比较"，指导学生要深入分析比较对象的差异，尤其要读懂不同思想家论著的原意。他说："每一个国家的教育有它的历史和传统，不是随便去参观一下就能学到手的，一定要到它的制度里面去。关于这一点，我个人的体验特别深刻。"他提出，在开展比较教育研究时，只有全面深入地掌握该国的政治、经济和文化等各方面的情况，并在此基础上建立相关的理论框架，才能真正把握可比性与可借鉴性。

---

①② 本刊记者．个人旨趣、社会责任与比较教育工作者的使命：访王承绪教授［J］．教育研究，2006（7）：44－47．

③ 王承绪，顾明远．比较教育［M］．北京：人民教育出版社，1999．

第四，比较教育是一门理论与实际紧密结合的学科，具有鲜明的实践特点。他认为，比较教育研究者为了提高其实践意识，必须深入了解国内外社会发展与教育改革实际，时刻把握时代的脉搏。数十年来，他对《光明日报》等我国几种重要报刊不仅做到每天必看，而且多加圈点批注，抒发学习体会。王先生翻译了大量有影响的外国教育著作，这些译著的选择都是根据中国社会发展与教育改革的需要精心挑选的，对我国教育改革具有实际参考价值。如：根据我国创业型大学建设的需要，他于90多岁高龄之际，亲自伏案翻译出版了美国著名高等教育学者伯顿·克拉克的《建立创业型大学：组织上转型的途径》和《大学的持续变革——创业型大学新案例和新概念》，为我国创业型大学的建设介绍国际成功的案例。为了能深入了解国外教育实际，他认为实地考察对比较研究非常重要。他指出，实地考察不仅是获得一手资料的最佳途径，也是灵活使用各种研究方法，尤其是质性研究方法的最佳途径。在研究生培养过程中，王先生总是鼓励研究生出国考察，并积极为研究生和年轻教师出国进修创造条件。

## 二、论比较教育研究者基本素质

在长期比较教育教学与人才培养过程中，王先生为我国比较教育学界培养了大批人才，积累了丰富的比较教育学科人才培养经验。他认为，比较教育研究者需要具备以下几方面重要素质。

第一，热爱祖国，忠诚党的事业。王先生是热爱祖国、忠诚党的事业的知识分子典范。从二战后克服重重困难回国，到在特殊时期遭受不公正待遇，他的理想与信念从未动摇，表现出对祖国、对人民、对党的无限忠诚，体现出一个当代中国比较教育学者的高尚情操。新中国成立60多年来，他坚持刻苦学习马列主义，认真学习党的方针、政策。在科研中，他坚持辩证唯物主义和历史唯物主义的方法论，运用马克思主义的观点实事求是地分析问题，提出比较教育研究中必须坚持客观观点、实践观点、联系观点、发展观点和矛盾观点五个基本观点。[①] 在教学中，他坚持教书育人。在他的精心培养下，许多学生有的成为我国比较教育学界的学术骨干，有的成为党政领导，为教育事业发展做出了积极贡献。他经常发自肺

---

① 王承绪，顾明远. 比较教育［M］. 北京：人民教育出版社，1999.

腑地告诫学生要报效祖国、报效党的事业。2010 年 6 月，在浙江大学“三育人”标兵评选中，他怀着满腔激情地说出了最想对广大师生说的一句话：“高举中国特色社会主义伟大旗帜，跟共产党走，为中华民族伟大复兴尽毕生精力！”

第二，能够胜任并推动国际交流。王先生认为，比较教育在促进不同国家和文化的人民相互了解方面具有特殊的积极作用。这就要求比较教育研究者必须能够胜任并积极推动国际交流。尤其在高等教育走向国际化的今天，不同国家之间的交流不断增加，国际组织的活动日益活跃，从事比较教育研究的人应当加强国际化的训练，融入国际学术圈，融入国际化的时代，成为国际型学者。王先生本人便是一位著名的国际型学者。他在英国求学期间就参与联合国教科文组织成立的筹备工作，并在 1947 年联合国教科文组织大会期间担任南京政府派出代表团的秘书。1980 年，在中国联合国教科文组织全国委员会推荐下，他当选为联合国教科文组织亚太地区教育合作咨询委员会委员。在之后长达 12 年任职期间，他分别参加了在泰国曼谷、菲律宾马尼拉、印尼日惹、泰国清莱等地召开的五次咨询委员会会议，并在清莱会议上担任会议副主席，还参加了在新加坡和巴黎召开的高等教育国际会议等。在中国联合国教科文组织全国委员会的支持下，他牵头在杭州大学成立了“亚太地区教育革新为发展服务计划（APEID）联系中心”，该中心成为教科文组织在中国建立最早的联系中心之一。鉴于其在推动国际合作与交流中发挥的重要作用和巨大贡献，2003 年，王先生被联合国教科文组织亚太局授予“亚太地区教育革新终身成就奖”。在他的关心和帮助下，不少学者出国深造，逐渐成长为国际型学者，在国际教育合作与交流中发挥出重要作用。

第三，具有跨学科知识结构。跨学科知识结构是比较教育研究性质所决定的。在求学期间，王先生便形成了从不同学科的视角分析时局和社会现象的研究习惯与广博的知识。在其参与主编的《东方副刊》杂志中，王先生撰写的文章不仅有对教育问题的真知灼见，还有近半是关于国际政治问题的分析，其内容涉及哲学、政治学、社会学等多门学科。在王先生主持编译的“汉译世界高等教育名著丛书”中，他充分肯定了伯顿·克拉克教授《高等教育新论：多学科的研究》一书，提倡比较教育研究要从历史、政治、经济、组织、文化、政策等多学科角度研究。

第四，比较教育研究者要脚踏中国实际。王先生高度重视研究中国教育发展的实际问题，强调实践研究。他认为，在当前的社会环境下，一个学科如果不注重实践研究，很难生存和发展。在其主编的《中外教育比较史纲》中，他提出，比较教育研究要从实际出发，要“以问题为纬，以时代为经，立足本国，放眼世界”。比较教育研究者在介绍国外教育改革与发展时要先了解本国实际，立足于我国现状，根据我国需要提出具有借鉴作用的积极建议。对于文化交流，他强调要“以我为主”，以借鉴和发展为目的积极开展合作，不能盲目跟从他人的思想或理论。在研究对象上，他指出，比较教育研究不仅包含研究国外教育，也包括国内教育的比较研究。他尤其重视比较教育研究为我国教育政策提供咨询。他指出，从20世纪60年代开始，比较教育工作便与国家的长远规划联系起来。目前我国很多重要的教育决策都参考了比较教育的研究成果。在全球化背景下，我国教育改革更需要建立在扩大眼界的基础上才不至于迷失方向。比较教育研究者应该做一个专业的政策贡献者和专业的批评者，以其独特的国际视野，为我国教育政策的制定和执行出谋划策，推动我国的教育事业改革与发展，对社会做出贡献。

王先生十分重视比较教育研究的现实意义。他认为，在未来的发展过程中，不仅教育研究部门需要受过比较教育专业训练的人员，政府决策机构、外事机构、企业培训部门也都需要比较教育专业人员。因此，比较教育研究者必须大力提高自己的综合素质，为社会发展与教育改革提供高水平的研究成果。

### 三、比较教育实践活动

王承绪先生于1936年毕业于浙江大学教育系，同年留校工作。1938年8月赴伦敦大学教育学院留学。1947年应浙江大学时任校长竺可桢先生邀请回校工作，任浙江大学教育系主任、教授。之后，一直从事比较教育教学和研究工作。浙江大学比较教育学科的建设与发展渗透着王先生的毕生心血。从学科建设角度来看，王先生的比较教育教学与科研活动可以大致划分为改革开放前后两个时期。

1947年，王承绪先生回国后，开始在浙江大学从事比较教育课程的教学工作。1952—1962年，由于当时我国实行向苏联学习的政策，对其他国家的教育研究不重视，停止了比较教育学课程。1952—1958年，王先生以苏联文本为基础，主要开展教育学与苏联教育研究。随着1958年“大跃进”运动结束和1961年“高教六十条”后高校秩序的恢复，杭州大学教育系于1963年开始重新开设外国教育课程，王承绪先生主讲外国教育。由于国内缺乏外国教育资料，20世纪60年代初，王先生开始与南京师范大学、华东师范大学等高校同仁合作，编译古希腊和古罗马时期以来的西方教育名著，形成了三卷本的《西方教育论著选》。其中，近代卷于1964年首版，古代卷与现代卷于1980年首版。1974—1978年，王先生翻译了《现代西方教育思想流派论著选》及杜威的一些论著。这些译著为我国教育界了解西方教育思想奠定了资料基础。

1978年，改革开放打开了我国向外国学习借鉴的大门，比较教育学科进入了发展的春天。王承绪先生以满腔的热情投入到了比较教育学科重建过程中。他积极参与全国外国教育研究会（1982年改称“全国比较教育研究会”）的组建工作，与学会同仁携手，在引领我国比较教育研究方向和促进学科建设发展等方面产生了重要影响。1982年，由王承绪、朱勃、顾明远主编的《比较教育》一书由人民教育出版社出版发行，这是新中国成立后由国内学者自主编写的第一本比较教育教材，成为中国现代比较教育学学术繁荣的开山之作。在王先生率领的比较教育团队积极努力下，杭州大学分别于1982年和1984年成为全国首批获得比较教育学科硕士学位和博士学位授予权单位。自学位点设立以来，王承绪先生共招收数十名博士生和硕士生，指导学生对国际教育改革与发展热点问题、比较教育学科发展基本理论问题等开展深入、系统的研究，为我国比较教育学科培养了一批学术骨干。

在王先生的学术引领下，浙江大学比较教育学科在英国教育研究、比较高等教育研究、教育制度与政策比较研究等领域形成了鲜明特色，成为我国比较教育研究与人才培养的重要基地、教育政策咨询的重要智库、国际交流与合作的活跃中心。

# 王承绪先生的为人、为学与为师
## ——追思导师王承绪先生[①]

林正范

导师王承绪先生仙逝，令我们每一个弟子都深感悲痛！但是，我们在悲痛之余，更多的是对于先生的追思，是缅怀留在我们心中的先生！

记得1995年上半年，我在杭州大学参加了博士生考试并且被录取后，暑假里被省政府任命为浙江教育学院副院长。当年秋季入学后便面临着工作、学习的双重压力。尤其是在入学第二年，我担任了杭州师范学院院长，挑起了更加沉重的工作担子。作为导师，先生一方面对我的工作提出了殷切期望，同时，当我因为一些重要会议或事务想请假缺课时，先生总是说，既然做了博士生，就一定要好好学，尽量别缺课。我有一次因为忙，先生布置的一大堆英文资料没有时间仔细阅读就去听课了。上课时，先生请我谈谈对研读资料的理解，我大部分说不上来，十分着急，真希望先生别让我说了。可是先生对某些地方给我一些指点后，还是请我继续说下去，直到我说得基本正确为止。这样认真的

① 原载《外国教育研究》2014年第4期。

教学，让我刻骨铭心！

在我做论文期间，先生认真的指导更是让我敬佩。每当我把做好的论文稿子交给先生审阅后，心中总是希望能够顺利通过，以便能够让自己早日松口气。但是先生每次请我过去，会给我很多指点，然后找两本书给我，要我回去再仔细读读改改。过些日子我把修改好的稿子再次送给先生后，先生还是会再找几本书给我，让我再看看书，再做修改。这样好几次下来，我虽然修改得很累，但是论文自然改得比原来好多了。这让我深深体会到先生对于自己学生的高度负责，对于学术研究的高度严谨！

博士毕业后，我在杭州师范大学指导研究生，也常常会带着先生留在我身上的治学态度去要求我的学生，尽管没有做到像先生那样的高度，但也是尽可能地努力一些、再努力一些！

# 王承绪先生与比较教育学科人才培养
## ——像恩师王先生那样治学育人[①]

吴雪萍

师从王承绪先生30年来，恩师始终以他的人格魅力和学识魅力感召着我，以诲人不倦、教书育人的精神激励着我。在传道、授业、解惑的同时，恩师常以润物细无声的方式给我以人生的启迪。他与人为善、积极向上、乐观豁达、荣辱不惊的处世态度时时感染着我，帮助我在人生的道路上坚强地面对一切困难和挫折。在王先生的言传身教和辛勤培育下，一批比较教育学科人才成长起来。

### 一、教书育人的标兵

王先生认为教书育人是件光荣且很有意义的事情。他曾对我们说："教育对我来说是很神圣的事情，一开始学教育，是当时相信教育救国论，觉得教师这个职业很重要。我想在这个行业能为国家多做贡献，别的我也没有想过。我想当教师就要当好教师，别的事情由别人去做，我从来没有想过做其他事情，我很喜欢当教师。正如孟子所说，'得天下英才而教育之，三乐也'，我真觉得是这样

① 原载《外国教育研究》2014年第4期。

的。”王先生是这么说的，也是这么做的。从教 80 年来，他热爱教育事业、热爱学生，坚持为人师表、教书育人，为祖国培养了许多优秀人才，真可谓是桃李满天下。2010 年，王先生被浙江大学学生投票评为教书育人标兵。这是浙江大学学生对老师的最高褒奖。在我心目中，王先生早已是教书育人的标兵了。

王先生非常重视比较教育学科人才的国际化培养。记得第一次听王先生讲课是在 1983 年。当时，王先生以他独特的国际视野，推动原杭州大学教育系与美国印第安纳大学教育学院建立了国际合作与交流关系。王先生与美国印第安纳大学著名比较教育学家阿诺夫（Robert F. Arnove）教授联合开设了用英语授课的比较教育课程，授课对象是中美两国的学生。在课堂上，王先生总是循循善诱，启发我们思考问题，比较中美两国教育的异同，鼓励我们大胆发表自己的观点。在课外，他要求我们阅读大量的外文文献，在每次课堂讨论前做充分的准备。为了让比较教育学科的年轻教师都有出国学习和考察的机会，他积极拓展国际交流渠道，主动与英国文化委员会联系，与英国的大学建立国际合作和交流关系，并争取到了英国文化委员会的相关资助项目，为年轻教师出国深造创造了宝贵的机会。借助于这个资助项目，杭州大学教育系比较教育学科先后有 7 位年轻教师赴英国进修。

王先生对学生既热爱尊重，又严格要求。平时他对我们弟子总是和蔼可亲，从未板起脸训过人，但他又从未降低过对我们的要求。每次请外国专家做完报告后，他都要求研究生通过一字一句听录音把报告整理出来。在这个过程中，我们的英语听力自然得到了很好的训练。只要有外国专家来访，先生就给我们创造与专家面对面交流的机会，让我们在这个过程中增长见识、提高英语水平。

## 二、严谨治学的典范

王先生治学之严谨在国内外学界是有口皆碑的。他反复强调，比较教育研究者必须掌握外语、资料和考察三个方面的基本功。在资料方面，他非常重视第一手权威文献（如教育法、白皮书等）的掌握。他认为，如果没有权威文献做支撑，关于外国教育制度和政策的任何观点都是缺乏可信度的。为更好地研究英国教育，他组织我们翻译了一系列英国教育权威文献。每次审阅研究生写的学位论文，他不仅要逐字逐句审读论文本身，还要认真审读学位论文所参考的英文文献。有时，为了核实一个观点或数据，他会翻阅好几本文献，进好几趟图书馆。

为了让研究生获得更多的第一手外文文献，他每次出国考察都要搜集和购买一大批外文资料。在他回国携带的行李中，绝大部分都是图书资料。1991 年，已是 80 岁高龄的王先生出访英国。当时我正在英国苏塞克斯大学进修。原以为先生刚到英国会先好好休息，倒一下时差。没想到，王先生到达苏塞克斯大学的第二天上午，就直奔图书馆查阅文献资料。每找到一本好书，他都如获至宝。为了获得英国教育部的最新政策文件，他还专程前往伦敦访问英国教育部有关官员。在王先生潜移默化的影响下，至今，我们浙江大学比较教育学专业师生在做研究时，都特别重视第一手权威文献的搜集。

## 三、终身学习的楷模

王先生酷爱读书、酷爱学习在浙江大学是众人皆知的。在教育系，去校图书馆、系资料室次数最多的是王先生，借阅图书最多的也是王先生。据学校图书馆外文书库的图书管理员介绍，王先生也是全校借阅外文资料最多的老师。每次去北京参加会议或博士论文答辩，他首先去的不是宾馆，而是国家图书馆。

学习是王先生的“精神面包”，学习已成为他的工作方式和生活方式。如果哪一天不读书看报，他就犹如没吃饭一样难受。每次到他家，总能看到他认真阅读、享受阅读的情景。即使生病住院，他仍坚持每天看书读报。《比较教育研究》《外国教育研究》等比较教育学方面的重要期刊他是每期必看的，《人民日报》《光明日报》等重要报刊也是他每天必读的。他常常跟我们说，当今时代知识更新速度很快，一定要活到老、学到老，否则就跟不上时代发展的步伐。由于王先生坚持终身学习、天天学习，他的思维一直敏捷清晰，他的思想总是与时俱进，他的学术成果也是非常丰硕。

王先生爱读书，但他绝不是“两耳不闻窗外事”的书呆子，也非常关心国内外的发展。王先生之所以如此关心教育以外的国内外大事，和他倡导的比较教育研究方法密切相关。他常教导我们在研究外国教育制度时，务必牢记英国著名教育家萨德勒（Michael Sadler）的名言：“学校外的事情远比学校内的事情重要，且它们支配和说明着学校内的事情。”因此，王先生要求我们在做研究和写论文时，需要透过现象看本质，需要注重因素分析，从更加广泛的经济、政治、历史和文化背景出发考察一个国家的教育。

# 一个人和他的一个世纪
## ——记浙江大学终身教授王承绪[①]

谢喆平 董建红

80岁以后是王承绪的丰产期，出版有《比较教育学史》《中外教育比较史纲》，独自翻译了《研究生教育的科研基础》《探究的场所：现代大学学科和研究生教育》《高等教育不能回避历史：21世纪的问题》等。90岁以后，王承绪仍然到图书馆亲自查阅资料，了解国内外教育发展的最新动态，为研究生论文选题做好前期掌握动态的工作；批阅作业认真仔细，上课一丝不苟，乐在其中。

2010年春天，联合国教科文组织总干事博科娃访华，专门亲笔致信问候浙江大学终身教授王承绪先生。有幸目睹联合国教科文组织1946年在法国巴黎成立的人，大约只有王教授一人在世：他将满百岁。

1993年，伦敦大学教育学院创办以来的100年里首次设立院士称号。此次共有3个人入选，其中埃尔文教授是伦敦大学教育学院著名的老院长，毕业于剑桥大学，曾担任过牛津大学拉斯金学院院长、联合国教科文组织教育

---

① 原载《人物》2010年第9期。

局局长、英联邦教育联络委员会主席以及英国大学拨款委员会委员；另一位获奖人是功勋教师古尔德夫人，她曾任中学校长 17 年，由于贡献杰出，曾获得英帝国勋章；获奖的第三人就是王承绪教授。授予仪式来宾数百人，盛况空前。当时坐在台下前排的中国留学生汪利兵，记忆犹新。

王承绪 1936 年于浙江大学教育系毕业后留校工作。1938 年考取中英庚款公费留英资格，在伦敦大学教育学院攻读教育，获伦敦大学教师证书和教育学硕士学位。1947 年应浙江大学竺可桢校长邀请回国，先后担任浙江大学教育系教授、系主任，浙江师范学院教育系教授、系主任、副教务长，联合国教科文组织亚太地区教育合作咨询委员会委员，全国教育科学规划领导小组比较教育学科组评委等职务。他是新中国比较教育学科建设和研究的主要创始人之一，合作主编了新中国第一部《比较教育》教材，曾连续承担国家教委全国教育科学规划“六五”“七五”“八五”“九五”重点课题。他合作主编的《中外教育比较史纲》一书获得 1999 年第四届国家图书奖，《比较教育学史》则获得 1999 年全国第二届教育科学研究优秀成果一等奖。

## 为人师表与庚款留英

人常说“江南出才子”，也的确如此——江苏常州的青果巷出了赵元任和周有光两位语言学大师；江苏的江阴则出了王承绪和顾明远这两位新中国比较教育学的奠基人。王承绪是第一批庚款留英学教育的留学生，小他 16 岁的顾明远则是新中国的第一批留苏学生。这两位江阴学子，携手创建了比较教育学科。

1912 年 6 月，王承绪出生于江苏江阴三甲里镇（现张家港市南沙镇）。王承绪 6 岁入私塾，熟读“四书”，后就读于殷念乔借慧宁庵毁家办学的小学。求学时，并不宽裕的家境不能支持他选择那些学费昂贵但“钱途”或仕途宽广的学科，甚至家里还希望身为长子的他去开布店的亲戚家工作。有强烈求学欲的王承绪，选择了师范科，原因是当时政府承诺大力发展小学教育，师范学校推出了免费教育政策，且毕业之后还有获得小学教职的就业保障。

王氏家族是江苏的“书香门第”：祖父参加过科举考试，伯父当过教师，父亲曾进私塾接受传统教育，母亲亦识字知书，一个弟弟是小学老师，可以说是一个“教育世家”。1928 年王承绪进入师范学校，从此一生与教师职业结缘：“1931 年我师范毕业当小学老师，后来出国学教育，回国后教书，都是教育，有 70 多年了，脑子里面就是教育，就是想着怎样把教师做好，把当教师的本领学好，把外国可以借鉴的东西都学好。”教育于王承绪来说是很神圣的事情。最初学教育是因为当时相信教育救国论，觉得教师这个职业很重要，“这个行业能为国家多做贡献，我是当教师的，我受培养是当教师，当教师就要当好教师。回顾过去，一闭眼就是很多优秀教师的形象。正如孟子说过的，‘得天下英才而教育之，三乐也’。我真觉得是这样的。从中学读师范时教民众夜校，到师范毕业后到实验小学教四年级的孩子，直到在浙大、浙师院、杭大教大学生和研究生，我都深切地体会到孟子的‘三乐’。”

1932 年，王承绪在无锡师范附小服务一年之后被保送至南京中央大学。但由于学潮，中央大学解散，于是借读于浙江大学。借读一年后，王承绪决定留在浙大学习，从而确定了一生的研究道路。浙大教育学系创建于 1929 年，是中国近代高等教育机构中设置最早的教育系科之一，原属浙江大学文理学院。王入学时正逢浙大教育学鼎盛时期。就师资来说，当时教育系里有一系列闪耀的教育学名教授：郑晓沧、孟宪承（华东师范大学首任校长）、俞子夷、庄泽宣（后任职联合国教科文组织教育部门）等，这一代学者的研究水平在当时的国际教育学界都是领先的。该系的图书资料在当时也颇为出众：伦敦大学的《教育年鉴》、哥伦比亚大学的《国际教育年鉴》及瑞士日内瓦国际教育研究所的《教育年鉴》都有购置。就学习条件来说，王承绪宿舍的旁边是文理学院图书馆，于是“近水楼台先得月，图书馆的新书总能先睹为快”。勤奋的王承绪大学一年级时就开始向杂志投稿介绍国外新教育，而文章的不断发表也鼓舞了他从事教育的信心。浙江大学毕业后王承绪留校工作，他又旁听和自学了德文和法文。

抗日战争爆发时，王承绪刚刚大学毕业两年，那时在学生中兴起了一股“教育救国”的思潮、学习国外先进的思想文化成为 20 世纪 30 年代中国大学生的理想目标。但当时能够考到官费留学的学生屈指可数。众所周知，1933—1943 年举办的六届庚款留美考试和 1933—1947 年举办的九届庚款留英考试是民国时期最著名的公费留学考试，两项庚款留学选派的是当时中国最出色的大学毕业生。六届留美和九届留英一共只录取了 325

人。两大考试竞争激烈，比如厦门大学仅 1 人被录取，即原中国科学院院长卢嘉锡；武汉大学只考中 2 人，其中 1 人即发展经济学奠基人张培刚。九届庚款留英考试在各项公费留学考试中竞争最激烈、录取比例最低，教育类一共只录取过 5 人。1938 年，王承绪参加教育部举办的全国庚子赔款官费留英考试，这是中英庚子赔款第一次有教育类的留英考试。这一批全国仅有 20 个名额，其中只有外国史、法律、经济和教育 4 个专业招文科生，教育学只招 1 人。

考完试后，王承绪一边在中学教书，一边等待考试结果，还到光华大学听教育哲学讲课，同时准备去西迁到广西宜山的浙江大学任教。8 月份考试结果出来，他金榜题名，一时间万众瞩目。孟宪承教授亲临王承绪住所道喜，远在江西办学的郑晓沧教授则专门写了贺诗《喜闻门人王承绪中选赴英留学》一首："夏时方鼎沸，吾子适遐征。入选原非易，一朝事竟成。天驹怀远略，云隼上前程。闻捷予心喜，寒门亦自荣。"

1938 年 9 月，留学生集中在香港办理了出国手续，搭乘英国的远洋轮船离开了祖国。这一批出国的 20 人中，包括后来贡献巨大的"两弹一星"元勋王大珩和彭桓武。20 人 4 周后到达法国马赛，然后通过英吉利海峡到达伦敦多佛港。尽管身在国外，在那个年代的留学生对国家和人生都有远大的抱负，学成后都想回国运用自己所学的知识报效祖国。一年之后赵端瑛（王承绪夫人）也赴英国伦敦大学攻读教育心理学。身材修长的赵出身浙江海宁大户，舅父即是海宁大才子王国维，她在伦敦大学教育学院的老师则是精神分析大家弗洛伊德之女安娜・弗洛伊德。

1941 年，在英国留学 3 年后，王承绪获得了教师证书和硕士学位。但当时是二战期间，海上交通中断，无法回国。为了对国内抗战工作尽一分力量，在英国的一部分中国留学生参与了宣传工作，帮助英国人了解中国抗战的情况。在伦敦大学教育学院疏散到诺丁汉期间，王承绪一面读书，一面写论文、做报告，还利用晚上时间学俄语——他希望有机会能取道苏联返国。一直到 1941 年学业完成，他俄语也学会了，但仍然没有办法回国：当时既没有飞机也没有轮船（轮船被军方征用）。1942 年有一段时间德国人的轰炸稍微停了一下，他才从诺丁汉回到伦敦。到伦敦后，伦敦大学东方学院邀请王承绪做中文老师。老舍和萧乾都曾教过书的东方学院名气很大，但是王承绪考虑到一有机会就要回国从事教育学研究，于是仍然选择了去伦敦大学教育学院继续做研究。1945 年战争结束时，他的博士课程已经修完，还差 1 年时间就能满期了。但 1945 年战争结束后郑晓沧教授到英国访问，住在王家，希望王氏夫妇回浙江大学工作。1946 年竺可桢校长也到英国访问，他发出邀请，那时赵端瑛也已完成学业，于是王氏夫妇就决定一有船即立刻回国工作。

去国八年，归心似箭，不料这归国的旅途何其漫长！由于大战后海上交通恢复很费时日，从王承绪夫妇决定回浙大任教，预订轮船舱位，到登轮返国，又整整等了一年：1946 年暑假订船票，直到 1947 年 1 月才有船位。王氏夫妇坐了战后英国开往上海的第一艘货轮离开英国，因为是货轮，沿途许多港口都要停靠，卸货装货，三个月后才辗转到达上海，继而到杭州。当时浙江大学也刚刚复院，书籍也正从贵州运往杭州。值得骄傲的是，当时一同出国的 20 位同伴全部都回来了。

新中国成立前，王承绪在商务印书馆出版的译著有《战后英国小学教育》《英国教育》《基本教育》。新中国成立后，他继续在教育系讲授外国教育课程，从事外国教育名著的翻译介绍工作。20 世纪 60 年代，他参加翻译了《教育原理》和《西方资产阶级教育论著选》。1978 年以来，他与朱勃教授、顾明远教授联合主编了新中国成立以来我国高等院校第一部比较教育教科书，并组织编译了大量外国教育史和比较教育的教学参考资料。

## 机缘：比较教育学学科

1946 年，当时的浙大校长竺可桢到英国考察教育，王承绪陪同他了解有关情况。此时，恰逢联合国教科文组织成立，竺可桢作为中国代表团成员参加，邀请王承绪和钱三强两位年轻人到巴黎做中国代表团秘书。竺校长大约想不到，64 年后，联合国教科文组织的总干事访华时，这个年轻的代表团秘书已是中国教育界的泰斗级人物。

1945 年 10 月，联合国教科文组织筹备委员会成立了一个编辑委员会，为联合国教科文组织成立大会编辑一本关于基本教育的专著，王为这本专著撰写了《略论基本教育》一文，提供了中国陶行知、梁漱溟、晏阳初开展平民教育的情况，还介绍了杭州当时一所著名的扫盲学校杭州民众学校，为联合国教科文组织编写有关出版物提供了中国的资料。该书在联合国教科文组织成立大会召开前出版。1946 年 11 月，联合国教科文组织在巴黎召开成立大会，王承绪以《联合国教育科学文化组织会议的经过和观感》为题，以论文的形式在《大公报》发表文章，报道联合国教科文组织成立大会的经过，并在会后将《基本教育》一书译为中文，由商务印书馆出版。

王承绪晚年回忆说，他走上比较教育学科研究道路，从事比较教育学研究，跟联合国教科文组织的成立也不无关系。除此之外的原因之一是老师的影响。在小学时代，有好多老师的影响使他萌发了当教师的想法。在张家港的梁丰中学，一位毕业于上海圣约翰大学的英语老师对他影响很深；入了无锡中学师范科后，该校中央大学毕业的吴伯昂和南京高等师范学校毕业的张仲友（这两位在杜威访问南京高师时担任翻译和负责整理杜威演讲）使他对教育课程很感兴趣。师范毕业后，他在附属实验小学当了一年老师。后来因南京中央大学闹学潮停止招生，改来浙江大学教育系借读。原因之二是机遇。那时的浙大教育系名师云集，郑晓沧教授任主任，外国教育和教育哲学有孟宪承教授，比较教育有庄泽宣教授，小学教育有俞子夷教授。于是，原只打算短期在浙江大学借读的王承绪结果留了下来。

20 世纪上半叶是我国比较教育学科的形成期，标志是在大学设置比较教育课程，出版比较教育学科教材。中国大学教育系在 30 年代初正式设置比较教育课程，庄泽宣的《各国教育比较论》是 1927 年他担任广州中山大学教育研究所所长时写的，1929 年由商务印书馆出版，比康德尔的《比较教育》还早 4 年。该书以“借鉴”作为比较教育的目的，并提出地理与民性为学制演进的背景和缘由，比汉斯讲地理因素和民族性早 10 余年。因此，中国比较教育学科的形成时期与英美不相上下。这批名师的教导，使年轻的王承绪早早对比较教育学“得其门而入”。他说：“比较教育当时是一门新课，康德尔的名著《比较教育》刚出版，就是我们的参考书，庄泽宣教授教我们比较教育，他当时已出版了三本书。一本是《各国教育比较论》，一本是《各国学制概要》，还有一本是《西洋教育制度的演进及其背景》，是我们上外国教育史和比较教育课的主要教材。这时系里购置了当时国外出版的三种世界教育年鉴，即伦敦大学的《教育年鉴》，美国哥伦比亚大学的《国际教育年鉴》和日内瓦国际教育研究所的《教育年鉴》，课外阅读，加深了我对比较教育的兴趣。我开始写介绍苏联和一些新兴国家教育的文章，向《教育杂志》等刊物投稿。我们当时在浙大学习时毕业论文就以‘民族性与教育’‘自然环境与教育’等为题。”

二战后，西方发达国家比较教育的教学和科研工作迅速得到恢复和发展。社会科学方法在比较教育研究中的应用，新一代比较教育专家提出了一些新的方法，推动了比较教育的发展。比较教育不局限于大学的门墙之内，与教育改革和发展的实践紧密结合，如联合国教科文组织等国际教育组织推动了比较教育研究的发展。新中国成立后中国一度曾专学苏联，1964 年后在多所高等学校建立了研究外国问题的机构，其中有专门研究外国教育的机构，也开始搜集、整理、编译欧美、日本的教育资料。在杭州大学教育系开设了“外国教育现状”课，编译《西方资产阶级教育论著选》等西方教育论著。十一届三中全会以后比较教育学科真正得到迅速发展。新中国成立前，一般在设有教育系的大学开设比较教育课程。新中国成立后设立了大量的师范院校和培训师资的教育学院和进修学校，一般都设置了比较教育课程。但这一时期，中国与西方比较教育学界基本隔绝。

回国之后，王承绪的学术生涯一度进展顺利，在浙江大学开设了“比较教育”“外国教育论著选”等课程，花费了不少精力研究和宣传苏联教育学，在 1952—1958 年间担任新成立的浙江师范学院的教育系主任、副教务长，1951 年加入中国民主同盟，1956 年任民盟浙江省委第一届委员会委员兼文教委副主任。他总结说，学习比较教育时要特别注意外语和旅行。在浙大求学时，他第二外语曾选了日语。留校工作后感到了外语对研究比较教育的重要性，他在工作之余旁听了法语和德语。在英国念书时，他利用晚上时间继续在附近的夜校进修法语和德语，还曾在诺丁汉大学学习俄语，获得过英国皇家艺术协会的证书，这些都使他后来在比较教育研究中受益匪浅。在英国时，除了认真参加学校的教育实习外，他还抓住机会到各地学校访问，既加深了对英国教育的了解，又使自己的英语水平得到了提高。

1958 年起，各种政治运动纷至沓来，平静的生活被击碎了。“文革”开始后，王承绪先是被下放劳动，后来遭受红卫兵批斗。王承绪家中所有珍贵的图书资料全被搬走，堆放到办公楼的楼梯间下，住房先被造反派占用了一间，后来连客厅也被占了。王规划的研究计划显然已无法、也不可能进行下去。

在一片混乱中，借 1964 年中共中央国际问题研究指导小组和国务院外事办公室批准高等教育部《关于高等学校建立研究外国问题机构的报告》的机会，原杭州大学成立了以郑晓沧为主任的外国资料编译组。作为编译组成员之一，王承绪参与了《西方资产阶级教育论著选》《西方古代教育论著选》和《现代西方资产阶级教育流派论著选》（该书 2001 年再版时改名为《西方现代教育论著选》）的编译工作，还与赵端瑛、赵祥麟等一起翻译了《杜威教育论著选》《杜威学校》等。在政治动荡的年月里，王承绪以翻译的方式持续了自己的研究，为学科的资料积累做出了贡献。

1980 年 3 月，王承绪所在的杭州大学接到由浙江省教委转来的国家教委的通知，派王承绪去泰国曼谷参加联合国教科文组织亚太地区教育合作咨询委员会会议，由此他恢复了与联合国教科文组织中断了 30 多年的联系，这也是他 1947 年回国 33 年后首次出国参加国际会议。由于他在教育领域的杰出贡献，2003 年联合国教科文组织授予他“亚太地区教育革新终身成就奖”。

## 丰产的晚年

王承绪曾在浙大教育学院为他召开的庆祝会上说：“我不会忘记 1978 年后同赵祥麟等编写《外国教育史》，到北京查阅资料，刚好听到了党在新时期的教育政策，永远也不会忘记 1979 年为教育科学者平反。1980 年教育厅邀请我参加教科文组织的会议，提供了合作交流的好机会。”1994 年美国《比较教育评论》发表《中国大陆比较教育研究趋势》，统计了 1979—1989 年 10 年内我国 4 种比较教育期刊（《外国教育动态》《外国教育》《外国教育资料》和《外国教育研究》）所发表的论文，共计有 2 697 篇，还出版比较教育专著 58 种，译著 65 种。这累累硕果，离不开这一学科的泰斗王承绪教授的努力。

80 岁以后是王承绪的丰产期，出版有《比较教育学史》《中外教育比较史纲》，独自翻译了《研究生教育的科研基础》《探究的场所：现代大学学科和研究生教育》《高等教育不能回避历史：21 世纪的问题》等。90 岁以后，王承绪仍然到图书馆亲自查阅资料，了解国内外教育发展的最新动态，为研究生论文选题做好前期掌握动态的工作；批阅作业认真仔细，上课一丝不苟，乐在其中。1998 年春节，浙江民盟的工作人员登门向他祝贺新年时，发现他正聚精会神地坐在电脑桌前打字。全中国的教授，90岁还有这等功力的，怕是很难找到几个。他的动力何在？若干年前，他说：“1979年在北京举行的全国教育科学大会上，我表示过要把失去的时间补回来，恨不得有三头六臂，比较教育的学科建设和人才培养，任重道远，我正是怀着这种心情，走过改革开放的18年。学海无涯，做不完的工作，我还是精神抖擞，信心十足，向着2010年远景目标走下去。”一转眼，这个目标他已经实现了。

学术之外，王承绪身上自始至终都有“一二·九”知识分子的影子。作为民主党派成员，他的大多数提案都与教育有关，例如加强中小学环境教育、艺术教育，办好师范院校的艺术专业，培养师资等问题。担任过政协浙江省副主席的王承绪，与其他政协委员曾一起提交过一份关于“要求恢复林社、建立林启纪念馆”的提案。林启是清末杭州知府，在任期间，兴办了浙江乃至全国最早的大学——求是书院（浙大前身），开设浙江最早的中学——养正书塾（杭州高级中学、杭州第四中学前身），创立蚕学馆（浙江丝绸工学院前身），为浙江培养了一大批具有近代科学知识的优秀人才。后人在风景秀丽的孤山修了林启墓，建了林启社，以示纪念。但在“文革”期间，林启墓遭毁，林启社屋被占。王承绪等人8年间连续联名提案，要求修林墓、复林社。他们的建议终于得到了有关部门的重视并得到了落实。

王氏一家和杭州的学军中学颇有渊源。在1950年该校初创时，杭州大学派出不少有中学教育经验的教师指导。20世纪60年代王承绪和赵端瑛夫妇，教育系教师吕静和汪文鋆在学军中学的英语学科试验“听说领先”自编教材，指导备课，编写教案，设计教具，力求提高学生学习外语的兴趣。1962年进入学军中学初中部学习、现任浙江大学管理学院常务副院长的王重鸣，是王承绪的儿子，后来成为中国第一个工业心理学博士。孙女王昱则在2000年从学军中学毕业考入同济大学建筑系。

关于养生之道，超级高龄的王承绪教授曾经总结出两条经验：“一是注意锻炼，我曾坚持早晨跑黄龙洞，上初阳台，即使寒冬腊月，冰天雪地，从不间断。我还学习过杨式太极拳，后来改学气功，一直坚持到现在。二是靠精神力量，我处事比较乐观，对事业无比爱好，对前途充满信心，学习奉献，老而弥坚，一息尚存，此志不渝。”其实，还有一条重要的经验他没有说：琴瑟和鸣的家庭。王赵夫妇青年时在浙江大学教育系是同班同学，后又同在英国攻读教育学，一起归国，同在浙大教育系教书，举案齐眉至赵先生90多岁高龄去世。浙大曾经为王赵夫妇二人共贺“从教七十年　九十华诞”，这等志同道合白头到老的神仙眷侣，世间能有几双？

晚年的王承绪，在谈起学术问题时头脑清楚、脉络清晰、自信流畅。除此之外的其他话题，他总是谦恭而低调，极有分寸。即使对学生和后辈，也执礼甚恭，后辈来访告辞，他总会和夫人亲自送到门外。对于“文革”的遭遇，包括早年参加“一二·九”运动，他几乎从未向后辈提及，接受加拿大学者许美德访谈时，也以“不足为外人道”而略过。对于现实生活中的许多不平、不堪之事，他都一笑而过，做到了古人所谓的“皆置而不较，亦不介于胸中”。谈及晚年的学术丰产，老先生只轻轻地说：“中间由于众所周知的特殊时期，真正的工作是在1978年以后完成的。”他的这一经历与发展经济学鼻祖张培刚教授很相似。与世无争、顺应环境或许是他和张培刚这一代学者得以保持学术长寿的原因之一，但对于一个学者而言，荒废盛年光阴做何感想，他不说，后人也便无从知晓。因时代所限，未能在比较教育研究上更多地超越他的师长，于他、于这个学科，终究是一个遗憾。

# “师范”的完美诠释
## ——怀念王承绪先生①

万秀兰

王承绪先生仙逝，是中国和世界比较教育界的重大损失，也是无数比较教育同行特别是王先生弟子们的心中之痛。

王承绪先生一生秉持强烈的爱国情操，孜孜不倦，博览群书，练就慧眼识珠的能力，紧扣中国教育事业改革和发展的时代需要，在引进、借鉴国外优秀成果的过程中发挥了重要的“桥梁”和“窗口”作用，特别是开创性地主持或独立完成了系列里程碑式的成果，得到了中外比较教育界极高的评价，也当之无愧地被联合国教科文组织授予“亚太地区教育革新终身成就奖”，被中国高等教育学会授予“高等教育科学研究特别贡献奖”。

王先生的一生是鞠躬尽瘁地为中国教育特别是比较教育事业不懈奋斗的一生，也是取得辉煌成就的一生。学高为师，身正为范，王先生的一生完美地诠释了“师”和“范”的意蕴。在此谨向恩师致以崇高的敬意！

---

① 原载《外国教育研究》2014 年第 4 期。

## 一、道德楷模

德之大者爱国也。王先生的“身正”首先体现在他深切的爱国情怀上。王先生在20世纪30年代受到“教育救国”论的影响，形成了学习借鉴国外优秀经验发展本国教育事业的观念。就读浙江大学时，他就发表多篇文章，介绍意大利、苏俄、波兰、墨西哥、土耳其等国家的教育经验。

1938年受庚子赔款资助，王先生开始留学英伦。在此期间，为了打破日本帝国主义的文化封锁，将国外最新出版的有重要学术价值的出版物介绍到国内，王先生在商务印书馆总经理王云五先生的支持下，毅然担任了《东方副刊》编辑委员会总干事和重量级撰稿人。

这其实是王先生当时的一个重大抉择。因为这个总干事做起来非常不容易，要统筹安排各期（2年多共20期）主题及组稿、联络，而当时缺钱、缺人手、缺稿源。但王先生顾全大局，勇挑重担，亲自撰写了该刊十分之一的论文，很好地完成了著名的《东方杂志》赋予该刊的重大政治使命。不过正如料想的那样，这项工作还是耗费了王先生太多时间，到第二次世界大战结束浙江大学竺可桢校长破格邀请王先生到浙大担任教授时，王先生已经来不及完成博士学位论文了。

这时的王先生再一次做出了他的人生选择：为了践行“教育报国”的诺言，他听从祖国和母校召唤，毅然决定不再继续攻读博士学位，放弃令人留恋的英伦生活，而尽早回国服务，并在完成联合国教科文组织筹建工作之后，急切地登上了返回祖国的第一班货船。

新中国成立后，王先生秉持“教育兴国”理念，为新中国的教育事业勤奋工作。结束“文革”时的种种不幸遭遇后，他更是以前所未有的热情投身到改革开放时代的教育研究事业中。他紧扣中国教育事业的改革和发展的时代需要，亲自翻译或主持翻译出版了26部国外经典著作，为国人架起了通向国外教育理念与实践的知识和智慧的桥梁。

2010年10月，在中国教育学会比较教育分会和浙江大学为王先生举行的“王承绪教授百岁华诞庆祝会”上，王先生说：“衷心感谢你们为我办庆祝会！与其说是为我庆贺，不如说是为中国教育事业和比较教育学的发展庆贺！”当一名记者问起在100岁生日这天，老人有什么心愿，王先生用力握拳挥舞手臂，高呼：“希望我们的祖国强大！”这一动作，无疑下意识地表达了他老人家发乎内心深处、深藏了一辈子的愿望。

王先生的身正，还具体体现在他的一个个生活细节上。

虽然王先生德高望重，有着很高的社会和学术影响力，但他生前对每一个学生的指导都无微不至，润物无声。他与学生的日常交往平易近人，给我们慈父般的温暖。

我博士毕业整整14年了，但我十分清楚地记得，我的博士论文初稿把“enrollment”写成了“enrolment”，王先生帮我改过来了。还有些标点符号、字母大小写的问题，王先生也细致地帮我改正了。关于博士论文题目的英文，我虽然不记得本来是怎么写的，但我现在还清楚地记得王先生帮我改成了“A Study on…”。

我收藏着王先生亲自为我的一本专著书写的推荐信，推荐信用的是浙江大学教育系的稿纸，一格一字。足足4页的文字，字字工整，句句精到，尽显王先生一丝不苟的工作作风和深厚的学术功底。王先生这封推荐信围绕着“立足本国，放眼世界”的要求、求真务实的学风、最新理论和信息的传播、创造性观点的提出等方面进行了阐述。这些对我本人来说是一次极好的再教育。

我珍藏的王先生书信共有8封，明信片有2张，都是王先生在85~95岁期间写的。这样一位德高望重的老者为我这样的普通晚辈和学生写明信片，每次我的感动都非一般言语所能形容。每一次阅读王先生的信，我都会深切感受到王先生字里行间的谦逊有礼以及对学生的爱护有加。拉家常、向我通报同学近况、向我的家人问好，是每封信必有的内容。信件中他有时对我用“您”字进行称呼，“谢谢”“敬祝”是常见词。读王先生的书信，我既为王先生的谦辞感到不安，也为王先生的为人感到钦佩。

我博士毕业多年后，有一次偶然听到林正范师兄提起，王先生曾向他打听过我工作调动的事情。其实，考虑到王先生的年岁，我毕业时没有烦请王先生帮我联系。他是主动地、默默地为一个学生的发展前途在操心。

王先生就是这样，通过自己的人生抉择和工作、生活中的点点滴滴，教我们如何爱国，如何敬业，如何爱学生，如何尊重人，如何做一个谦谦君子。

顾明远教授曾经说过，他早些年来往杭州时王先生每一次都要亲自接送，还说“王承绪先生的道德文章，我们一辈子都学不完”。连德高望重的顾先生都如是说，我们这些后生更是深感如此。王先生不仅是我学业上的导师，更是我做人的导师。

## 二、与时俱进

王先生一生爱知识、爱学术、爱真理。书籍、杂志是他的生活伙伴，手不释卷是他的生活写照。

我 1996 年进入杭州大学学习，师从王先生。那时王先生已经 84 岁高龄，但我常常看到王先生进出教育学院资料室，手上提着满满的一袋书籍。顾明远先生曾经回忆说，王先生每次应邀去北京，一下飞机就直奔北京图书馆，看看有没有新图书、新资料。我人生第一次了解到的一些概念，如 E-learning、cooling-out function of American community colleges、university's mission 等，都是从王先生那里听到的。

进入 21 世纪，王先生已是 90 岁高龄，但仍不知疲倦地学习和工作。在 2001 年 12 月，他出版了三部个人译著：《研究生教育的科学研究基础》《探究的场所：现代大学学科和研究生教育》《高等教育不能回避历史：21 世纪的问题》。在 2003 年和 2008 年，他又以 92 岁和 97 岁高龄分别出版了《建立创业型大学：组织上转型的途径》和《大学的持续变革：创业型大学新案例和新概念》两部译著。这体现了王先生对我国将来大力促进创业型大学发展趋势的预判和期盼。中国大量非一流的大学如何通过艰苦创业来提升办学空间和办学质量，是我国高等教育界一个重大问题。王先生的预判无疑是有战略眼光的。2009 年，王先生以 98 岁高龄主编了《发展中国家高等教育模式的国际移植比较研究》，再一次彰显了老一辈学者毕生为党和国家服务的精神和气度。

在人生路途的最后几年，王先生常住医院。但在病房里，我看到的依然有各种教育专业杂志和国家重要报纸。在医院里，王先生依然能够畅谈国内外教育最新趋势，令人惊叹。

王先生这种手不释卷的精神、与时俱进的态度、兢兢业业的作风，始终激励着我们努力进取。也正是王先生这种对知识、对真理的孜孜以求，日积月累，为王先生的一个个学术高峰奠定了雄厚的基础。

## 三、学术高峰

王先生的教育研究生涯历经 80 余载，在《东方副刊》举办时期达到第一个高峰，在改革开放后达到第二个高峰。造就这些高峰的，既有重量级的原创性学术成果，也有重量级的大批译著。王先生与其他学者合作主编的《比较教育》《中外教育比较史纲》，撰写的《比较教育学史》等是极具开拓精神的原创性代表作。王先生在英国教育研究、比较教育学科建设方面的一些论著也是重要的原创性成果。

同时，王先生在外国教育重要成果译介上的贡献和影响力，恐怕至今在中国教育学术界也是无人能敌的。而这种译介对中国教育发展功德无量。

在编辑我翻译的西班牙比较教育学家何塞·加里多的《比较教育概论》时，人民教育出版社资深编审诸惠芳老师写信跟我说，王先生不愧是"慧眼识珠"，推荐了这么重要的一本书翻译给我国比较教育学界。王先生这种慧眼识珠的本领，无疑根植于王先生深深的爱国情怀，放眼世界时立足中国；来自于王先生终生的手不释卷，时刻跟踪着国际教育的学术潮流。

南京大学龚放教授的研究结果也印证了王先生慧眼识珠的能力。根据他的研究，我国2000—2004年被引最多的30本译著中，王承绪先生领衔主译的5本著作入围，占总数的1/6。在2005—2006年教育学论文引用最多的53本外国著作中，王先生及弟子翻译的外国高等教育名著有12本，占入围总数的26.42%。在被引最多的前八名译著中有一半是王先生翻译或组织翻译的，在被引最多的前五名中居然有3种。龚放教授说，王承绪先生及其团队在我国教育学领域，特别是高等教育学领域引进、借鉴外国研究成果进程中所起的"桥梁"和"窗口"作用，由此可见一斑。

王先生通过对外国教育名著的译介，很好地充当了打开外国教育之门的"钥匙"、联系外国教育的"纽带"以及中国教育变革的"促进者"。

王先生一生通过26部译著和一批原创性基础性著作，奠定了中国比较教育学的必要的知识基础和基本的方法论体系，从而为中国比较教育学的发展做出了巨大贡献。露丝·海霍（许美德）教授称王承绪先生为"中国最有影响力的比较教育研究者""比较教育的领军人物"，她给王先生的学术影响力做了最适当的定论。

# “为人”与“为学”
## ——王承绪先生的教育人生与比较教育思想散谈[①]

赵蒙成

我国著名教育家、比较教育学科主要创始人、浙江大学教授王承绪先生于2013年11月19日11时28分在浙江医院逝世，享年102岁。11月24日上午9时，先生的遗体告别仪式在杭州殡仪馆举行，之后，王先生追思会在浙江大学西溪校区田家炳书院举行。在追思会上，大家心情沉痛，许多人回忆起与先生交往中的点点滴滴，抑制不住心中的悲痛而哽咽、哭泣，足见先生与弟子之间深厚的、父子一般的感情。先生离我们而去了，他的道德文章、人品学识自有公论，不需要我的赞扬、评价。作为先生的学生，我深知自己才识粗浅，难以望先生之项背，也没有资格评价先生，唯有牢记先生的教诲，在先生精神的鼓励下踏踏实实做好自己的本职工作。正因为如此，当我受邀谈王先生的比较教育思想时，心里着实有点为难。1995—1998年，我有幸师从王先生在杭州大学攻读博士学位，受益良多。在与先生的交往中，

① 原载《世界教育信息》2013年第24期。

即使是一些不起眼的琐事，对我都很有教益。特别是读博士二年级时，恰逢先生85岁生日，当时我们在校的学生与先生一起小小地庆祝了一番。那天王先生很高兴，跟我们讲起他年轻时的经历，让我印象深刻，现在想起来还历历在目。因此，下文中我将与大家分享与先生交往中的几件小事，从中体会先生的高雅品行与渊博学识。

## 一、志存高远，报效祖国

1912年6月，王承绪先生出生于江苏江阴三甲里镇，即现在的张家港南沙镇[①]。王先生出身于“书香之家”，他的祖父曾参加过科举考试，伯父当过老师，父亲在私塾受过传统教育，母亲也知书识字。他很早就开始接受教育，年幼时期便深受教师的影响，并萌发出长大后从事教师职业的想法。因此，他在1928年秋考入江苏省立第三师范学校，在那里学习了三年，毕业后在该校的实验小学当了一年教师，1932年又进入浙江大学教育学系学习。

在20世纪二三十年代，我们的祖国国力孱弱，百姓生活困苦，饱受外国列强的侵略和欺侮。当时很多爱国青年心系祖国的前途、民族的命运，“民主救国论”“实业救国论”“教育救国论”等思想舆论在广大青年学生中甚为流行，王先生深受教育救国论的影响，非常关心时局。1935年，日本侵略者扩大对我国的侵略，南方各省也深受其害，王先生与广大爱国学生一道积极参加抗日救亡运动。“一二·九”运动爆发后，浙大师生在杭州率先开展声援，王先生积极参加学校学生会组织的抗议活动，并参加了驱逐郭任远校长的罢课活动。[②]

1938年，王先生获得了庚款留英学习[③]的宝贵机会。当年庚款留英考

---

① 南沙镇1958年以前属于江阴县，后来成立了张家港市，该镇划归张家港。

② 郭任远是广东汕头人，心理学家。1936年初，在“一二·九”运动引发的浙江大学学潮中，因与部分师生发生尖锐对立而辞去浙大校长职位。

③ 1901年清政府被迫与西方列强（包括日本）签订了丧权辱国的《辛丑条约》，向列强赔款4.5亿两白银，期限39年，本息共计8.9亿两，这就是令国人痛心疾首的“庚子赔款”。1908年，美国率先退回一部分赔款用于开设清华学校及选派留学生，开启了庚款留学的先河。1930年，英国也利用庚子赔款的部分退款，与南京国民政府一起设立基金，用于中国的文化教育事业。1933—1947年，中英庚款董事会先后举办了9届庚款留英考试，共选派193人赴英留学。

试首次增列1个教育学名额，吸引了教育界众多青年参加考试。后来得知，那届有120多人竞争这个名额，王先生从中脱颖而出，于1938年10月进入伦敦大学教育学院学习。三年以后，他完成学业，并获得硕士学位和教师证书（Teacher's Diploma）。虽然王先生毕业后回国心切，但是二战期间，空中和海上交通全部中断，他不得不一边继续在英国学习、工作，一边等待回国的机会。1946年底，竺可桢①校长到英国访问时，特邀王承绪先生和夫人赵端瑛女士回浙江大学工作。王先生颇为欣喜，表示一有船就回国。1947年1月，王先生终于等到了机会，登上了战后第一艘开往中国的货船，辗转漂泊3个多月，终于回到了祖国，赴浙江大学任教。

当时，浙江大学的办学条件非常简陋，杭州物价飞涨，政局动荡，生活艰苦，但王先生丝毫没有后悔回国的选择。后来，在"文革"期间，尽管遭到了批判与迫害，王先生也始终没有后悔过。当时造反派曾质问他：为什么要回国？回来做特务吗？造反派无法理解王先生的心胸，无法理解老一辈学者对祖国的拳拳赤子之心。王先生始终认为，出国留学就是为了学好本领，回国报效祖国。他觉得回国是天经地义的事，不需要特别的理由，不为名、不求利、不为享受，就像一个漂泊在外的人终究要落叶归根一样自然。

王先生并非名震天下、手握重权之人，他是一个学者，但这丝毫不影响他报效祖国和为人民服务的信念。与王先生年轻时所处的环境相比，现在的物质条件相当优越。然而，我国当下的教育质量究竟如何？担负教书育人之重任的教师又如何？我国的教育虽然取得了一些成绩，但鄙以为，教育所面临的问题更为突出。当下我国的教育过于功利化，缺少内在精神与价值，虽然这是由各种因素造成的，但作为教师，作为一名教育研究者，我们每一个人都不能说此事与我无关。尽管我们可能无法改变大局，但是在我们的能力范围之内，我们还是应该尽力完成一个教师的使命。问题在于，我们许多人——可能包括你，包括我，很少有这种理想和使命

① 竺可桢（1890—1974），又名绍荣，字藕舫，汉族，浙江省绍兴县东关镇人（今属浙江省绍兴市上虞区）。他是当代著名的地理学家、气象学家和教育家，中国近代地理学的奠基人。1921年，他在南京大学的前身南京高等师范学校建立了中国第一个地学系，1929—1936年任中央研究院气象研究所所长，1936—1949年担任国立浙江大学校长，被尊为中国高校四大校长之一。

感，而往往被纷繁芜杂的社会乱象所蒙蔽，被个人利益所局限，为孩子们想得少，更觉得民族的未来不是我等小民应思考的事。其实，虽然我们都是普通人，都是普通的教育者、研究者，但如果我们能像王先生这样的老一辈学者那样，有理想与追求，真诚地愿意为教育的发展和进步尽自己的绵薄之力，那必然会大大有利于孩子们的健康成长，必然能够推动教育改革在正确的方向上逐步取得进展。

## 二、坚持追求，百折不挠

作为普通人，我们能不能在事业上有所建树，能不能做点对社会有益的事，既取决于是否拥有远大的志向，能否树立正确的目标，更取决于能否坚持不懈、持之以恒，能否在逆境中坚守自己的抉择，乐观向上。在这方面，王承绪先生也堪为楷模。王先生的一生并非一帆风顺，尽管遇到多次重大挫折，但他从不轻言放弃。

1932 年，王先生在江苏省立第三师范学校的实验小学当了一年老师后，本来被保送到南京中央大学教育系深造，不料中央大学发生了驱逐校长的学潮，学校停止了招生，这时再参加其他学校的招生考试已不可能，这就导致了当时的他无学可上，但他没有就此放弃，最终在省立第三师范学校师范科主任吴伯昂老师的帮助下进入浙江大学教育系借读。一年后，由于成绩优异，他正式成为浙江大学的学生。

在伦敦留学期间，希特勒法西斯军队对伦敦进行大空袭，他不顾战乱和生活的艰难，一边工作，一边坚持学习，利用晚上的时间去夜校学习法语、德语以及俄语，还参与创办《东方副刊》杂志，担任编辑委员会总干事。

“文革”期间，王先生也不可避免地受到了批判和迫害，被发配到资料室工作。他没有哀叹命运的不公，没有怨天尤人，也没有动摇对教育事业的信念，反而利用这段时期认真读书，从事翻译工作。另外，他还把资料室的文献书籍进行了详细的整理归档，每本书都做了卡片。现在在浙江大学教育学院的资料室还能看到王先生做的卡片。资料的获得对比较教育研究来说非常重要。现在条件好了，获得资料不是大问题，但在网络普及以前，能否拥有第一手资料是一个相当关键的问题。王先生对图书资料非常珍惜。“文革”期间，他担心红卫兵抄家会毁掉他珍爱的图书，就抢先把自己的书捐了一部分给系资料室。还有一部分他觉得非常宝贵，怕被糟蹋，就偷偷藏起来了。这样，“文革”期间他的书大约有三分之一捐给了系资料室，三分之一被藏了起来，还有三分之一被红卫兵小将们烧掉了。每每谈起此事，他都觉得非常惋惜。“文革”过后，他珍藏的图书资料对研究和学科建设发挥了巨大作用。

我特别敬佩先生这种百折不挠的精神。想想我自己，遇到一些挫折，或者受了一点委屈，就觉得世界一片黑暗，纠结抑郁，甚至自暴自弃，严重影响了自己的工作和进步。其实，事情过后，回头看看，那些所谓的挫折真没什么大不了的。我们不少人碌碌无为，一个重要的原因可能就是不能坚持不懈，常常被一些琐事所缠绕。对于我们这些做学术研究工作的人来说，王先生留下的这份精神食粮弥足珍贵。

## 三、敬业爱岗，诲人不倦

王先生一生致力于教书育人，致力于学术研究。他对工作兢兢业业，一丝不苟。记得在我读博士二年级时，他给我们上了一门课，内容是伯顿·克拉克的《高等教育系统》。他要求我们读原著，还给我们复印了几本原版书。当时他已经85岁高龄了，给我们上课一讲就是一下午。师母赵先生担心王先生太累，就嘱咐我们提醒他适时休息，但我们劝阻不了他。每到下午4点钟，我们都跟他说：“王先生，时间不早了，今天就到这里吧。课后我们再好好看书、消化。”但他总是说：“还有时间，我把这两段再讲完。”就这样，往往要到下午5点钟才下课。讲一下午的课，对一位85岁高龄的老人而言，是多么繁重的劳动啊！我们都很心疼他，但又没办法。我们为他的敬业感动，都暗下决心好好学，不辜负先生的教诲。

先生对事业一直孜孜以求，又善于学习新知识、新技能，真正做到了“学而不厌”。在他86岁高龄时还学习电脑，大约两个月就掌握了电脑的基本应用技术，此后他就在电脑上写文章了，真是让我们感叹、敬佩。那时候电脑还不普及，我们这些学生都还不会用，先生的好学由此可见一斑。

在教育学生方面，王先生总是以身作则，严于律己，对学生却宽厚包容，关爱有加。他从来不批评我们，而是做给我们看，让我们从他的一言一行中感悟做学问和做人的真谛。我刚入学时，王先生主持翻译《国际高等教育政策比较研究》，我负责翻译法国的那一章。在这之前，我从来没有翻译过英文著作，偏偏这一章又是一个法国学者写的，英文句子往往很长，我琢磨半天还找不到哪个词是主语，哪个词是谓语，因此翻译得很苦恼，有时就不免偷懒。好不容易翻译完了，我也没有仔细校对，就送给了王先生。过了几天，王先生告诉我他帮我校对好了，让我拿回去再看看。当我看到翻译的草稿时，脸一下子红了：原来先生已经把我翻译的每一句话都认真修改过了，在空白处密密麻麻地写满了批注，指出了翻译的不当之处，哪怕是一点点瑕疵也没有遗漏。我被先生的认真严谨而感动，同时也为自己的马虎潦草而羞愧、自责。从那以后，我再翻译英文著作时，总是力求细致严谨，一点也不敢马虎。现在比较教育学界翻译的外文著作越来越多了，其中有不少好的译著，但也有一些态度马虎的译者，翻译的东西连自己都读不懂。要正确、恰当地翻译外文著作，其实非常不容易，而认真负责的态度非常关键，在这方面，我们作为晚辈后生，都应该向王先生学习。

王先生对所有学生都非常好，可以说是“有教无类”的典范。不论是学业，还是生活，只要能帮学生的，他都不遗余力地帮助，哪怕是一点点小事。我在杭州读书时，我爱人和我一起在杭州，当时我爱人参加了研究生考试，在成绩出来后，是王先生帮她查询的成绩。当得知我爱人没有被录取时，他像慈父一样勉励我们不要灰心，好好复习，下次再考。这样的小事，先生身边的学生常常能遇到。他就像父亲一样，时时关心我们、鼓励我们、帮助我们。“亲其师，信其道”，在与王先生相处中的这些点滴小事，让我们真切感受到他高尚的人格，我们也在潜移默化中向先生学习、看齐。

## 四、谦谦君子，绅士风范

与先生有过交往的人，都会觉得先生是一位谦谦君子，与人交往热情、有礼貌。我们都知道先生有送客的习惯。不论是谁到先生家来，离开时先生都要送到门外，有时甚至送到楼下。1995 年，我从重庆到杭州大学访学，第一次到先生家拜访，先生很高兴，亲切地和我交谈。当我离开时，他坚持要送我下楼，送我到小区外，一直送到杭大路。我一再请他留步，但他总是一边和我聊，一边说再走几步。这第一次的拜访给我留下了非常深刻的印象，足见先生的待人接物之道。

可能是受英国文化的影响，先生极具绅士风范。在会见客人时，特别是会见外国客人时，他总是很注意自己的形象，西装笔挺，皮鞋一尘不染，他认为这体现了对客人的尊重。同时，先生还平易近人，敦厚善良。我毕业后到苏州大学工作。1999 年，苏州大学教育学院举办了一次小型研讨会，我到杭州请先生来参加会议，当时参加会议的还有顾明远先生、潘懋元先生、金一鸣先生等，都住在东吴饭店。晚饭后，先生说，他刚刚出版了一本书，才拿到几本样本就带到苏州，想送给顾先生、潘先生等人。我想，先生从杭州坐车到苏州，又开了一天的会议，肯定很累了，就提议由我代他送过去，但他坚持挨个拜会顾先生等人，亲自把书奉上。王先生比顾先生年长 20 岁，两人是老乡，又是好友。王先生从不以长者自居，大有古人的谦谦君子之风。

## 五、淡泊名利，珍视健康

王先生一生谦虚勤勉，淡泊名利，对身外之物看得很淡，从不与人争什么，也从不向学校、政府提什么要求。但他对身体健康却非常重视。他的生活很有规律，每天早晨都早起到杭州大学校园锻炼身体。虽然有的人不知道他就是王承绪先生，但大家都知道有一位老人总是在校园里晨跑。他的身体相当好，走路比年轻人还轻快。有一年冬天的早晨，天气很冷，大约 6 点多，我还在睡觉，师兄就敲我宿舍的门，喊我快起来，说王先生来了。我一听，赶紧穿衣服起来，开门后却不见王先生，传达室的阿姨跟我们说，王先生来过了，看到我们都还没有起床，就没有打扰我们，又回去了。我们往王先生家打电话，他接了电话，笑笑说没什么事，就是到校园里锻炼，顺便看看我们，又叮嘱我们早睡早起，多锻炼身体，注意身体健康。我们连连答应，传达室的阿姨也连连感叹："你们老师对你们可真好啊!"

胸怀博大，心地善良，淡泊名利，生活规律，坚持锻炼，王先生得享高寿，与此应该有很大关系吧。

做学问要先学会做人，学问在"学问"之外，我有幸师从王先生，从先生的教诲中深深体会到了这一点。如今先生离我们而去，但他的精神永存，永远激励着我们前行。在王先生的追思会上，师兄汪利兵说了几句话："王先生是一个好人。凡是和他交往过的人，没有不说他好的，没有不尊敬他的。对于他，我们不需要赞扬。他像一座灯塔，指引我们前行，我们唯有努力学习、勤勉做事、踏实做人，认真做好自己的研究和教学工作，才能告慰先生的在天之灵。”

2013 年 11 月 19 日 11 时 28 分，王先生在浙江医院逝世时，我师兄恰好在医院陪护他，第一时间发短信告诉了我。我抑制不住心中的悲痛，写了一首小诗：先生含笑驾鹤去，西湖山水失容颜。志存高远为大道，淡泊名利守杏坛。笔耕一生贯中西，诲人不倦追先贤。谁言空遗三千客，桃李成春西溪边。

谨以此句悼念恩师王承绪先生，愿王先生安息！

（本文参阅了《教育·人生——王承绪先生教育探索历程的世纪回顾》，载徐小洲主编《王承绪教育文集》，江苏教育出版社 2010 年出版。）

# 德才典范，福泽世代
## ——怀念恩师王承绪先生[①]

安双宏

王承绪教授是新中国比较教育学科的奠基人之一和浙江大学教育学科的主要奠基人之一。他从教生涯长达 80 年，桃李满天下；他勤奋笃学，笔耕不辍，著作等身；他关爱学生，师德高尚，备受弟子和学界同仁盛誉。

王先生给我们讲授《高等教育——多学科的视角》和《高等教育论著选读》。老人家虽然年届九旬，但是头脑清楚，思维缜密，记忆力很好。

《高等教育论著选读》的内容是王先生亲自给我们复印的英文原著，我一直保存着，作为终身的纪念。我的硕士导师刘树范教授的外文水平就曾经使我深感震撼，他在上课时经常拿着原著直接给我们讲解，看外文几乎毫无障碍。而王先生给我的震撼更大：一位 90 岁高龄的学者，除了看外文毫无障碍之外，对一些知识点的背景也是如数家珍般娓娓道来，与中国教育实际的联系不仅密切，甚至常常具有很强的前瞻性。每次上课，我们在课前阅读中遇到的问题总能得到满意的甚至是超出想象的答复。除了极个别同学是硕士毕业后直接考上博士生之外，我们一起

---

① 原载《外国教育研究》2014 年第 4 期。

听王先生讲课的都是大学在职教师，都对王先生的高深学问佩服得五体投地，都为有机会聆听他的教诲而感到无比的幸运！

在考上博士生之前，我申报了国家公派赴印度留学的"高级访问学者"并获得批准，这件事给王先生增添了一些意想不到的麻烦。入学后不久，我接到了国家留学基金委员会的出国通知。我去找王先生请假，他很为难地说，他此前主要研究英国教育，对印度教育了解得不多，现在年纪大了，恐怕没有精力再研究印度教育了，如果我一定要研究印度教育，他就不能指导我了。我惶恐万分，但是早已蕴含在心中的"印度情结"实在难以割舍，便向徐辉老师请教。徐老师支持我研究印度教育，并表示他负责做王先生的工作。第二天，徐老师通知我，王先生原则上同意我研究印度教育了。我去见王先生，他说，通过徐辉老师的说明，他理解了研究印度教育的重要性，对我的研究能力也放心了，也会尽力给我提供帮助。

我当时怎么也想不到，王先生的"尽力帮助"并不是随便说说的。在我留学印度一年的时间里，王先生给我写了 4 封长信：他开始关心、了解、研究印度教育了！王先生说，他以前很少关心印度的事情，现在，凡是印度的事情他都会多看几眼。连我都没有想到的是，王先生通过查阅文献，了解到英国教育家埃里克·阿什比教授对印度近现代高等教育有很深入的研究，建议我收集相关资料。得知我找不到这些资料时，他就请在英国的朋友帮助查找并复印。

从印度回国一年后，我的第一本学术专著《印度高等教育：问题与动态》写完了。怀着惴惴不安的心情，我带着书稿去请王先生帮我撰写序言，并提前写好了序言的初稿。等了一周多的时间，才等到王先生给我写好的序言。他的序言不是在我提供的初稿上修改的，而是在通读了我的书稿后的所思所想。而且，很明显，序言是在他的草稿的基础上誊写的，字迹工整端庄，几乎没有再改动的地方。由此可见老人家付出了怎样的劳动和心血，在发表学术观点时不人云亦云。

修德修身寿晋期颐，笃学笃行恩泽桃李。王承绪教授寿享百岁有余，实在是我国教育学界尤其是比较教育学界莫大的福祉！我的成就与学识，是在王先生门下及由他指导建立的平台上获得的，先生的人品与学品一直鼓励我的研究、教学与工作，终身受益。现在，王先生离开了我们，我们深感悲痛，但是，可以告慰王先生的是，他的音容笑貌和谆谆教诲永远铭刻在弟子们的心中，他开创的事业后继有人，他对我国教育学科的卓越贡献随着时间的推移越来越令人怀念和敬仰。

# 王承绪比较教育价值取向之研究：基于文献的分析①

褚远辉

王承绪（1912—2013）是我国当代比较教育学科的重要奠基人之一。他早年在江苏省立第三师范学校和浙江大学读书，后到英国留学，先后担任诺丁汉大学讲师和伦敦大学教育学院研究员。1945 年王承绪先生应竺可桢校长的邀请回国到浙江大学任教。王承绪先生一生从事比较教育研究，著述丰硕，主要撰写出版了《中外教育比较史纲》（与张瑞璠共同主编）、《比较教育》（与朱勃和顾明远共同主编）和《比较教育学史》等，独自或与人合作编译了《民本主义与教育》、《杜威学校》、《别国的学校和我们的学校——今日比较教育》、《现代西方资产阶级教育思想流派论著选》（后改名为《西方现代教育论著选》）、“汉译世界高等教育名著丛书”等西方教育名著。在比较教育领域，他的研究主要有两个方面的主题：一是有关比较教育的学科建设，主要涉及比较教育的学科特性，比较教育的方法论，比较教育的目的论（比较教育研究的价值取向），比较教育研究中的“可比性”“民族性”和“主观

① 原载《贵州师范大学学报（社会科学版）》2015 年第 1 期。

性”，以及比较教育从业者的素质结构等；二是有关国别的比较研究，其中重点研究了英国的教育及教育制度。在有关比较教育学科建设问题的研究中，具体涉及了他对比较教育研究价值取向问题的思考。在其中他主要回答了为什么要开展比较教育研究，开展比较教育研究到底有什么用等问题。概括起来，他关于比较教育价值取向的思想主要有以下几个方面的要点。

## 一、比较教育研究具有促进国家发展和民族振兴的价值取向

王承绪先生具有强烈的爱国情怀。20 世纪二三十年代，在他早年求学期间，中国社会一直处于军阀割据混战和外敌入侵的状况，国家积贫积弱、民不聊生，国弱民穷的社会现实对他刺激很大。为此，他积极参加各种救国图强和反抗日本帝国主义入侵的爱国运动，并深受当时“民主救国”“教育救国”“学术救国”“实业救国”等思想的影响；同时，从当时世界比较教育的发展状况来看，民族国家一直是比较教育研究最重要、最基本甚至是唯一的比较单元，比较教育研究是基于民族国家和促进民族国家发展的。比较教育的这种研究范式对他产生了深刻的影响。所有这些反映在他的比较教育研究中，就是他把从事比较教育研究与促进国家繁荣富强、民族解放与世界和平等紧密地结合在一起，并试图通过比较教育研究，引进和借鉴西方发达资本主义国家先进的教育制度，以此达到教育救国、促进国家发展和推动世界和平的目的。这一思想在他创办的《东方副刊》中得到了充分的体现。王承绪在英国留学和任教期间，他就参与创办和编辑了《东方副刊》。一方面，他担任了该杂志的总干事，另一方面又亲自为该杂志撰写了大量文章。针对当时世界正处于第二次世界大战期间以及日本帝国主义对我国的侵略，他开展的比较教育研究的主题及撰写的文章大多与促进世界和平与反法西斯主义有关，与战争和救亡图存有关，反映了战时比较教育研究的基本特点。如陈伟和郑文就撰文指出，在《东方副刊》编选的文章中，“社会科学领域重点探讨的问题有：战争产生的原因、战时各国的状况、战后的重建构想、国际和平组织的建设，等等。在自然科学领域，选用的论文数量虽少，但突出了富国强兵的主题和工业技术、军事科技等重点，尤其介绍了对当时反法西斯战争的胜负起决定作

用的军事科技前沿成就，比如飞机、原子弹、雷达、火箭、水雷等。”① 教育救国的思想一目了然。正如后来有人评价：“《东方副刊》的编辑主旨、内容等，均是为了增加国内对国际问题的了解和认识，是留英学生以自身专业为基础，为抗日救亡所作的贡献之一，是其学术救国思想的具体体现。”② 新中国成立后，他通过比较教育研究促进国家富强的思想得到了进一步的继承与发展。正如他提出的，为本国的改革与发展服务本身就是比较教育研究的根本出发点和主要目的所在，他具体指出：“比较教育乃是一门以马列主义、毛泽东思想为指导，分析研究各国教育制度，吸取其优良经验，以供我‘四化’建设借鉴的学科。”③ “传统的比较教育更多地从国家竞争力的角度去分析和比较……”④ 如此等等。在这里，王承绪先生进一步把比较教育研究促进民族国家发展的价值取向归结为比较教育研究的咨政价值取向。他认为，开展比较教育研究“即针对本国教育改革与发展的需要，有意识、有目的地进行调查研究，为政府决策提供参考和咨询”⑤。事实上，王承绪先生一直以来都特别强调比较教育研究在这方面的价值取向。如他本人就长期担任国家教育政策研究中心的顾问，并主持该中心多项重大科研课题的研究，为国家相关教育改革政策的出台提供了诸多研究咨询报告与决策参考的译文等。

## 二、比较教育研究具有促进教育借鉴的价值取向

从比较教育的发展历史来看，教育借鉴是比较教育学科产生的实践基础与需要，也是比较教育研究一以贯之的最重要的价值取向之一，尤其是在比较教育学科建立和发展的早期，教育借鉴在比较教育研究的众多价值取向中占据了绝对主导的地位。在王承绪先生关于比较教育价值取向的思

---

① 陈伟，郑文. 超越战争的战时比较教育研究：论参与创办《东方副刊》时期的王承绪［J］. 比较教育研究，2012（4）.

② 刘晓琴. 中国近代留英教育史［M］. 天津：南开大学出版社，2005：14.

③ 王承绪. 从国外比较教育学科发展的现状看我国比较教育教学中的若干问题［J］. 杭州大学学报，1979（4）.

④ 本刊记者. 个人旨趣、社会责任与比较教育工作者的使命：访王承绪教授［J］. 教育研究，2006（7）：44－47.

⑤ 徐小洲，薛珊. 王承绪比较教育思想与实践［J］. 比较教育研究，2010（9）：9－12.

想中也充分体现了这一特点。早年在浙江大学读书时，在他发表的《墨西哥新教育给我们的启示》一文中就指出："墨西哥新教育最重要的特点，便是乡村教育发达。多年来我国复兴农村，推行义教的呼声，甚嚣尘上。而中墨的社会背景，有颇多吻合之处，很可以做我们的模范。"① 这段论述即反映了他关于比较教育研究具有教育借鉴价值取向的早期思想。他从事比较教育研究的一个重要特点是基于国内相关领域借鉴和学习的需要，并为该领域工作的改进与提高服务。如 1979 年在他撰写和发表的论文《从国外比较教育学科发展的现状看我国比较教育教学中的若干问题》中，他就明确提出："比较教育是一门分析研究各国教育制度，吸取其优良经验，以供我四化建设借鉴的学科。""各国教育有一些共同的问题，也各有其特殊的问题。外国是怎样解决这些问题的，有些什么经验和教训，可以供我们参考和借鉴。通过比较教育的研究，结合我国具体教育实践，探索为发展我国社会主义教育足资借鉴的经验，以便更好地为四化服务。学习外国的教育制度，有选择地吸取其有用的经验，乃是比较教育发展史上一贯的主题。"② 1985 年，在王承绪与顾明远、朱勃共同主编的《比较教育》教材中，更是提出了"比较教育就是通过研究当代外国教育的理论和找出教育发展的共同规律和发展趋势，以作为改革本国教育的借鉴"③。这些不同阶段的论述都体现了他比较教育研究具有教育借鉴价值取向的一贯思想和主张。

### 三、比较教育研究具有促进教育改革与发展的价值取向

王承绪先生关于比较教育研究具有教育借鉴价值取向的思想，与其比较教育研究具有促进教育改革与发展价值取向的思想是结合在一起的，他把对国外先进教育制度的借鉴作为促进我国教育改革与发展的一条重要途径。在对王承绪先生进行的个别访谈中，他就十分强调："搞教育改革离不开比较教育。从比较教育发展的历史看，比较教育学科正是在各国教育

---

① 王承绪. 墨西哥新教育给我们的启示：乡教运动与农村复兴 [J]. 教育杂志，1935 (4).

② 王承绪. 从国外比较教育学科发展的现状看我国比较教育教学中的若干问题 [J]. 杭州大学学报，1979 (4)：72－79.

③ 王承绪，朱勃，顾明远. 比较教育 [M] 北京：人民教育出版社，1982.

改革的过程中发展起来的，可以说它是基于改革的产物。博采众长，为我国教育改革服务，乃是我们研究比较教育的一个主要目的。”① 改革开放以后，他在对第二次世界大战以后西方比较教育发展特点和趋势等进行研究的基础上，提出了“比较教育不局限于大学的门墙之内，而与教育改革和发展的实践紧密结合”② 等诸多有价值的观点。在这方面，王承绪先生研究的另一个特点是把开展的比较教育研究与国家相关的教育改革相统一。为了配合国家的教育改革与发展，他精心选择并翻译了对我国相关领域的教育改革与发展具有实际参考价值的外国著名教育论著。如根据我国创建创业型大学的需要，他亲自翻译了美国著名学者克拉克的《建立创业型大学：组织上转型的途径》和《大学的持续变革：创业型大学新案例和新概念》等有影响的教育论著，为我国创业型大学的创建等提供了大量可资借鉴的资料和样板。这些理论研究和实践探索，既反映了他比较教育研究具有促进教育改革与发展价值取向的思想，又体现了他关注国内教育改革发展的务实学风与作风。

## 四、比较教育研究具有促进学术发展的价值取向

王承绪先生还高度重视比较教育研究的学术性价值取向。在这个问题上，他特别强调了比较教育研究在生成教育知识、探索教育规律和促进比较教育学科构建中的价值取向。如在其《从国外比较教育学科发展的现状看我国比较教育教学中的若干问题》一文中，他就指出：“通过对外国教育的研究，增长知识，扩大眼见。教育工作有一些共同的规律，看看别的国家是怎样发展教育事业的，他们的教师又是怎样进行教育工作的，可以提高对本国和自己的教育工作的认识。”③ 在他与朱勃、顾明远共同主编的教材《比较教育》中也提出了“比较教育就是……找出教育发展的共同规律和发展趋势”④。同时，在王承绪先生的研究中还大量涉及比较教

① 本刊记者. 个人旨趣、社会责任与比较教育者的使命：访王承绪教授［J］. 教育研究，2006（7）：44-47.

② 陈伟. 论王承绪的比较教育研究方法［J］. 比较教育研究，2010（9）：21-25.

③ 王承绪. 从国外比较教育学科发展的现状看我国比较教育教学中的若干问题［J］. 杭州大学学报，1979（4）：72-79.

④ 徐小洲，薛珊. 王承绪比较教育思想与实践［J］. 比较教育研究，2010（9）：9-12.

育的学科建设问题。如他具体研究了比较教育的学科特性、比较教育的目的论、比较教育的方法论、比较教育研究者的素质结构，以及比较教育研究中的“民族性”“可比性”“主观性”等问题，提出了“心中比”等许多颇有新意的观点，对我国比较教育的学科建设做出了突出的贡献。而这几个方面的工作都充分体现了他开展比较教育研究的学术性价值取向。

## 五、比较教育研究具有促进方法论构建的价值取向

在比较教育的学科建设中，王承绪先生尤其重视比较教育研究中的方法论问题。对此他曾说道：“我所担心的是，实践研究加强以后，对实践研究得到的资料和数据开展总结时，如果方法论的含量很少，会使研究质量受到影响，同时会使研究结果对教育实践难以起到应有的作用，甚至会误导。”① 在比较教育研究中他重视方法论构建的价值取向的思想由此可见一斑。他在学习、总结和概括西方比较教育研究方法的基础上，提出了要以辩证唯物主义和历史唯物主义作为比较教育研究的方法论原则；同时，他具体分析了比较教育研究中的“可比性”问题，并把它作为比较教育研究的重要方法基础。在有关比较教育方法论构建这一问题上，有学者具体研究了王承绪先生关于比较教育方法论的思想，并从哲学层面的比较教育研究方法论、比较教育研究的学科方法和比较教育的操作性研究方式和技术三个层次对其比较教育方法论思想进行了深度解读。② 其实，方法论问题，一直是困扰比较教育学科发展的一大难题，在西方和我国比较教育学科的发展过程中，就有人对此进行了深入的研究，并试图从方法论的构建出发为比较教育学科的独立身份提供支撑和依据。应该讲，王承绪先生关于比较教育研究具有促进方法论构建的价值取向的思想与现当代比较教育的发展特点和趋势是相吻合的。

## 六、比较教育研究具有促进问题研究的价值取向

在王承绪先生关于比较教育研究价值取向的思想中，不可忽视的一点

---

① 本刊记者. 个人旨趣、社会责任与比较教育工作者的使命：访王承绪教授 [J]. 教育研究，2006 (7)：44 - 47.

② 陈伟. 论王承绪的比较教育研究方法 [J]. 比较教育研究，2010 (9)：21 - 25.

是强调了比较教育研究者问题意识的培育以及主张基于问题的研究价值取向。具体地讲，他认为，国内存在的教育问题是开展比较教育研究的立足点，并提出了要“以问题为纬，以时代为经，立足本国，放眼世界”的研究范式。他指出：“比较教育研究者在介绍国外教育改革与发展时要先了解本国实际，立足于我国现状，根据我国需要提出具有借鉴作用的积极建议。对于文化交流，他强调要‘以我为主’，以借鉴和发展为目的积极开展合作，不能盲目跟从他人的思想或理论。在研究对象上，他指出，比较教育研究不仅包含研究国外教育，也包括国内教育的比较研究。他尤其重视比较教育研究为我国教育政策提供咨询。”① 这种研究的价值取向对克服当前我国比较教育研究领域客观存在的简单翻译和移植西方教育理论和流派，照抄照搬西方教育思想和理论，并以此作为我国教育改革和发展理论基础与指导思想的不良学风具有重要的斧正意义，也有极强的现实针对性。

总之，王承绪先生关于比较教育研究价值取向的思想十分丰富。在他的比较教育价值取向思想中，具体提出了比较教育研究要立足中国教育中的实际问题，要充分发挥比较教育研究中的借鉴与咨政功能；要把比较教育研究与促进国家发展和推动教育改革联系起来，并为国家教育政策的制定提供可资借鉴的参考资料；要重视比较教育的学科建设及方法论构建；等等。这些观点对我们今天加强比较教育学科建设和充分发挥比较教育研究的应然价值仍具有十分重要的启示和借鉴作用。

---

① 徐小洲，薛珊. 王承绪比较教育思想与实践［J］. 比较教育研究，2010（9）：9－12.

# 王承绪先生比较教育思想研究[①]

阚 阅 李志永

王承绪先生是我国比较教育学奠基人之一，浙江大学教授、博士生导师。王承绪先生1936年毕业于浙江大学并留校任教，1938年赴英留学，曾任诺丁汉大学讲师和伦敦大学教育学院研究员。1945年，在浙江大学校长竺可桢的邀请下，他毅然回母校任教，先后编译和出版了《西方现代教育论著选》、《比较教育》、《民本主义与教育》、《别国的学校和我们的学校》、“汉译世界高等教育名著丛书”等多部在教育学界具有深远影响的著作，是我国比较教育学领域的泰斗，具有广泛的国际影响。1993年，伦敦大学教育学院授予王承绪先生荣誉院士称号。他曾经参加联合国教科文组织成立大会。2003年，王承绪先生荣获联合国教科文组织“亚太地区教育革新终身成就奖”，成为全球唯一获此殊荣的教育专家。今年已近100岁高龄的王老先生数十年如一日为人民教育事业无私奉献、辛勤耕耘，为我国培养了大批教育界英才。在王承绪先生百岁华诞之际，全面系统回顾、发掘和整理王承绪先生的比较教育思想对于加强我国比较教育学科

① 原载《中国高教研究》2010年第10期。

建设和推动比较教育研究的深入发展，促进我国高等教育的改革开放，探索中国特色高等教育都具有重要的意义。

## 一、王承绪比较教育思想的形成

王承绪先生的比较教育思想的发端、发展和形成与其所接受的教育和参与的实践活动紧密相关，概而言之可大致分为以下几个阶段。

### （一）入读师范的启蒙

1928 年秋，王承绪先生初中毕业后选择到无锡中学师范科（即江苏省立第三师范学校）继续学习。无锡中学有很强的师资力量，很多教师是大学毕业生、研究生，不少教师在江苏普通教育界颇具影响力，其中毕业于东南大学的吴伯昂曾是杜威的学生。杜威来中国讲学时，他负责做过翻译和笔记。这些老师带来的新的教育思想，以及学校开设的“外国教育史”等课程，使王承绪先生对外国的教育理论和实践有了初步的认识和了解，同时也使他认识到应该学习国外好的经验和做法来发展我国的教育。

### （二）浙大求学的累积

1932 年，王承绪先生进入名师荟萃的浙江大学教育系学习。其间，他曾先后聆听孟宪承教授和庄泽宣教授讲授《比较教育》。许美德甚至认为，王承绪后来成为庄泽宣教授比较教育思想的直接继承者①。20 世纪 30 年代“教育救国论”在中国颇为盛行，王承绪先生也深受影响，加之诸多知名教授的思想启迪，促使他树立了学习借鉴国外优秀经验发展本国教育事业的观念。当时浙大教育系的图书资料非常丰富，尤其是购置了英国伦敦大学的《教育年鉴》、美国哥伦比亚大学的《国际教育年鉴》和瑞士日内瓦国际教育研究所的《教育年鉴》三种重要的资料。这些资料极大地激发了王承绪先生钻研外国教育的热情和兴趣。他在一年级的时候就撰写了《意大利的新教育》并发表在 1933 年第 9 号《江苏教育》上。此后，他陆续在《教育杂志》《中华教育界》等杂志上发表多篇介绍苏俄、波兰、墨西哥、土耳其等国教育状况的论文。

### （三）留学英伦的探索

1938 年王承绪先生考取中英庚款公费留学生并赴伦敦大学教育学院

---

① 阿诺夫，许美德. 思想肖像：纪念王承绪教授百岁华诞［J］. 比较教育研究，2010（9）.

深造。1941 年他顺利完成学业，取得硕士学位和教师文凭。在英国的留学不仅奠定了他坚实的教育理论基础，同时也开辟了英国教育研究的新领域。在二战所致交通中断归国无期的情况下，他通过参与创办和编辑《东方副刊》，书写了一段特殊的“超越战争的战时比较教育研究”① 的经历。担任《东方副刊》总干事的王承绪先生，为打破日本侵略者的文化封锁，向国内传递最新的国际学术信息，开展了大量的研究工作。从 1944 年 11 月《东方副刊》正式发刊到 1947 年 1 月从伦敦返回祖国，在整整 20 期杂志中，王承绪先生共发表了 27 篇文章，占到全部发表论文的十分之一。此外，王承绪先生还凭借与英国比较教育学界重要人物、伦敦大学约瑟夫·劳瑞斯（Joseph Lauwerys）教授的密切联系，参加了具有历史意义的同盟国教育部长会议；回国前夕，他更是参与了联合国教科文组织成立大会的筹备工作并亲身参加了这次会议。而这些绝好的实践无疑都使王承绪先生深刻体会到比较教育在沟通思想、促进和平上的巨大作用。

（四）动荡时期的积淀

王承绪先生从英国一回来就立刻投入到比较教育学的教学和研究工作之中。他以带回的一些英国和苏联的书籍为教材开设了“比较教育”“外国教育论著选”“群众教育”等课程，出版了《战后英国小学教育》并翻译邓特（H. C. Dent）的《英国教育》。1958—1978 年，“大跃进”“反右运动”“文化大革命”等政治风潮打破了大学的宁静，下乡劳动、红卫兵批判等都没有动摇王承绪先生对教育事业的执着，他反而利用这段时期坐下来读书，从事翻译工作。这段时期，王承绪先生参与了《西方资产阶级教育论著选》《西方古代教育论著选》《现代西方资产阶级教育流派论著选》的翻译工作，并与赵祥麟先生等人一起翻译了《杜威教育论著选》《杜威学校》等外国教育著作。

（五）改革开放的成型

改革开放之后，王承绪先生以满腔热忱和忘我的精神投入到我国比较教育学科重建和发展的事业之中。他与朱勃教授、顾明远教授一起，经过两年的共同努力编写了新中国成立后我国第一部比较教育学教科书——

① 此观点由陈伟博士和郑文博士在《超越战争的战时比较教育研究——试论参与创办〈东方副刊〉时期的王承绪》（未发表）中提出。

《比较教育》，开创了“具有中国特色的比较教育学”[①]。王承绪先生在前期积累的基础上，形成了以英国为主要国别、以高等教育为主要领域的研究特色。在他连续承担的全国教育科学“六五”到“十五”规划课题中，从《战后英国教育研究》到《各国高等教育比较研究》，从《英法德苏高等教育思想与制度比较研究》到《发达国家高等教育政策比较研究》再到《英国教育现代化研究》都体现了这一特色。围绕这些研究课题所形成的《战后英国教育》《中外教育比较史纲》《比较教育学史》等重要的学术著作更是为推动我国比较教育研究的发展发挥了重要的作用。

## 二、王承绪比较教育思想的基本内容

### （一）比较教育的学科属性观

任何一门学科都必须有自己的本体论作支持，正如黑格尔指出的，一门学科首先要解决的问题是这门学科是什么及其是否存在。尽管在20世纪20年代，比较教育作为一门新兴学科就已引入我国，但在相当长的时期内我国的比较教育并不太发达[②]。尤其是在历经各种政治运动冲击，新中国比较教育几近荒废的情况下，如何解释比较教育，明确比较教育的学科属性，成为亟待解决的问题。对此，王承绪先生在1979年发表的一篇长文中就专门论及了这个问题。针对当时人们对外国教育与比较教育的混同，他明确指出，两者在外文中各有专用名词，意义不完全相同，而且他还强调了比较教育与国际教育和发展教育间的联系与区别。在对国外研究分析的基础上，他首先提出比较教育的两个重要特征：一是具有跨国家性和跨文化性，也就是说比较教育并非单独一个国家的教育，而是研究不同文化的国家的教育；二是具跨学科性，比较教育研究需要运用哲学、历史、政治经济学和社会学等方面的知识，对各国教育进行历史的、社会的、政治的和经济的分析研究[③]。后来在编撰《比较教育》一书时，王承绪先生又提出“可比性”的特征，也就是说比较教育的研究要对两个或两

① 薛理银．当代比较教育方法论研究：作为国际教育交流论坛的比较教育［M］．北京：首都师范大学出版社，1993：188．

② 顾明远，阚阅，乔鹤．改革开放30年中国比较教育的重建和发展［J］．比较教育研究，2008（12）：1－6．

③ 王承绪．从国外比较教育学科发展的现状看我国比较教育教学中的若干问题［J］．杭州大学学报（哲学社会科学版），1979（4）．

个以上国家同一个教育问题并且在对等的水平上进行比较[①]。上述三个特性构成了王承绪关于比较教育学科属性的完整的表述，后来也成为学界的基本共识。

（二）比较教育研究的目的观

在20世纪中国的比较教育学界，“借鉴论”一直是一种颇为流行的观点[②]。庄泽宣先生在《各国教育比较论》中最早阐明，书中所选的对象国是“今日世界各国中教育最普及者”，因而可以供我国办教育者借鉴和考虑。受庄泽宣先生影响，王承绪继承并发扬了这种以借鉴为目的的比较教育研究思想。他在浙大读书时发表的一系列国别论文都真切体现了这种目的观。尤其是在《墨西哥新教育给我们的启示》一文中，他开篇便指出了撰写此文的目的：“墨西哥新教育最重要的特点，便是乡村教育发达。……年来我国复兴农村，推行义教的呼声，甚嚣尘上。而中墨的社会背景，又颇多吻合之处，很可以做我们的模范。”[③] 1979年他在论文中首次加以总结而明确提出，“比较教育是一门分析研究各国教育制度，吸取其优良经验，以供我四化建设借鉴的学科”[④]。而后他在《比较教育》一书中进一步强化了这个观点，该书指出，“比较教育就是通过研究当代外国教育的理论和找出教育发展的共同规律和发展趋势，以作为改革本国教育的借鉴”[⑤]。后来在访谈中他再次指出，“搞教育改革离不开比较教育。从比较教育发展的历史看，比较教育学科正是在各国教育改革的过程中发展起来的，可以说它是教育改革的产物。博采众长，为我国教育改革服务，乃是我们研究比较教育的一个主要目的”[⑥]。

（三）比较教育研究的方法论

（1）辩证唯物主义与历史唯物主义的方法。在比较教育研究的方法论

---

① 王承绪，朱勃，顾明远．比较教育［M］．北京：人民教育出版社，1985：16.

② 生兆欣．比较教育，为何研究？——20世纪中国学者的观点［J］．比较教育研究，2009（12）：34－39.

③ 王承绪．墨西哥新教育给我们的启示：乡教运动与农村复兴［J］．教育杂志，1935（4）：70.

④ 王承绪．从国外比较教育学科发展的现状看我国比较教育教学中的若干问题［J］．杭州大学学报（哲学社会科学版），1979（4）.

⑤ 王承绪，朱勃，顾明远．比较教育［M］．北京：人民教育出版社，1985：16.

⑥ 汪利兵．比较教育的世纪回顾：我国著名比较教育学家王承绪教授访谈录［J］．全球教育展望，1996（5）.

指导上，王承绪先生认为，“我国比较教育的研究，必须以马列主义、毛泽东思想为指导，运用马列主义的立场、观点和方法，研究各国的教育制度”①。其后他和朱勃、顾明远在《比较教育》中也重申了这种观点，“比较教育要成为一门科学，就必须以辩证唯物主义和历史唯物主义作为方法论基础”②。而且该书还对此做了进一步的阐释，即要贯彻这一思想就应以普遍联系的观点、发展的观点、从内在的本质来研究和分析问题，以及以实践的标准来检验理论③。该观点提出后得到国内学术界的积极响应。在第四届比较教育年会上，与会代表在讨论比较教育学科建设时一致赞同“加强比较教育方法论的研究，建立以辩证唯物主义和历史唯物主义方法论为基础的比较教育的研究方法”④。

（2）历史与问题相结合的方法。历史与问题相结合的方法实际上是一种“贯通古今、融汇中外”的方法，也是王承绪先生在比较教育研究方法探索上一个非常重要的收获。王承绪先生在比较教育学科恢复和重建之初就意识到，“我国比较教育的研究，既要用历史的观点，分析研究各国现行教育制度形成的历史原因，又要根据当前社会、经济发展的情况，联系实际，研究存在的问题”⑤。但对此方法的具体尝试和应用则是在编撰《中外教育比较史纲》之中。王承绪先生曾总结道：“我们主编的《中外教育比较史纲》提出的比较教育学方法论是，一方面要从我们实际出发，立足本国，另一方面又要强调文化解释和理解以及可比性，要‘以问题为纬、以时代为经，立足本国、放眼世界’。”⑥《中外教育比较史纲》所蕴含的方法论价值得到学术界的广泛肯定。顾明远先生给对该书做出“集中

---

① 王承绪. 从国外比较教育学科发展的现状看我国比较教育教学中的若干问题［J］. 杭州大学学报（哲学社会科学版），1979（4）.

② 王承绪，朱勃，顾明远. 比较教育［M］. 北京：人民教育出版社，1985：18.

③ 王承绪，朱勃，顾明远. 比较教育［M］. 北京：人民教育出版社，1985：18－21.

④ 王承绪. 第四次全国比较教育学术年会纪要：比较教育组讨论纪要［J］. 外国教育，1983（6）：31.

⑤ 王承绪. 从国外比较教育学科发展的现状看我国比较教育教学中的若干问题［J］. 杭州大学学报（哲学社会科学版），1979（4）.

⑥ 本刊记者. 个人旨趣、社会责任与比较教育者的使命：访王承绪教授［J］. 教育研究，2006（7）：44－47.

外智慧，探育人真谛”的评价①。许美德等也认为，王承绪主编的《中外教育比较史纲》给中国教育学者带来新的观念，也就是现时期的比较教育要超越以简单的描述法来研究外国教育制度的模式，要深入反思和全面了解历史根源，认识到中国深厚教育传统的历史影响以及19世纪初期以来外国模式对中国教育发展的冲击。同时，不能盲目和机械地进行教育借鉴或移植，而是要具有丰富的历史理解，要能够认清和分析其中的哲学价值以及经济和政治力量的影响。②

（3）跨学科和多学科的方法。王承绪先生认为比较教育的学科性质决定了比较教育研究必须采取跨学科和多学科的方法。他指出，“比较教育是一门跨学科的学科。学好比较教育就要利用有关教育学、教育史以及世界历史和政治经济学方面的知识”③。对此，王承绪先生在20世纪40年代就曾努力尝试积累多学科的知识基础，当时他发表于《东方副刊》的27篇论文中，有关国际和时政问题的文章9篇，有关外国教育制度和思想的文章15篇，有关国际教育合作的文章2篇，有关外国社会科学发展的文章1篇。这些论文广泛涉及哲学、政治学、社会学、教育学等多个学科。而王承绪先生真正开始推崇多学科的方法则是在20世纪80年代后期，只不过他是以一种间接的译述的方式来传递这种思想的。1984年伯顿·克拉克（Burton Clark）教授出版《高等教育的观点：八个学科的比较的观点》（*Perspectives on Higher Education*：*Eight Disciplinary and Comparative Views*）后，他敏锐地洞察到该书重要的方法论价值。王承绪先生认为该书为比较高等教育研究开辟了一条新的路子，因此立即组织力量加以翻译并特地将中文版命名为《高等教育新论》。他在《高等教育新论》的译者前言中强调指出，采取多学科比较的方法，“有助于我们扩大对高等教育的视野，提供对高等教育的认识，从中汲取对我国开展高等教育研究和深化高等教育改革有益的经验”。同时，他也意识到多学科方法带来的新的挑战，认为更重要的启示在于改善研究队伍和知识结构，并语重心长地建

---

① 顾明远．集中外智慧，探育人真谛：评《中外教育比较史纲》[J]．中国图书评论，1999（4）．

② 阿诺夫，许美德．思想肖像：纪念王承绪教授百岁华诞[J]．比较教育研究，2010（9）．

③ 王承绪．从国外比较教育学科发展的现状看我国比较教育教学中的若干问题[J]．杭州大学学报（哲学社会科学版），1979（4）．

议，“现在从事高等教育研究的同志，除教育专业以外，应加学一两门社会科学，例如经济学、社会学和组织理论”①。

（4）实地调查研究的方法。王承绪先生非常赞同乔治·贝雷迪（George Bereday）通过旅行访问深入到对象国来开展比较教育研究的方法。他对此曾形象地描绘为“不入虎穴，焉得虎子”。在他看来，每一个国家的教育有它的历史和传统，不是随便去参观一下就能学到手的，一定要到它的制度里面去。王承绪先生认为，在完成学习任务之余，更深入地了解英国教育的实际，是他留英的一大收获。他留学英国时，曾积极参加教育实习，后来更是深入基层，从幼儿园到大学都在访问和观察之列。他精辟地指出：“你不到里面去，没有比较充裕的时间，你就没有办法真正理解他们的东西。不是到哈佛到牛津去把他们的教材搬过来就可以解决问题的。不是把教材和具体的做法拿来就行的，我们的比较教育学不是拿一点做法，而要知道他们为什么这么做，是怎么真正在做的。”② 他还不忘鼓励学生和青年研究者一旦有机会出国进修或访问都鼓励他们多参观些学校。

## 三、王承绪比较教育思想的主要特征

（1）强烈的爱国性。王承绪先生比较教育研究思想发展与形成的整个过程都透露着他对祖国深厚的感情以及改造社会和改善民生的强烈责任感与使命感，这在他的早期著作中体现得尤为明显。1930 年在无锡中学读师范时，他就在《中学生文艺》上发表文章，对于那些思想不觉悟的同学痛心疾首地写道：“可是我们受国家优待的学生，负有救国责任的学生，都呼呼地在暖暖的被窝里懒洋洋地做美梦唉！人类究竟是不平等的！日夜劳作的工人们，所得的不过微些的代价，何等的令人愤恨！负有救国使命的青年学生，在这万象更新的当儿，不知奋发图强，努力革新，真使人失望！”③ 九一八事变后，王承绪先生参与了一系列反对日本帝国主义侵略

---

① 克拉克．高等教育新论：多学科的研究［M］．王承绪，等译．杭州：浙江教育出版社，2001：译者言，2－3．

② 本刊记者．个人旨趣、社会责任与比较教育者的使命：访王承绪教授［J］．教育研究，2006（7）：44－47．

③ 王承绪．旅琴杂感［J］．中学生文艺，1930（1）．

的游行抗议活动。就连他发表《意大利的新教育》一文时也不忘在文末注明“承德失陷日译于浙大”[①]，以示警醒。抗日战争时期，远在英伦的王承绪先生始终不忘“教育救国”，他和留英同学在《东方副刊》发刊词中郑重写道：“溯自缅甸失陷以来，吾国与外间交通阻隔，不但影响物质供给，且增剧文化封锁。……此种局面，一日不破，则国家之精神生活，受损必巨。留英同人，有鉴及此，欲谋补救；差幸同学中，习各项学科者，实繁有徒，苟能共策群力，于读书之暇，尽量向国内介绍学术思想，或能略解祖国文化界之沉闷，亦可征报国家培育之恩。”[②] 王承绪先生的拳拳爱国之心由此可见。

（2）鲜明的时代性。王承绪先生比较教育学术思想体现出鲜明的时代特征。在不同的历史期间，他的学术研究都是与当时的社会发展与现实需要紧密联系在一起的。20 世纪 30 年代，他深受乡村教育和平民教育思想影响，开展了很多农村教育方面的研究。他在《墨西哥新教育给我们的启示——乡教运动与农村复兴》一文中就表达出学习借鉴墨西哥新教育经验，改造我国农村教育的想法。他在浙大学习时毕业论文也以“民族性与教育”“自然环境与教育”等为题继续进行探索[③]。1941 年他在伦敦大学教育学院完成的以《中国的乡村学校与农村重建》（*The Village School and Rural Reconstruction in China*）为题的硕士学位论文更是这种研究的集中体现和重要成果。20 世纪 40 年代，王承绪特别关注社会主义思想，他注意到伦敦大学是一所受社会主义价值观影响的世俗学校[④]，因此在攻读博士期间选择将在英国工人运动史及其与伦敦大学的关系作为研究主题。虽然后来他为了回国任教而毅然中断攻读博士学位，但他并没有放弃对伦敦大学的研究，他最终于 1995 年出版《伦敦大学》一书。在改革开放的新时期，他对二战后西方比较教育发展的主要特点做出判断：比较教育不局限

---

① 王承绪. 意大利的新教育［J］. 江苏教育，1933（9）.

② 苏继庼. 发刊词［J］. 东方副刊，1944（1）：1.

③ 汪利兵. 比较教育的世纪回顾：我国著名比较教育学家王承绪教授访谈录［J］. 全球教育展望，1996（5）.

④ HAYHOE R. Portrait of influential Chinese educators［M］. Hong Kong：Comparative Education Research Center，The University of Hong Kong，2006：63.

于大学的门墙之内，而与教育改革和发展的实践紧密结合①。据此他更加注重把握新的社会发展趋势及其对教育的影响。王承绪先生在主持翻译高等教育方面的著作时就是考虑到“按照现在知识经济、经济全球化的情况，抓高等教育是对的，所以选了在高等教育研究方面影响较大的这些著作”②。

（3）敏锐的前沿性。王承绪先生具有非凡的学术敏感性，而且善于捕捉和把握前沿的学术思想和问题，并始终站在比较教育研究的最前沿。早在读大学时，孟宪承教授针对王承绪《意大利的新教育》一文就做出“此篇材料新颖，寻常书籍中尚不经见，故有发表之价值”的推荐发表评语③。在编辑《东方副刊》时，王承绪先生极其考究论文选题。从该刊发表的论文来看，社会科学领域重点探讨的问题有：战争产生的原因、战时各国的状况、战后的重建构想、国际和平组织的建设，等等。在自然科学领域，选用的论文数量虽少，但突出了富国强兵的主题和工业技术、军事科技等重点，尤其介绍了对当时反法西斯战争的胜负起决定作用的军事科技前沿成就，比如飞机、原子弹、雷达、火箭、水雷等④。他主持翻译了“汉译世界高等教育名著丛书”，其中精选了美国伯顿·克拉克主编的《高等教育新论——多学科的研究》《研究生教育的科学研究基础》《探究的场所——现代大学的科研和研究生教育》，约翰·S. 布鲁贝克著的《高等教育哲学》，亚伯拉罕·弗莱克斯纳著的《现代大学论：美英德大学研究》，克拉克·克尔著的《高等教育不能回避历史——21 世纪的问题》，德里克·博克著的《走出象牙塔——现代大学的社会责任》，加塞特的《大学的使命》，赫钦斯的《美国高等教育》、英国约翰·亨利·纽曼著的《大学的理想》，加拿大约翰·范德格拉夫等编著的《学术权力——七国高等教育管理体制比较》，荷兰的弗兰斯·F. 范富格特主编的《国际高等教育政策比较研究》等经典著作，这套汉译世界高等教育名著为中国学者

---

① 汪利兵. 比较教育的世纪回顾：我国著名比较教育学家王承绪教授访谈录［J］. 全球教育展望，1996（5）.

② 本刊记者. 个人旨趣、社会责任与比较教育者的使命：访王承绪教授［J］. 教育研究，2006（7）：44－47.

③ 王承绪. 意大利的新教育［J］. 江苏教育，1933（9）.

④ 此观点由陈伟博士和郑文博士在《超越战争的战时比较教育研究——试论参与创办〈东方副刊〉时期的王承绪》（未发表）中提出。

了解和研究国外高等教育打开了重要的窗口，有统计研究表明是高等教育界目前为止引用率最高的丛书之一。实践证明，王承绪先生的筛选是相当精准的，这些译著契合了教育科学研究的需要，并对教育改革的话语产生重要的影响。许美德教授也甚为叹服，王承绪先生翻译的大部分著作都与多伦多大学高等教育专业研究生的必读书目相一致。①

① 阿诺夫，许美德. 思想肖像：纪念王承绪教授百岁华诞［J］. 比较教育研究，2010（9）.

# 王承绪先生与比较教育的世纪情缘[①]

阚 阅

浙江大学竺可桢老校长曾意味深长地说："假使大学里有许多教授，以研究学问为毕生事业，以教育后进为无上职责，自然会养成良好的学风，不断地培植出博学敦行的学者。"对于这番话，中国著名教育学家、比较教育的主要奠基者王承绪教授在其八十载的教育探索生涯中做出了最好的诠释。

## 无锡中学启蒙浙江大学深造

王承绪先生 1912 年出身于江苏江阴南沙镇的一个"书香之家"，6 岁入私塾，7 岁入新式小学。初中毕业后，进入无锡中学师范科进行为期三年的学习。这段经历给王承绪留下了深刻的记忆。无锡中学有着很强的师资力量，很多教师都是大学毕业生或研究生，其中不少教师在江苏教育界都是有影响的人，他们有着很多新的教育思想。普通科和师范科名称虽然不同，但授课教师其实是一样的。当时学校开设了"外国教育史"这门课，使得王承绪对外国的教育理论和实践有了初步

① 原载《中国社会科学报》2010 年 9 月 16 日第 9 版。

的认识和了解。

1932 年，正准备前往（在此一年之前获得保送资格）南京中央大学教育系深造的王承绪，因该校发生学潮停止招生而在无锡中学师范科主任吴伯昂的推荐下到浙江大学教育系借读。由于学习刻苦、成绩优异，一年后他转为正式学生。当时的浙江大学教育系在郑晓沧先生领导下名师荟萃，1929 年出版了中国第一部比较教育教科书，这比美国哥伦比亚大学师范学院艾萨克·康德尔 1933 年出版的对后世影响巨大的教科书还早了 5 年。20 世纪 30 年代，“教育救国论”在中国颇为盛行，王承绪也深受影响，并逐渐形成了学习借鉴国外优秀经验发展本国教育事业的观念。他在一年级的时候就撰写了《意大利的新教育》一文，发表在 1933 年第 9 号的《江苏教育》上。此后，他陆续在《教育杂志》《中华教育界》等杂志上发表多篇介绍苏俄、波兰、墨西哥、土耳其等国教育状况的文章。

## 留学英伦创立《东方副刊》

1938 年 5 月，完成学业留在浙江大学担任助教的王承绪听到中英庚款董事会发布公费留英考试的消息。这届考试因首次增列 1 个教育学名额而吸引了教育界中很多青年，王承绪参加了这届考试并一举得中。1938 年 10 月，王承绪乘船抵达伦敦，进入伦敦大学教育学院学习。在英国留学 3 年后，1941 年王承绪获得教师证书和硕士学位。此后，王承绪在战火纷飞的英伦展开了“超越战争的战时比较教育研究”。

二战时期，缅甸失陷后，中国对外交通被阻断。为打破日本侵略者日益加剧的文化封锁，在商务印书馆总经理王云五先生的支持下，20 名留英学生组成编辑委员会，由王承绪担任编辑委员会总干事，创办《东方副刊》，将国外最新出版的有重要学术价值的出版物介绍到国内。编辑委员会的其他成员包括王大珩、史家宜、朱树屏、吴元黎、周书楷、马润庠、陈仲秀、张民觉、张自存、赵金镛、赵德洁、蒋硕杰、谢志耘、苏拯等。在今天看来，这个编辑委员会的阵容无疑是非常强大的。王承绪本身不仅是《东方副刊》的编辑者，也是非常活跃的撰稿者。从 1944 年 11 月《东方副刊》正式发刊，到 1947 年 1 月王承绪从伦敦返回中国，整整 20 期杂志中，王承绪共发表了 27 篇文章，竟占到全部发表论文的 1/10，其中有关国际和时政问题的文章 9 篇，有关外国教育制度和思想的 15 篇，有关国际教育合作的 2 篇，还有 1 篇是关于外国社会科学发展的文章。王承绪等留英学生以自身专业为基础，以增加国内对国际问题的了解和认识为目的，以实际行动践行了学术救国的思想，为抗日救亡做出了应有的贡献。

## 与教科文组织结缘

王承绪在其比较教育研究中很早就关注到国际组织的重要作用，这从他发表在《东方副刊》上的《国际教育合作之前途》《国际联盟与教育合作》等文章中就可以看出来。在英国求学期间，他与英国比较教育学界重要人物约瑟夫·劳锐斯交往密切，这为他参加具有历史意义的促成建立联合国教科文组织的同盟国教育部长会议创造了条件。1946 年，正在伦敦候船返国的王承绪出席了同盟国教育部长会议，同时也参与了联合国教科文组织成立大会前的一些筹备工作。当时教科文组织筹备委员会秘书处的一项紧迫工作是编辑《基本教育》一书。编辑委员会由中国的郭有守任编委会主任，美国的霍姆斯任主编，美国著名比较教育专家康德尔任顾问。编委会邀请康德尔、赵元任、劳锐斯等 33 人撰写专稿，其中，王承绪撰写了《略论基本教育》一文。该书于 1946 年联合国教科文组织成立大会前出版，中文版则由王承绪翻译并于 1947 年和 1948 年由商务印书馆出版。1946 年 11 月联合国教科文组织在巴黎召开成立大会，当时的南京国民政府派出以赵元任为团长的 22 人代表团参加大会，王承绪、钱三强等担任代表团秘书。王承绪在参会之余撰写了长达六千言的《联合国教育科学文化组织会议的经过和观感》，全面介绍了会议过程和重要内容，刊发在 1947 年 1 月的天津《大公报》上。

回国后，王承绪继续参与教科文组织的活动。1948 年秋，联合国教科文组织在南京召开远东基本教育国际会议，王承绪担任了中国代表团专员。他会前在《教育通讯》杂志发表文章介绍远东各国基本教育情况，会后陪同各国代表到无锡、苏州、上海、杭州等地参观访问。新中国成立后，由于外交和政治上的原因，王承绪暂时中断了与教科文组织的联系，直到改革开放后才得以恢复。1980 年年初，在教育部中国联合国教科文组织全国委员会的推荐下，王承绪当选为教科文组织亚太地区教育合作咨询委员会委员。在 1980—1991 年任职期间，王承绪参加了在泰国、菲律宾、印度尼西亚召开的 6 次咨询委员会会议（在泰国召开了 4 次），并在泰国清莱会议上担任会议副主席。20 世纪 80 年代初，在他的努力下，杭州大学成立了“亚太地区教育革新为发展服务计划（APEID）联系中心”，该中心成为改革开放后教科文组织在中国建立最早的联系中心之一，成为与教科文组织合作的新平台。

## 扎根祖国垦拓比较教育

1947 年 1 月，王承绪夫妇接受郑晓沧先生和竺可桢校长的邀请，登上了战后第一艘开往中国的货船，辗转 3 个多月后回到祖国。王承绪回到浙江大学立刻就去上课，在图书和资料短缺的情况下，他以带回的一些英国和苏联的书籍为教材，开设了“比较教育”“外国教育论著选”以及“群众教育”等课程。一年之后他开始兼任教育系主任。

此后，随着中国高等教育系统调整，王承绪先后在浙江大学、浙江师范学院、杭州大学和新组建的浙江大学任教。在 1958—1978 年这 20 年中，“大跃进”“反右运动”“文化大革命”等政治风潮打破了大学的宁静。但此间在杭州大学任教的王承绪没有放松对比较教育的研究，他参加杭州大学外国教育资料编译组，先后和南京师范大学、华东师范大学教育系合作开展《西方资产阶级教育论著选》《西方古代教育论著选》和《现代西方资产阶级教育流派论著选》的翻译工作。这些译著在 20 世纪 60 年代和 20 世纪 80 年代陆续出版，并成为师范院校教育系的主要教材。

改革开放以后，王承绪迎来了他学术生涯新的春天。1979 年，中国教育学会外国教育研究会（从 1983 年起外国教育研究会改名为比较教育研究会）成立后，王承绪长期担任研究会的顾问。1981 年，杭州大学建立比较教育研究中心和以研究外国教育为主的高等教育研究所，王承绪担任了这两个学术机构的负责人。

1983 年 11—12 月，王承绪与华南师范学院朱勃教授接受国家教委委派，赴英、法两国考察比较教育。通过这次大规模的考察访问，王承绪一行了解到英、法两国有关比较教育的课程设置、人才培养、科学研究等方面的发展状况，也了解到联合国教科文组织等国际组织在国际教育交流与合作方面采取的战略和举措。1984 年，王承绪亲自召集和组织学界同仁在杭州大学举行全国比较教育学科建设讨论会。

在人才培养方面，王承绪为杭州大学恢复高考后招收的学生开设了比较教育课程；1981 年开始招收比较教育硕士研究生；不久以后，杭州大学同北京师范大学成为首批获得比较教育学博士学位授予权的高校，王承绪和顾明远成为首批比较教育专业博士生导师。同时，为解决教材缺乏的问题，王承绪与朱勃、顾明远一起，经过两年的共同努力，编写了一部比较教育学教科书——《比较教育》，获国家教委高校优秀教材二等奖，在国内外产生了很大影响。为提高研究生培养的水平，他先后邀请罗伯特·阿诺夫教授、卡扎米亚斯教授、基思·莱文教授等国际知名的比较教育专家开设讲座和授课。

在科学研究方面，王承绪在“六五”至“十五”期间陆续承担了“战后英国教育研究”“各国高等教育比较论研究”“英、法、德、苏高等教育思想与制度比较研究”“发达国家高等教育政策比较研究”和“英国教育现代化研究”等一系列国家重大课题的研究工作，并在此基础上形成《战后英国教育研究》《中外教育比较史纲》《比较教育学史》等重要学术著作。王承绪还非常注重引介国外新的理论、思想和观点，他组织编译的“汉译世界高等教育名著丛书”成为国内高校比较教育和高等教育专业的必读书目；他翻译出版了当代美国著名高等教育专家伯顿·克拉克的多部著作，使杭州大学以及四校合并后的浙江大学成为国内引介克拉克最新学术成果的中心。

在学术交流方面，20 世纪 80 年代末至 90 年代初，王承绪利用与英国有关机构和高校业已建立起的联系促进开展校际合作与交流。1986—1994 年期间，王承绪亲自担任了杭州大学和苏塞克斯大学学术交流项目中方协调人。从 1986 年起，两校的学术交流被正式纳入英国文化委员会的“英中学术交流计划”之中。在英国文化委员会的资助下，两校在学者互访、联合培养博士生、共同研究等方面进行了富有成效的交流。

王承绪在比较教育事业上所做出的贡献赢得了国际学术界的高度认可和肯定。1993 年，王承绪荣获伦敦大学教育学院在其百年历史发展中首次授予的“荣誉院士”称号。2003 年，王承绪获得联合国教科文组织首度颁发的“亚太地区教育革新终身成就奖”。

# 善教者使人继其志

## ——追忆王承绪先生的学术生涯与教育艺术[①]

李振玉

转眼之间，恩师王承绪先生已经仙逝两周年。王承绪先生的音容笑貌，谦逊待人的长者风范，授业过程的学术点拨，仿佛就在昨天。想起他90岁高龄还为我们回忆“一二·九”运动中带领浙大同学参加卧轨的爱国壮举；想起他20世纪30年代留学英伦时创办《东方副刊》，为教育救国发表鸿篇巨制以唤醒国人的爱国心；想起他曾在1946年11月赴巴黎参加联合国教科文组织成立大会，并为大会撰写“略论基本教育”的论文，在国际社会郑重发表中国学者的教育见解；想起他与顾明远等先生一道编写新中国第一部《比较教育》教材；想起我们参加2003年联合国教科文组织授予王先生“亚太地区教育革新终身成就奖”的隆重典礼，使王先生成为全球唯一获此殊荣的教育家的幸福时刻……这一切镌刻着先生不懈的教育探索和对新中国比较教育事业所做出的卓越贡献。此时此刻，作为王先生的弟子，继承先生80余载赤诚的爱国心、坚信科教兴国的崇高遗志是吾辈对先生的最好纪念。或许浙大老校长竺可桢先生的话语可以诠释王先生作

① 原载《华南师范大学学报（社会科学版）》2015年第5期。

为现代中国爱国知识分子的情怀，“假使大学里有许多教授，以研究学问为毕生事业，以教育后进为无上职责，自然会养成良好的学风，不断地培植出博学敦行的学者。”而王先生博学、睿智、善教的教育艺术人生，或许以《学记》所言“善歌者使人继其声，善教者使人继其志”的表述来形容更为精要。

追忆先生的学术与教育人生，可以说是与浙大结缘开始的，先生那种博学、睿智、善教的精神使吾辈永志难忘。

## 一、勤勉博学的青年才俊与浙大结缘

王承绪先生 1912 年生于江苏省江阴县南沙镇的一个“书香之家”，6 岁入私塾，7 岁就读新式小学。初中毕业后入无锡中学师范科完成 3 年学业。正是在师范科求学期间，青年初期的王承绪接受了当时国内一流的师范教育。因为授业教师都是受过良好新式教育的专家学者，或许由于他特别喜欢“外国教育史”课程的缘故，使他学术眼界大开，以致从此确立了钻研外国教育和比较教育的学术志向。

1932 年，由于王承绪在师范科毕业后从教业绩优秀，被保送到当时的第五中山大学（今南京大学前身）深造，而恰好该校因学潮停课，后在无锡中学师范科主任吴伯昂的荐举下改为在浙江大学教育系借读。从此，年轻才俊王承绪与浙大结下比较教育的学术之缘。是时浙大教育系在著名教育家郑晓沧领导下可谓名师荟萃，学术风气甚浓。勤勉的王承绪学习刻苦，成绩优异，一年后由借读生转为正式大学生。加之 20 世纪 30 年代的中国，教育救国思潮日盛，深受其熏陶，作为大一学生的王承绪就探讨借鉴外国教育经验以改造中国教育的学术论文。他以敏锐的学术视野于 1933 年在《江苏教育》上发表《意大利的新教育》一文，其后又陆续在《教育杂志》《中华教育界》等教育专业期刊上发表介绍苏俄、波兰、墨西哥和土耳其等国教育发展情况的论文。

1938 年 5 月，因学业优异留校任助教的王承绪以华东外语考区第一名的身份考取中英庚款公费留学名额，得到英国伦敦大学教育学院留学的机会。1941 年获得硕士学位和教师资格证书。王承绪在英国求学和工作期间，为打破日寇对中国大陆的文化封锁，在时任商务印书馆总裁王云五先生资助下，与王大珩等 20 名留英学生创办《东方副刊》，并任总干事。该刊从 1944 年 11 月正式发刊，到 1947 年王承绪回国所刊出的 20 期中，仅王承绪就发表论文27篇，占全部论文的十分之一，其中有关外国教育思想、教育制度和国际教育合作的论文计有17篇①。王承绪等留英学生以所学专业为基础，将外国科技与教育发展的动态及时介绍给国内的同行，鼓舞同仁的教育救国斗志，为抗日救亡做出了应有贡献。

1946年11月，王承绪在英国正等待回国投身祖国教育事业的时候，接到国内通知其随赵元任为团长的22人代表团，参加在巴黎举行的联合国教科文组织成立大会。在这次会议上，王承绪和钱三强二人以中国代表团秘书的身份参会。会议期间，王承绪撰写了《联合国教育科学文化组织会议的经过和观感》一文，并于1947年1月发表在天津《大公报》上，该文是国内较早介绍联合国教科文组织作用的重要文献。同年1月，王承绪夫妇受浙江大学校长竺可桢先生之邀，由英国乘船取道香港，经3个多月的艰难旅途，终于回到阔别多年的浙江大学教育系任教。回校任教初期，王承绪主要讲授外国教育和比较教育等课程，一年后荣升教育系主任。此后，王承绪先生用其所学，几十年如一日地辛勤耕耘在为其学术奠基的浙江大学讲坛。

## 二、锐意进取，努力开拓新中国比较教育事业

1948年，联合国教科文组织在南京召开远东基本教育国际会议，王承绪担任了中国代表团专员。除会前他在《教育通讯》杂志发表文章介绍远东各国教育发展状况外，还在会后陪同各国代表到江浙一带实地考察教育。新中国成立后，由于西方国家的封锁和国内政治因素的影响，中国大陆一度中断了与联合国教科文组织的业务和学术联系，直至改革开放后才得以恢复。1980年初，在教育部教科文组织中国委员会的举荐下，王承绪当选为教科文组织亚太地区教育合作咨询委员会委员。在1980—1991年间，王承绪参加了在泰国、菲律宾、印尼等国召开的6次咨询委员会议，并在泰国清莱会议上被推选为副主席。20世纪80年代初，王承绪在杭州大学领导创建“亚太地区教育革新为发展服务计划（APEID）联系中心”。该中心为联合国教科文组织在中国建立的最早的教育合作机构之一，也是后来浙江大学开展比较教育学科的学术研究与对外合作的重要平台。

---

① 阚阅. 王承绪先生与比较教育的世纪情缘［N］. 中国社会科学报，2010-09-16（09）.

在民国期间和新中国成立后，王承绪先生积极参与联合国教科文组织的学术活动经历，对他在浙江大学开拓新中国的比较教育事业奠定了良好的国际交流与合作的基础。尽管在1958—1978年这20年间，王承绪先生历经多次风波的冲击，但他赤诚的爱国之心、振兴中国比较教育事业的学术志业却从未发生过动摇。也正是这段时间，他以杭州大学外国教育资料翻译组为平台，并与国内其他高校外国教育研究的学术重镇合作，先后组织出版了《西方古代教育论著选》《西方资产阶级教育论著选》《现代西方资产阶级教育论著选》等一系列外国教育研究的经典译著。这些著作为改革开放初期全国师范类院校刚刚恢复教育系，培养为“四化”建设服务的教育学术人才发挥了不可估量的作用。

1979年，王承绪担任刚刚成立的中国教育学会外国教育研究会（后更名为比较教育研究会）的顾问。在同年召开的首届全国教育科学规划会议上，教育部高教司领导指定顾明远、王承绪和朱勃等同志主持编写新中国第一部《比较教育》教材，该教材于1982年出版。这部教材对新中国的比较教育学学科的人才培养和学科本体建设均具有奠基作用，在新中国比较教育学学科体系的建设方面居于原创性地位。1983年岁末，王承绪和朱勃受国家教委的委派，赴英、法两国考察比较教育，这次考察使我国比较教育学者了解到国际比较教育学科的前沿动态，以及联合国教科文组织有关国际教育研究与合作的战略举措，这对推动我国的比较教育学研究具有重要的学术引领价值。

在积极参与改革开放初期国内比较教育学术研究和学术交流的同时，他以敏锐的学术洞察力开始布局杭州大学的比较教育研究战略制高点的工作。1981年，王承绪先生在当时的杭州大学发起成立比较教育研究中心和高等教育研究所（主攻比较高等教育，后来成为浙江大学比较教育硕士、博士点学科的研究特色），并长期指导这两个机构的学术研究工作。1984年，王承绪先生亲自召集学界同仁在杭州大学举行全国比较教育学科建设研讨会。他还以满腔的科研热情先后主持了“六五”至“十五”期间的多项课题。如“战后英国教育研究”“各国高等教育比较研究”“英、法、德、苏高等教育思想与制度比较研究”“发达国家高等教育政策比较研究”和“英国教育现代化研究”等一系列国家重大课题的研究工作，在这些基础性研究工作之后相继出版了《战后英国教育研究》《中外教育比较史纲》《比较教育学史》等重要具有开创性的学术成果。其后，他组织比较教育研究中心和高等教育研究所成员翻译出版了“汉译世界高等教育名著丛书”，该套丛书至今仍然是国内高等教育学界和比较教育学专业的必修书目，其学术影响力之大实属国内罕见。据最近十年南京大学龚放教授等学者对以王承绪先生为首组织翻译出版的学术著作的引用率研究显示，该丛书一直在高等教育学界排行前几名①。诚如有学者所说，他领导翻译的当代最有影响的美国著名高等教育专家伯顿·克拉克等西方学者的多部高水平高等教育研究著作，使原杭州大学、现浙江大学成为国内比较高等教育研究的中心之一。

1993 年，王承绪荣获伦敦大学教育学院在其百年发展史中首位授予的“荣誉院士”称号。2003 年，王承绪获得联合国教科文组织首度颁发的“亚太地区教育革新终身成就奖”。王承绪先生在比较教育事业上所做出的贡献赢得了国际学术界的认可。

## 三、学贯中西的学术品格铸就善教的艺术

王承绪童年时代接受过良好的儒学教育，青年时代留学英伦又接受了严格的学术训练并在绅士教育的氛围中熏陶，养成谦逊、儒雅的绅士风度和高尚人格。诚如笔者刚刚考取浙大比较教育学博士研究生时，肖朗教授说：“你能在王先生名下读书真乃三生有幸。”斯哉此言。而这也是众弟子的共同福分！

《学记》有言：“善歌者，使人继其声；善教者，使人继其志。其言也，约而达，微而臧，罕譬而喻，可谓继志矣。”先生之教的妙处，始于学术思想的导引。记得入学后第一次在春寒乍暖的时节到先生杭大新村的家中请教的情景，此时先生虽已 90 岁高龄，但精神矍铄、思维敏捷。简短的寒暄过后，师母赵先生为我调好了热咖啡端到客桌前，然后就自己礼貌地回到自己的房间。接下来就是我与先生的谈话。先生说：“不要急于写文章，一定要静下心来多读书。”先生问：“读过杜威的《民主主义与教育》吗?”我答读过，但仍不得其精髓。先生说：“恐怕还要花点心思读一读，因为杜威曾评价过从苏格拉底到与他同时代的所有西方教育史上的名家。只有读懂了杜威，西方教育思想史就通啦。”当然，这次拜访也

① 龚放，白云. 2000—2004 年我国“教育学”研究报告（续）：基于 CSSCI 的论文和论著影响力分析［J］. 教育发展研究，2006，26（19）：83 - 86.

与先生谈到其他有关我生活与学业的问题，但令我至今难忘的是“只有读懂了杜威，西方教育思想史就通啦”。这句话使我终生受用。正可谓“约而达，微而臧，罕譬而喻”。当我告辞时，先生执意要送我下楼，我执意不肯。先生说：“我要到楼下信箱取报纸，并活动活动筋骨。”其实是先生执意要送我，而且在楼下话别后我已走出近百米远再回首时，望见先生仍然在楼门口的甬道上静静地注视着我。先生谦逊的品格和那音容笑貌仿佛就在昨天。先生之教，重学术的正本清源思想，在我日后研究教育现代化后发国家教育发展时，起到了事半功倍之效。

平易、谦逊、关爱学生，这是所有与先生打过交道的同学共同的印象。先生在与弟子交往中严谨而不失风趣。先生除了关心我们的专业学习外，还特别强调要学好“二外”，因为这是从事比较教育研究的基本功。记得我在学习第二外语时，先生问我学得怎么样？我说学习效果不好。先生问：“什么原因?”我说是自己年龄大了记忆力不好。先生拍着我的肩膀说：“你还小哇。”我恍然大悟，在先生面前我们不就是孩子吗？哪有不努力的道理。

先生百岁高龄，仍坚持学习和科研工作的精神令人感动。记得 2010 年教师节前夕，我与工作在外地的同学相约到浙江省医院探望先生。先生像久未见到自己的孩子一样异常兴奋，寒暄过后拿出他主编的收官之作——《发展中国家高等教育模式的国际移植比较研究》（浙江大学出版社 2009 年版）一书送给我们。他认真地在扉页上写上我们和各自妻子的名字，并端端正正地盖上他自己和师母赵端瑛先生的藏书章。先生“学高为师，身正为范”的崇高品格激励着后进勤勉向学，可谓“继志矣”。

在先生所带的硕士、博士研究生中，基本上都在高校、科研机构直接或间接做教育科研工作。而且，蒙先生指点诸多弟子都善于开拓新的研究领域。如果说从 1981 年先生开始带硕士研究生到 1985 年开始带博士研究生，王承绪先生所关注的研究领域主要是英美发达国家教育的话，那么，从 20 世纪 90 年代中期开始，先生像一个围棋高手一样引导弟子们关注发展中国家的教育改革与发展，其收官之作《发展中国家高等教育模式的国际移植比较研究》就是这个布局的重要研究成果之一。

斯人已逝，精神永存。先生之志，常励后辈。

# 忆王承绪先生与创业型大学研究[①]

付淑琼

## 一、王先生的创业型大学研究缘起

2006年第一次见到先生以后，我几乎每周都去见他。记得第二次去先生家时，先生就给了我一本书——《建立创业型大学：组织上转型的途径》（*Creating Entrepreneurial Universities: Organizational Pathways of Transformation*），并告诉我这本书是他在2003年翻译出版的，当时我很诧异，2003年的时候王先生已经是92岁高龄了，竟然还孜孜不倦于比较教育事业的推动与发展工作。而后在每次去医院或者家里见先生，他给我的印象几乎都定格在：戴着眼镜，拿着放大镜，在读一本英文文献，一边读一边写。先生读的这本书就是他在95岁高龄开始翻译的《大学的持续变革：创业型大学新案例和新概念》（*Sustaining Change in Universities: Continuities in Case Studies and Concepts*）的英文原著。耄耋老人依然站在国际教育研究的前沿，并致力于将国际先进的教育理念与实践引入中国，以推进我国的教育研究和教育实践工作，这让我诧异的同时，也让

① 原载《外国教育研究》2014年第4期。

我深深地折服与感动。此后，这种精神就一直伴随与激励着我，成为我学习与研究的重要动力。

回想起来，除了先生与这两本书的原作者伯顿·克拉克（Burton R. Clark）的深厚情谊以外，先生翻译与引进“创业型大学”这两本书的主要缘由可以概括为如下两点。

一是先生对比较教育研究的热忱与责任。先生一直十分关切比较教育学的发展。先生对于我国比较教育学科建设与发展的作用与贡献无须我赘言，但正是因为这份内心深处对比较教育学的热爱以及对中国教育事业发展的责任感使得他无论身体状况如何都始终牵挂比较教育的发展。所以，即便是在90多岁的高龄，他始终保持着大量的阅读和写作时间，无时无刻不在思考与牵挂学科与研究事业的发展，并能敏锐、及时地发现与引入对我国教育发展有意义和有价值的国际前沿理论，以丰富比较教育学的理论研究，拓宽教育研究的国际视野，从实践上促进我国教育事业的发展。

二是先生十分关注高等教育发展的新的理论与实践。先生敏锐地察觉到21世纪初期世界高等教育发展的本质与核心问题是大学如何创新与可持续发展，而这正是创业型大学的内涵与实质，也是我国高等教育前进与发展的关键之所在。先生的一生经历了民国时期、新中国成立时期、改革开放时期等，也经历了不同历史时期的大学，如民国时期的大学、英国的大学、新中国成立后的大学、改革开放以来的大学发展等，深深地知道大学生存与发展的根本是什么。先生曾不止一次地跟我讲：“真正的大学应该是在抓住本质问题的基础上，执着而努力地不断创新不断拓展。”后来，我多次阅读了《大学的持续变革：创业型大学新案例和新概念》和《建立创业型大学：组织上转型的途径》这两本书之后，感受到先生其实是在借这两本书表达他的大学发展之理念与思想，也是借这两本书表达了他对我国大学发展的思考与期望。

## 二、王先生的创业型大学研究历程

当初第一眼看到《建立创业型大学：组织上转型的途径》这本书时，我脑海里有个大大的问号，什么是创业型大学？然后问先生。先生让我先读书，书里面说：“创业型是许多社会系统的一个特征，即全部大学及其内部系科、科研中心、学部和学院的一个特征；所谓创业型的大学，就是大学凭它自己的力量，积极地探索在如何干好它的事业中创新；它寻求在组织特性上做出实质性的转变，以便为将来赢取更有前途的态势。”看完这个概念后其实我还是没有领会其内涵，然后请教先生。先生告诉我说，他理解的创业型大学，其实是指大学应该是一个持续不断追求创新的组织机构，这是由大学的组织特性和它的根本性质决定的。但是持续不断的创新，并不意味着没有主旨与核心，而是在围绕大学的本质属性去寻求更好地发挥大学的功能中创新。“那为什么不用创新性大学这一概念呢?”先生似乎看出了我的疑惑，笑着跟我说：“其实这个问题我也跟克拉克先生沟通过。”不得不提的是，即便是在听力不好的情况下，先生始终坚持经常给克拉克先生打电话沟通学术问题，尽管沟通过程非常费力，却要认真地搞清质疑，一边准确地用中文表达出来。先生经常跟我说，翻译别人的书与引进别人的思想时，一定要理解透作者的意思，这是对作者负责，也是对读者负责，更是对学科建设与学术研究负责。在“创新型”与“创业型”这个问题上，两位先生达成了高度的一致：“创新”有时可能意味着冒险，而“创业”则更多地指向深思熟虑之后的行动。就“创业型大学”这一新型概念的选择与翻译，先生戴着助听器多次给克拉克先生打越洋电话沟通，甚至还因为担心电话沟通效果不佳误读作者的意思，将在翻译过程中遇到的所有问题写成信件，寄给远在美国的克拉克先生，隔几个月之后，先生便会收到克拉克先生的信件，然后有针对性地调整与修改。先生的这种求真务实、不怕麻烦的精神与态度，一直在提醒与指导我后来的学术研究：比较教育研究不是简单的翻译，不是拿来主义，而应该是透彻地理解、真正地读懂、真实的需求和高度的责任感。

先生经常告诉我，之所以选择翻译和引进创业型大学，更重要的是因为他觉得中国大学的发展需要创业型大学这种精神，也需要这样一种态度的引领，其内心更多的是对中国大学和中国高等教育发展的思考与展望。因此，在翻译过程中，先生总是在不断地更新自己的知识，很怕自己跟不上最新的时代与研究脚步，从而导致做出错误的判断与结论。先生每天坚持阅读各类报纸，戴助听器看电视和听广播新闻，有时候我去先生家，先生跟我谈起时事并让我聊聊想法，而有一些事情则是我都根本不知道它发生了，我这个80后经常在这个20世纪第一个10年出生的先生面前觉得汗颜。我也经常问先生：“为什么要坚持读报纸、为什么要坚持听和看新闻?”先生说：“做比较教育研究的人怎么能不了解国际最新大事，不知道国家正在发生什么事情呢？这是做比较教育研究的基本功呀，因为所有事情的发生都会对教育产生影响，进而会直接影响我们的研究。因为比较教育研究最终是要服务于国家与民族教育的发展的。”

先生对国内外最新资讯的及时掌握与了解，其根本目的就是为了更客观更准确地理解与服务教育，而这一精神也深深地体现在了先生对“创业型大学”的翻译与引入过程中。我印象最为深刻的是2008年关于校友捐赠等的研究在国内开始热门起来，并成为学界的研究热点问题。有一次先生很高兴地对我说：“多元化的资助基地，还是十分有价值与市场的，你看校友集资现在被重视起来了，这对于大学的发展是很有价值的，说明创业型大学的精神也在慢慢地被认可与接受。”后来慢慢了解，我才知道，先生在2003年翻译《建立创业型大学：组织上转型的途径》这本书的时候，他一直在思考“创业型大学的五个核心要素——强有力的驾驭核心、拓宽的发展外围、多元化的资助基地、激活的学术心脏地带和一体化的创业文化”在中国高等教育系统的理解与接受度，甚至十分担忧这些不能被认可，担心中国的现实与西方的差距，自己的翻译工作和引荐工作没有价值和意义，无法服务于国家与民族。而且他还告诉我，在翻译这五个核心要素的时候，他一直在思考中国高等教育的现状，因为比较教育最根本的还是要服务于本民族和本国，所以一定要结合本国的实际情况，有针对性地建议并进行实际可行的思考等。而这也是他在翻译《建立创业型大学：组织上转型的途径》之后，在几乎大部分时间都住在医院的情况下，还决定继续翻译《大学的持续变革：创业型大学新案例和新概念》一书的主要原因。因为先生担心第一本关于创业型大学的译著仅介绍了英格兰的沃里克道理、荷兰的特温特反应、苏格兰的斯特拉斯克莱斯现象、瑞典的恰尔默斯冲刺、芬兰的约恩苏改革等五个案例，这些无论是在国别还是地域上、抑或是大学类型与改革路径上等，其案例都太少，代表性不够，不十分全面，进而导致理论与实践的局限性。鉴于此，先生在高龄且身体抱恙，还经历了相濡以沫70多年的师母去世的打击之后，依然坚持完成了《大学的持续变革：创业型大学新案例和新概念》这本书的翻译与出版工作，完善了创业型大学的案例与概念，使创业型大学的代表案例扩充到了14个，使之覆盖到了澳大利亚、乌干达、美国、智利等国家，其范围延伸到了非洲、拉丁美洲、大洋洲、北美洲、欧洲等，使整个创业型大学的概念与案例更加全面与完整。不过，在翻译过程中及书籍出版之后，先生还经常跟我说起：“可惜了，这么多案例，就是没有亚洲国家的，没有我们中国的，说明我国大学的国际传播与影响力还不够，做比较教育研究的人应该看到这一点，除了引入国际先进经验以外，更应该将我国大学的声音与形象宣传出去，这也是比较教育研究工作者的责任与使命所在呀。”

### 三、结语

做先生的学生已有8年，在这8年里，先生的故事很多，留给我印象深刻的事情也很多。但无论谁问到先生的故事，不管是年长我的学者，还是我的同龄人，抑或是新入教育研究领域的研究生，我不假思索、脱口而出的回答总是：“先生的那种严谨与认真，是带有时代气质的。他们那一代学者与大师的‘为人、为学、为师’的精神与态度，总是会让你深深地感动，并会受到鼓舞，催生着我这样的后生晚辈努力与奋进。”而今，先生已去，这在让我们无比怀念的同时，也给我们留下了无比珍贵的精神财富，这些精神财富值得一代又一代的学人与研究工作者传承。

# 学海勤耕百年灯
## ——王承绪先生的比较教育研究①

陈　伟

20 世纪的中国，跌宕起伏；持续不断的高速转型使中国教育学研究与中国社会、中国教育实践一样，在撕裂的阵痛与跨越式新生中趑趄前行。在这种社会环境、学术环境中，老一辈教育学家们基于教育救国的理想、响应科教兴国的号召，不惜耗尽毕生心血，书写着感人的学术传奇。这些学术传奇，唯有从近百年的学术史角度予以审视，才能真正彰显其学术价值和历史影响。出生于 1912 年、年近百岁的王承绪先生，学术生涯曲折漫长、学术传奇丰富多彩。对其每一次品味涵泳，都有新的感受、新的收获。

### 一、承前启后，薪火相传

露丝·海霍（许美德）称王承绪先生为“中国最有影响力的比较教育研究者”“比较教育的领军人物”。② 如是评价，确有其根据。贯通新中国成立前后中国比较教育研究之学术史者，仅檀仁梅（1908—1993）、王承

① 原载《教育研究》2011 年第 4 期。

② HAYHOE R. Portraits of influential Chinese educators [M]. Hong Kong: Comparative Education Research Centre, The University of Hong Kong, 2006: 43.

绪、朱勃（1919—1988）等老一辈学者。檀仁梅、朱勃两位先生学贯中西，可惜天年不假。在此背景下，20 世纪 80 年代的王承绪先生虽然已过退休年龄，但他重开中国比较教育研究之门的责任已是义不容辞。合作编写新中国成立之后第一部《比较教育》教材，是王承绪先生重开中国比较教育研究之门的标志。1978 年 6 月，教育部在武汉召开高等学校文科教学工作座谈会，制订了《高等师范院校教育系学校教育专业的教学方案（征求意见稿）》，决定开设比较教育课程、编写比较教育教材。自 1980 年起，王承绪、朱勃、顾明远等学者应邀主持编写新中国成立之后第一部《比较教育》教材，并于 1982 年作为试用教材出版。编写这部教材时，王承绪先生发挥了非常重要的作用，直接证据是王承绪先生在该教材中一直署名首位；核心证据则是这部教材在比较教育的学科定位、研究方法、基本立论以及整体框架设计等多个方面，基本借用了王承绪先生早在 1979 年发表于《杭州大学学报（社会科学版）》第 4 期的论文《从国外比较教育学科发展的现状看我国比较教育教学中的若干问题》中的观点。

这部《比较教育》教材，经多次修订再版，至今仍被广泛使用。它为何拥有如此强大的生命力？直接原因可能在于，它是新中国成立以来的第一部比较教育教材，但深层次的原因在于，这是一部经得起学术评价和时间考验的经典教材。王英杰教授在 2003 年重读该书时，从三个方面论证了它的经典性：基础性、原创性和科学性、求实和求真的学风。其中，它所彰显的学风是，以深厚理论造诣为基础，以读者为本，而不是以作者为中心、以作者的利益为驱动，深入浅出地表述理论，经得起学有所成的学者反复研读，也可供初学者潜心学习、深入钻研。据此，王英杰教授断定，“《比较教育》是一部学风严谨、文风朴实的基础之作、经典之作。我已经读过多遍，还会再读，也建议从事比较教育的青年学者们反复阅读，我相信会有所收获，会常读常新”①。凭借这部教材，王承绪与朱勃、顾明远等诸先生齐心协力，初步完成了继往且开来、学术传薪火的历史重任。

① 王英杰. 我国比较教育的一部奠基之作：评王承绪和顾明远主编的《比较教育》兼议学风问题［J］. 中国大学教学，2003（6）.

## 二、教育比较，“返本”开新

任何一门学科，都难以仅靠一部教材就实现勃兴并臻乎精深。由于历史的原因，改革开放初期中国比较教育已耽搁了30余年，与西方的差距甚大。要想对内夯实学科基础、对外全面快速地实现追赶，“返本”与“开新”同时并举的策略当属首选。“返本”，旨在探求学术之本源、本体及本真；“开新”，则是推动学术发展达到新境界。事实证明，王承绪先生此后的比较教育研究，确实体现了“返本开新”的学术发展策略。

王承绪先生在比较教育研究方面的“返本”战略依赖两大基点：一是坚持贯通外国教育史与比较教育研究，以紧扣比较教育的历史之本；二是不计名利地忘情翻译西方教育名著，以追溯比较教育理论发展之源。王先生一直强调，自己首先是一位外国教育史研究者，改革开放之后才基于时代需要重点开展比较教育研究；教育史研究是他建构学术大厦的基石。观今宜鉴古，无古不成今。比较教育研究，就是教育史向现代的延伸，不深入了解教育史，就无法开展高水平的比较教育研究。王先生多次如是强调他的教育史观：就中国而言，不可忽视、难以回避的是“孔子—董仲舒—朱熹—蔡元培”等发展节点的历史演绎；就西方而言，需要关注的则是“柏拉图（以《理想国》为载体）—卢梭（以《爱弥尔》为载体）—杜威”等关键性节点构成的三点一线。王先生翻译西方教育名著、追溯比较教育理论发展之源的工作，最早开始于新中国成立之前，即借参加联合国教科文组织成立大会之机翻译了该组织编写的首部著作《基本教育》（商务印书馆1947年、1948年出版）。新中国成立之后，研究环境发生变化，比较教育研究被迫中断，王先生转而从事西方教育名著的编译工作。迨至改革开放，为了向外借鉴，也为了重新融入国际学术界，王先生更加积极地从事学术翻译工作，并一直持续到21世纪初——2008年人民教育出版社出版其收官译作《大学的持续变革：创业型大学新案例和新概念》。1947年以来的60年间，王承绪先生共独立和主持翻译西方学术名著26部。

王承绪先生“返本”战略的集大成性成果，则是《比较教育学史》（人民教育出版社1999年版）。这是一部比较教育学术史著作。它以全球性视界，紧扣各个时期的重要人物和主要学术流派，要言不烦地廓清了比较教育诸家学说的发展历史，为后辈学习、研究比较教育思想史提供了按图索骥的便利，赢得了顾明远先生“历史钩沉向未来”的评价。[①] 没有百年生活史、没有近80年的学术研究史，根本不可能如此简明扼要地梳理出如是丰富深刻的比较教育学说史。

学术研究，返本是基础，开新乃鹄的。王承绪先生在比较教育研究领域的“开新”性成果，有具体的学术著作，更有由他首倡和具体推动发展的新兴学科分支。就学术著作而言，其中规模最巨、影响力最大者，当数他在20世纪90年代与张瑞璠先生共同主编并广邀国内学术精英集体编写的三卷本著作——《中外教育比较史纲》（山东教育出版社1997年版）。在王承绪先生等编写者看来，该著作通过宽视域、多学科的中外教育比较研究，开创性地“熔比较教育、中外教育史及文化科技交流史于一炉，这在教育科学研究中尚无先例”[②]。露丝·海霍认为，这套著作是王承绪先生最为重要的学术成就，实质性地开展了深层次的教育比较研究。“长期以来，比较教育意味着外国教育调查和一般的观察，目的在于促进本国教育的改革，因此并没有真正的比较。王先生这一生最大的学术成就在于探索和理解了中国教育史和欧洲教育史之间能导致持久而有效变革的深层次联系。”更为重要的是，它突破了西方中心主义的研究局限，真正开展了以中国为基点的、本土化的比较教育研究。这部巨著“以自己的方式对中国在世界教育思想史中的重要性展开了充分的论证，即把当代以及新近出现的教育问题与困境放在漫长的历史演变中加以考察。在过去的一个世纪里，中国从外国接收和引进了很多进步的教育思想，但这些思想必须联系中国自己丰富的教育思想和实践遗产来理解。随着我们进入21世纪，且在中国越来越被指望在全球社会发挥领导作用的时刻，对中国文化教育遗产的理解将根基于中国思想和西方思想的综合。王承绪先生的学术领导作用已为这种理解与交流奠定了基础”。这项学术成就充分体现了王承绪先生“在中国和英语世界之间架设桥梁的一生”的独特价值，[③] 顾明远先生

① 顾明远. 历史钩沉向未来：介绍王承绪先生主编的《比较教育学史》[J]. 比较教育研究，1998（4）.

② 张瑞璠，王承绪. 中外教育比较史纲［M］. 济南：山东教育出版社，1997：前言.

③ HAYHOE R. Portraits of influential Chinese educators［M］. Hong Kong：Comparative Education Research Centre，The University of Hong Kong，2006：75.

称之为“集中外智慧，探育人真谛”①。

在学科发展领域，王承绪先生最大的“开新”性成果就是在国内首倡并身体力行地建设比较高等教育分支学科。1982 年原杭州大学高等教育研究室成立时，王先生开设了比较高等教育课程，撰写了讲稿《比较高等教育引论》。② 值得注意的是，当时阿特巴赫《比较高等教育》等著作尚未被翻译引进，而在该讲稿中，王先生正式使用了“比较高等教育”一词，这在国内尚属首次。从 1987 年起，王先生主编的“外国高等教育丛书”相继问世，《学术权力——七国高等教育管理体制比较》《高等教育新论——多学科的研究》《高等教育哲学》《高等教育系统——学术组织的跨国研究》等译著，影响深远。杨汉清等教授认为，“这些成果将对我国比较高等教育作为一门分支学科的形成起到十分重要的作用”③。1999 年开始，通过校译原译著和增补新译著，王先生在浙江教育出版社推出了“汉译世界高等教育名著丛书”，进一步推进了中国特色的比较高等教育学科的发展。

## 三、弘扬实学，明体达用

王承绪先生的学问，在“返本开新”之际，继承和光大了旨在“明体达用”的传统“实学”精神。宋明以来，知识分子的重大进步之一就是对“实学”精神的自觉践行。二程（程颢、程颐）曾言：“经所以载道也，器所以适用也。学经而不知道，治器而不适用，奚益哉？”④ “实学”追求“道”与“器”“体”与“用”“知道”与“适用”的统一。“知道”旨在“明体”，“适用”意即“达用”。与“实学”传统一脉相承，王承绪先生的比较教育研究特别强调三大功用：学术、借鉴及咨政。⑤ 其中学术目的旨在“明体”，借鉴与咨政则是“达用”。王先生曾担任浙江师范学院教育系主任、副教务长、浙江省政协副主席等职，为发挥比较教

---

① 顾明远．集中外智慧，探育人真谛：评《中外教育比较史纲》［J］．中国图书评论，1999（4）．

② 王承绪．比较高等教育引论［J］．外国教育，1983（6）．

③ 杨汉清，韩骅．比较高等教育概论［M］．北京：人民教育出版社，1997：5．

④ 儒家经典编委会．儒家经典［M］．北京：团结出版社，1997：1608．

⑤ 徐辉．士志于道，不舍昼夜：回忆王承绪先生关于比较教育研究几个重要问题的看法［J］．比较教育研究，2010（9）．

育的借鉴、咨政功用做出了多方面努力。但作为一个书斋型学者，他的比较教育研究重点彰显了“实体”“实用”两个方面的学术。

首先，王承绪先生“返本开新”式的“实学”成就，为中国比较教育、比较高等教育研究奠定了必要的知识基础。他翻译出版的26部著作，至今已有10部被多次再版。在《高等教育研究》杂志1998—2007年间的论文被引文献排名前24位的著作中，王先生的3本译著《高等教育哲学》《高等教育系统——学术组织的跨国研究》《高等教育新论——多学科的研究》分别名列第一位、第二位、第十一位。① 龚放教授以CSSCI期刊2000—2004年间教育研究论文为分析对象，在被引最多的30本译著中，王承绪先生有5本译著入围。龚放教授在当时甚至预言，“下一个五年如果再作CSSCI数据统计分析，一定会有更多的王老及其学生的译著进入被引最多的译著行列。”“时隔两年，在2005—2006年教育学论文引用最多的53本外国著作中，王老及其弟子翻译的外国高等教育名著果然有11本入围，如果加上先生所译杜威的经典名著《民主主义与教育》，就有12本，占入围总数的26.42%。在被引最多的前八名中竟有一半，在被引最多的前五名中居然有三种！”② 王先生通过名著翻译为中国教育研究界所奠定的知识基础，不仅为培养教育研究者所必需，而且更应看到，“学术翻译方面的扎实工作，有效地提供了来自国际社会的一系列理念和观点，并对20世纪八九十年代高等教育和其他领域的改革产生了积极影响”③。

其次，“返本开新”式的“实学”成就，为中国比较教育研究奠定了方法论基础。1978年以来，王承绪先生持续探索比较教育研究方法，构建了涵括哲学层面的研究方法论、中层的学科研究方法、具体的研究方式和操作技术在内的完整方法论体系。④ 就哲学层面的比较教育研究方法论而言，王先生认为，应以辩证唯物主义和历史唯物主义为基础，以联系的、发展的观点来研究问题，从内在的本质来分析问题，用实践的标准来

① 易高峰，等.《高等教育研究》研究热点及其知识基础图谱分析［J］. 高等教育研究，2009（10）.

② 龚放. 中国教育研究领域学者、论著影响力报告：基于2005—2006年CSSCI的统计分析［J］. 复旦教育论坛，2009（2）.

③ HAYHOE R. Portraits of influential Chinese educators［M］. Hong Kong: Comparative Education Research Centre, The University of Hong Kong, 2006: 72-73.

④ 陈伟. 论王承绪的比较教育研究方法［J］. 比较教育研究，2010（9）.

检验理论。就中层的学科研究方法而言，王先生以比较高等教育研究为突破口，在国内率先倡导借鉴社会科学研究方法，从比较的角度开展高等教育的多学科研究。1988 年，王先生翻译出版了伯顿·克拉克主编的 *Perspectives on Higher Education*（中译名为《高等教育新论》），展示了西方学者从历史学、政治学、经济学、组织学、社会学、文化学、科学学、政策学等八个学科视角研究高等教育的学术成就。此书翻译出版之后，在国内掀起了高等教育多学科研究的热潮，出版了潘懋元的《多学科观点的高等教育研究》（上海教育出版社 2001 年版）、徐小洲的《高等教育论：跨学科的观点》（人民教育出版社 2003 年版）等多部富有影响力和代表性的著作。就比较教育具体的研究方式和操作技术而言，王承绪与张瑞璠等学者针对比较教育研究中难以处理的古今（时间维度）、中外（空间维度）、史论（思想维度）关系，提出了如下观点：立足中国、放眼世界；以史为经，以问题为纬；纵横比较，横向为主；有所侧重，不求全备。王先生这套比较教育研究方法体系，至今已成了中国比较教育研究界的基本常识，后辈学人大多从其学说、习其观点、受其教育，即便有学者持不同立场，但谁也无法漠视、回避其思想影响。

## 四、修德内圣、物我两忘

在此前 100 年的生活、80 余载的学术生涯中，王承绪先生以恭敬虔诚、竭尽心力的态度，鞠躬尽瘁地为中国学术界、教育学界贡献自己的才智，并展现、诠释了诸多难能可贵的学术精神。在中国教育学界，王承绪先生已不是单纯作为一个学者被尊敬，他已成为一个神话、一段传奇、一位偶像、一大象征，并已升华为一系列学术精神的标志。也许王先生的学术观点会被后辈发展甚至超越，但他的学术精神，是令后辈高山仰止的永恒财富。

王承绪先生非常重视品行砥砺和德性修养，并且所修者乃大德；而德之大者，莫若于爱国救国、报效祖国献身民族。王先生出生之时，恰逢民国初立，外患未除且内乱频繁，军阀混战、国难当头，各种救国思想层出不穷。受此熏陶，早在浙江大学求学之时，王先生就作为杭州学生运动组织者，于 1935 年最早响应“一二·九”运动。独特的成长经历，使王先生逐渐坚定了爱国、救国、强国的梦想，树立了救国必由教育、中国教育亟须改革与追赶、改革与追赶的捷径在于比较和借鉴的学术信念。

遗憾的是，抱定救国理想的王承绪先生，1947 年应浙江大学校长竺可桢之邀回国后，未能躲过“反右”“文革”的风暴。“文革”期间，王先生家中所有珍贵的图书资料全被搬走，堆放到办公楼的楼梯间下。对于这些遭遇，包括当年参加“一二·九”运动，王先生极少提及。经历了中华民族最曲折跌宕的 20 世纪的王承绪先生，改革开放以来把自己满腔爱国、救国、强国的热血，与时俱进地从教育救国转换到科教兴国上来，在 70 岁高龄焕发出学术生命的“第二春”。这一切，深刻地体现了知识分子的真精神。

面对日渐浮躁、功利的学风，王英杰教授发出了这样的感叹：“当我再次阅读王承绪先生和顾明远先生主编的《比较教育》一书时，紧缩的心逐渐舒展开来，它像一股清风抚平躁动的心，它像一剂良药摆在我们比较教育后来者的面前。”① 在学术功利主义渐见抬头的背景下，王承绪先生思考的是什么？在 2006 年教育学会比较教育分会第 13 届年会上的录像讲话中，王先生重提他在改革开放初期中国刚刚迎来“科学的春天”时的一句话：“真想做到有三头六臂，把过去失去的时光补回来。”② 这其实是一位挚爱学术但其学术工作因时代的误会而被耽搁 30 余年的学者的心声。早在 1979 年探索恢复比较教育学科时，王先生曾特意引用了美国学者诺亚用于形容国外比较教育学发展甚速的故事：偷喝怪人杜松子酒者一觉睡了 20 年，出发时他是英王乔治的臣民，归来时已是合众国的自由公民。③ 观棋烂柯，光阴荏苒；只争朝夕，忘却“今夕是何年”！撰写这篇论文时，王先生已年近 70，但字里行间不但毫无“夕阳无限好，只是近黄昏”的自怜，反而表现出“以学术为业”的忘我精神和无我境界！“忘我”是基础，在“忘我”中升华到“无我”的高度，才是王先生学术生涯的真精神。“无我”则无欲无求、超然物外，进而臻乎“物我两忘”的大欢喜境界。这既是一种学术境界，更是常人难以修炼的人生境界。这样的学术、人生境界，根基于王先生的终生修养。幼时接受国学熏陶，留学英伦时获

---

① 王英杰. 我国比较教育的一部奠基之作：评王承绪和顾明远主编的《比较教育》兼议学风问题 [J]. 中国大学教学，2003 (6).

② 哲达. 学界前辈殷切期望：王承绪教授寄语比较教育分会第 13 届年会 [J]. 全球教育展望，2007 (1).

③ 王承绪. 从国外比较教育学科发展的现状看我国比较教育教学中的若干问题 [J]. 杭州大学学报 (哲学社会科学版)，1979 (4).

得英国绅士教养，使王先生能将中国儒家文明的精髓与英国博雅教育的神韵集于一身，从而使他做学问与做人皆臻一流境界。这种境界，有如王维的绝句《鸟鸣涧》：“人闲桂花落，夜静春山空；月出惊飞鸟，时鸣深涧中。”清新隽永、沁人心脾，幽香淡淡却能恒久传承。此种境界，有余立先生诗作《晤王承绪教授》为证：

“一见倾心十载从，中西学贯说元龙；精神矍铄今犹昨，笑语温良我愧公；晚岁依然多述作，华年早已决雌雄；相期去国开新域，促膝燕京话别衷。”①

“中西学贯”“笑语温良”，诚哉斯言！

① 余立．从心诗词集［M］．上海：华东师范大学出版社，2000：113.

# 我国比较教育研究的奠基者
## ——记王承绪先生的学术生涯①

陈 伟 郑 文

王承绪先生，1912 年 6 月出生于江苏江阴。如果自 1928 年在无锡中学师范科学习时发表学术论文开始计算，到 2009 年主编出版《发展中国家高等教育模式国际移植比较研究》②，王先生从事教育研究已超过 80 载。因此，回顾王先生的学术历程，梳理其主要思想和学术精神，具有重要的学术史价值。

### 偶然中的必然：王先生结缘教育研究的原因

耕读传家的地域文化和家庭氛围对王承绪先生的人生选择影响深远。王承绪先生出生于江苏江阴三甲里镇（现张家港市南沙镇）。此地隶属吴文化，尚文重教、耕读传家是其重要特色。在此地域文化的熏陶下，王氏家族的“书香门第”特征明显：祖父参加过科举考试，伯父当过教师，父亲曾进私塾接受传统教

---

① 原载《教育发展研究》2010 年第 Z1 期。

② 王承绪. 发展中国家高等教育模式国际移植比较研究［M］. 杭州：浙江大学出版社，2009.

育，母亲亦识字知书。对此，加拿大学者许美德教授写道："王承绪先生称他的家庭是一个'教育世家'，他的父母非常重视子女的教育，他的伯父也是教师。他自豪地说，1928 年出生的弟弟在新中国成立前夕入读浙江大学，毕业之后去了东北，在吉林农科院工作，专门研究病虫害，多次获奖。另一个 1930 年出生的弟弟，是一位小学教师。"① 20 世纪初，江苏成了中国新教育改革的中心，受各种进步的教育改革运动的影响，王承绪先生 6 岁入私塾，熟读"四书"；7 岁入新式小学，后远赴杨舍（现张家港）一座实施初小 4 年、高小 3 年学制的梁丰小学，插班进入高小二年级继续学习。

相对清贫的家境影响着王承绪先生的人生选择。并不宽裕的家境，不但不能支持王承绪先生自由选择那些学费昂贵但"钱途"或仕途宽广的学科，甚至家庭希望身为长子的王承绪先生去开布店的亲戚家工作。希望继续求学的王承绪先生，在缺乏家庭经济支持的情况下，不得不选择了师范科，因为当时政府承诺大力发展小学教育，师范学校推出了免费教育政策，且毕业之后还有获得小学教职的就业保障。

王承绪先生的人生追求和价值信仰，是在求学的过程中逐渐形成的。在此过程中，许多学贯中西、德艺双馨且以教育为己任的老师，给予了他深远的影响。其中的佼佼者有：梁丰中学一位毕业于上海圣约翰大学的英语老师；无锡中学师范科的教师，如中央大学毕业的吴伯昂、南京高等师范学校毕业的张仲友等，这两位教师在杜威访问南京高师时分别担任翻译和整理杜威演讲的工作。在晚年回忆自己的成长经历和学术生涯时，王承绪先生喜欢讲述不同时期老师的学识特长和成就，详细介绍他们的学术渊源，还会不时地插入一些师生之间的交往逸事。

## 技进乎艺：王先生献身教育研究的学术历程

王承绪先生八十余载历尽坎坷却坚持不懈的学术研究，历经了五个阶段的积累与升华，学术研究逐渐达到"技进乎艺"的境界，即便在日常言谈中亦能折射出非凡的学术理性和人生智慧。

---

① HAYHOE R. Portraits of influential Chinese educators [M]. Hong Kong: Comparative Education Research Centre, The University of Hong Kong, 2006: 55.

（一）教育研究的奠基（1928—1938）

王承绪先生出生之时，恰逢民国初立、军阀混战，传统教育渐被抛弃，新式教育逐渐兴起，教育改革风起云涌。王先生启蒙于家塾，后就读于殷念乔借慧宁庵毁家办学的小学。1928 年初中毕业，报考并就读于无锡中学师范科，发表《青年苦闷的分析及其补救》等论文,[①] 后以第一名的成绩毕业；在无锡师范附小工作一年后被保送至南京中央大学，但因学潮冲击、学校当年停招而未能成行。幸运的是，借吴伯昂的推荐转学借读于由郑晓沧担任系主任的浙江大学文理学院教育系，师从孟宪承（教育哲学）、俞子夷（小学教育）、庄泽宣（比较教育）等教育名家。当时，浙江大学教育系购置了伦敦大学的《教育年鉴》、哥伦比亚大学的《国际教育年鉴》及瑞士日内瓦国际教育研究所的《教育年鉴》。凭借这些资料，王承绪先生积极从事教育研究，并在大学一年级撰写了论文《意大利的新教育》，发表在《江苏教育》1933 年第 9 号。此后，又陆续在《教育杂志》《中华教育界》等杂志发表十几篇介绍各国教育状况的论文；还为俞子夷主编的《小学教师》撰稿，为一家日报主编《教育园地》副刊。良好的教育环境、紧张的学习生活、丰富的社会实践，使王承绪先生的思想日渐成熟。王承绪先生回忆道："在学习费希特对德国民族的演讲一书时，曾深刻体认了德国民族遭受外敌侵凌而发愤图强，保卫德意志民族文化的光辉业绩；在学习意大利哲学家香悌尔有关教育改革的号召时，深刻体认了意大利民族长期遭受奥地利的欺侮和屈辱而奋发图强，保卫意大利民族文化的崇高精神。"[②] "当时在浙大学习时毕业论文就以'民族性与教育''自然环境与教育'等为题。"[③]

由于有了这些积累，当以反对日寇侵略为目标的"一二·九"运动爆发时，王承绪先生在杭州组织学生予以响应。当时浙江大学校长郭任远阻挠学生运动，引来军警镇压学生，于是学生罢课 4 个月，最终郭任远只得辞职。"一二·九"运动背景下的"驱郭运动"，对于浙江大学而言，在

---

① 王承绪．青年苦闷的分析及其补救［J］．中学生文艺，1930（1）．

② 王承绪，赵端瑛．忆恩师孟宪承先生［C］//俞立中．师范之师：怀念孟宪承．上海：华东师范大学出版社，2007：3．

③ 汪利兵．比较教育的世纪回顾：我国著名比较教育学家王承绪教授访谈录［J］．全球教育展望，1996（5）：1－4．

保持学术卓越的同时进而积淀了精神勇敢、爱国救国的传统；对于王承绪先生而言，则进一步坚定了他救国必由教育、中国教育亟须改革与追赶、改革与追赶的捷径在于比较和借鉴的信念，比较教育研究逐渐成为他的人生志向。

（二）教育研究的初步积累（1938—1944）

从浙江大学毕业之后，王承绪先生在1938年的庚款留英考试中获得了唯一的教育学名额。著名教育家孟宪承亲至王承绪先生的上海住所道喜，远在江西办学的郑晓沧先生亦写了贺诗。

留学英伦期间，恰由著名教育学家沛西·能担任伦敦大学教育学院院长。其时适逢第二次世界大战，王承绪先生随学校避难乡下，但仍坚持学习外语。王承绪先生曾回忆道："回忆我在浙大求学时，第二外语选了日语，但没有学好。毕业后留校工作，感到了外语对研究比较教育的重要性。工作之余，旁听了法语和德语。到英国后，利用晚上时间继续在大学附近的一所夜校进修法语和德语。40年之后，我曾在诺丁汉大学学院学习俄语，获得过英国皇家艺术协会的证书。除认真参加学校的教育实习外，还创造机会到各地学校访问，既加深了对英国教育的了解，又使自己的英语水平得到了提高。现在回忆起来，收获很大。"[①] 1942年，伦敦大学教育学院回迁伦敦。王承绪先生虽回国效力心切，但因抗日战争未结束归国无期而注册攻读博士学位，师从伦敦大学教育学院新任院长、英国教育研究界权威克拉克爵士。这是王承绪先生积累和提升教育研究素养的关键时期。

（三）教育研究的第一次高峰（1944—1947）

抗日战争后期，被迫滞留英国的王承绪先生得到商务印书馆经理王云五的资助，与其他留英同仁在1944年11月至1947年1月间，借鉴爱国刊物《东方杂志》的体例，编辑出版20期《东方副刊》，刊发论文280余篇。王承绪先生一直担任此刊的总干事，还独立发表论文27篇。在此27篇论文中，教育类论文17篇（分期连载1篇），国际政治类论文11篇（其中国际组织研究论文3篇；国际教育合作研究论文2篇，与教育类文章的统计重合）；论文涉及初等教育、中等教育、高等教育，涵盖教育哲

---

① 汪利兵．比较教育的世纪回顾：我国著名比较教育学家王承绪教授访谈录［J］．全球教育展望，1996（5）：1－4．

学、教育思想、教育体制、学校管理、课程改革等，探讨了英国、美国、西班牙、波兰、法国、瑞典等国教育问题。这是青年时代的王承绪先生教育研究成果的第一次井喷。

编辑出版《东方副刊》的显赫成就，为王承绪先生创造了两大发展机会：一是得到时任浙江大学校长竺可桢及教育系郑晓沧教授的赏识，应邀回国担任浙江大学教授，这在当时属难得一见的破格任用；二是借助与伦敦大学教授、联合国教科文组织的重要发起人劳瑞思的联系，参与了联合国教科文组织成立之前的筹备工作，并于1946年作为中国代表团的秘书参加联合国教科文组织的成立大会。王承绪先生在会前翻译了教科文组织的第一套著作《基本教育》（由商务印书馆于1947年及1948年分上、下两册出版），会后撰写了《联合国教育科学文化组织会议的经过和观感》，以论文的形式于1947年1月5日发表于《大公报》。从此，王承绪先生与联合国教科文组织建立起了长达半个多世纪的联系。

（四）教育研究的再次积累（1948—1978）

1947年，应时任浙江大学校长竺可桢先生的邀请，王承绪先生在浙江大学开设了“比较教育”“外国教育论著选”等课程。在此期间，花费了不少精力学习、研究、宣传苏联教育学；亦曾在1952—1958年间担任新成立的浙江师范学院教育系主任、副教务长。1951年加入中国民主同盟，1956年任民盟浙江省委第一届委员会委员兼文教委副主任。相对广泛的社会活动进一步强化了王承绪先生献身教育的信仰。尽管1958—1978年间的各种政治运动打破了大学的宁静，也影响到王承绪先生，但这些并没有动摇他的研究志向。借1964年中共中央国际问题研究指导小组和国务院外事办公室批准高等教育部《关于高等学校建立研究外国问题机构的报告》的机会，原杭州大学成立了以郑晓沧教授为主任的外国资料编译组。作为编译组成员之一，王承绪先生参与了《西方资产阶级教育论著选》、《西方古代教育论著选》和《现代西方资产阶级教育流派论著选》（该书2001年再版时改名为《西方现代教育论著选》）的编译工作，还与赵端瑛、赵祥麟等人合作翻译了《杜威教育论著选》《杜威学校》等。在政治动荡的艰苦岁月里，王承绪先生以翻译外国教育名著的方式，使自己的教育研究达到了新的高度，也为比较教育、外国教育的基本资料建设做出了突出贡献。

（五）教育研究的第二次高峰（1978 年以来）

改革开放之后，王承绪先生的教育研究焕发了新的生机与活力。他说："1979 年在北京参加首届全国教育科学规划会议时，我曾说过，真想做到有三头六臂，把过去失去的时光补回来啊！"① 王承绪先生长期担任了中国教育学会外国教育研究会（1979 年成立，1983 年改名为比较教育研究会）会长，1984 年王承绪亲自召集和组织学界同仁在杭州大学举行全国比较教育学科建设讨论会，1982 年开始招收比较教育硕士研究生，1984 年招收比较教育博士生，并持续至今。为了解决教材问题，王先生与顾明远、朱勃等教授共同主持编写了新中国成立以来第一部比较教育学教科书《比较教育》（人民教育出版社，1982 年出版）。在学术研究方面，连续承担了全国教育科学"六五"到"十五"规划课题"战后英国教育研究""各国高等教育比较研究""英法德苏高等教育思想与制度比较研究""发达国家高等教育政策比较研究""英国教育现代化研究"等。

为了满足比较高等教育学科建设及研究生培养的需要，自 20 世纪 80 年代开始，王承绪先生组织翻译了约翰 · S. 布鲁贝克的《高等教育哲学》、伯顿 · 克拉克的《高等教育新论——多学科的研究》和《高等教育系统——学术组织的跨国研究》、约翰 · 范德格拉夫的《学术权力——七国高等教育管理体制比较》等外国学术名著。1999 年起，通过校译原译著和增补新译著，在浙江教育出版社推出一套"汉译世界高等教育名著丛书"，为方兴未艾的中国比较教育、高等教育的学科建设及其快速发展的研究生教育提供了必不可少的参考资料。

为了深入比较研究中外教育，王承绪先生组织撰写了《中外教育比较史纲》，并于 1997 年由山东教育出版社出版。许美德教授对这套书的评价非常高。她指出，"如果非要指出王承绪先生的最高学术成就，我想就是王和张瑞璠合作主编的三卷本《中外教育比较史纲》。这套著作把比较教育引入世界教育史，而且这部著作的目的在于'立足中国，放眼世界'……王这一生最大的学术成就就是去理解中国教育史和欧洲教育史之间的深层次联系，这种深层次联系能导致持久的和有效的改革。""虽然学界早已开始探讨 19 世纪后期和 20 世纪欧洲对中国教育思想的巨大影响，

① 哲达. 学界前辈殷切期望：王承绪教授寄语比较教育分会第 13 届年会［J］. 全球教育展望，2007：1.

但这部巨著却以自己的方式对中国的重要性展开了充分的论证，其方式乃是把当代以及新近出现的教育问题与困境放在漫长的历史演变中加以考察。在过去的一个世纪里，中国从外国接受和吸收了很多进步的教育思想，但这些思想必须联系中国自己丰富的教育思想和实践遗产来理解。随着我们进入21世纪，且在中国越来越被指望在全球社会发挥领导作用的时刻，对中国文化教育遗产的理解将深化为中国思想和西方思想的综合。王承绪先生的学术领导作用已为这种理解与交流奠定了基础。”[①] 对于这一鸿篇巨制，顾明远先生给出了“集中外智慧，探育人真谛”的评语。[②]

借助历史的视角，王承绪先生立足于世界比较教育学说发展史的宏大背景，提纲挈领但又具体而微地梳理了比较教育学的发展史，出版了《比较教育学史》。[③] 这部著作以开阔的全球性视界，廓清了比较教育诸家学说的发展历史，重点概括了当代比较教育的发展状况，紧扣各个时期的重要人物和主要学术流派，建构起比较教育学说发展史的历史框架，赢得了顾明远先生“历史钩沉向未来”的赞誉。[④] 凭借这些不可替代的学术成果，王承绪先生迎来了他从事教育研究的第二个学术高峰。

毕生献身于教育研究的王承绪先生，在晚年得到了世界的认可。1993年，王承绪先生获得伦敦大学教育学院在其近200年发展史中的首批“荣誉院士”称号，且此次享受此殊荣者仅三人；2003年，获得联合国教科文组织亚太地区教育局首次颁发的“亚太地区教育革新终身成就奖”。对于荣誉，王承绪先生淡然处之，并一再强调，这是组织培养的结果，是对集体成就的肯定。但评论者认为：“此次授予‘终身成就奖’当之无愧，且这‘终身’更是与众不同，用英语的‘终身’（life）一词的含义进一步表达，则是much longer life for education。”[⑤]

---

① HAYHOE R. Portraits of influential Chinese educators [M]. Hong Kong: Comparative Education Research Centre, The University of Hong Kong, 2006: 75.

② 顾明远. 集中外智慧，探育人真谛：评《中外教育比较史纲》[J]. 中国图书评论，1999 (4).

③ 王承绪. 比较教育学史 [M]. 北京：人民教育出版社，1999.

④ 顾明远. 历史钩沉向未来：介绍王承绪先生主编的《比较教育学史》[J]. 比较教育研究，1998 (4).

⑤ 潘发勤. 老先生的精神，后辈们的榜样：记比较教育名师王承绪先生 [J]. 教育家. 2004 (1): 9-10.

# 以学术为业：王先生学术生涯的精神特征

在西方学者看来，作为学者灵魂的“以学术为业”精神，强调把学术当作自己的天职和使命，而不仅仅是谋生甚至敛财、发迹的手段；[①] 他们重在谋道。马克斯·韦伯“以学术为业”的观点，在费希特关于“学者的使命”的理念中得到较为详尽的阐释。费希特认为，“学者的主要使命是为社会服务，因为他是学者，所以他比任何一个阶层都更能真正通过社会而存在，为社会而存在。因此，学者特别担负着这样一个职责：优先地、充分地发展他本身的社会才能、敏感性和传授技能。”“就学者的使命来说，学者就是人类的教师。”“学者就是人类的教养员。”[②]

以学术为业、以教养人为己任的精神，非常深刻地体现在王承绪先生的学术生涯中，并且还具备浓厚的中国特色。发蒙于传统私塾、成长于西式学堂、成才于英式大学的王承绪先生，把中国传统儒家文明的精髓与英国博雅教育的神韵集于一身。因此，中国读书人灵魂深处“义与天下共安危”的大志向，“身无半文心忧天下，读书万卷神交古人”的奋斗精神、“为天地立心，为生民立命，为往圣继绝学，为万世开太平”的人生理想，再整合西式的“以学术为业”，培养“绅士”型社会精英的学者使命和学术精神，共同构成了王承绪先生的精神世界和价值基准，具体表现在王承绪先生藉（借）教育实践、教育研究而爱国、救国、强国的梦想之中，并且这种爱国、救国、强国梦想，在20世纪因时而变、与时俱进，历经从教育救国到科教兴国、教育强国的转变，充分彰显了中华民族难能可贵的知识分子精神，很好地践行了浙大老校长竺可桢的理念——“教授是大学的灵魂，一个大学的学风优劣，全视教授人选为转移。假使大学里有许多教授，以研究学问为毕生事业，以作育后进为无上职责，自然会养成良好的学风，不断地培植出来博学敦行的学者。”[③]

作为一个典型的知识分子、纯粹的教师，王承绪先生极能隐忍、极肯

---

① 韦伯. 学术与政治［M］. 北京：生活·读书·新知三联书店，1998：17－53.

② 费希特. 论学者的使命·人的使命［M］. 梁志学，沈真，译. 北京：商务印书馆. 1984.

③ 竺可桢. 大学教育之主要方针［N］. 浙大日刊，1936－04－25.

坚持，且为人乐观、乐于奉献。由于隐忍坚持，再加上天资聪颖，故总能表现优秀、脱颖而出。1929 年暑假，上海商务印书馆举办了一个四角号码检字法培训班。附近各学校推荐学员参加，王承绪先生亦在其中。培训结业时，王承绪先生成绩名列第一，并留在东方图书馆协助编辑四角号码辞典，得到了四角号码检字法的发明人、商务印书馆后来的经理王云五的接见。王承绪先生与王云五的此次交往，为抗日战争后期双方在英伦合作编辑出版《东方副刊》奠定了基础。隐忍坚持、乐于奉献的性格特征，不但使王承绪先生不断扩大他的交往圈子，而且使他能够与同仁相互呼应，共同坚守知识分子的精神。而乐观的人生态度，却使得原本苦涩的坚守变得如此生动有趣。王承绪先生 97 岁时曾自我总结道："我处事比较乐观，对事业无比爱好，对前途充满信心，学习奉献，老而弥坚，一息尚存，此志不渝。"①

百年风云，尽显沧海桑田本色；百岁高寿，全为教书育人、教育研究。青少年时代的意气风发、救亡图强，虽然困苦但总能扬眉吐气；中年归国之后，尽管因"左"倾错误的干扰而历经波折，但忍辱负重、永不言弃的性格，促使王承绪先生转而从事教育名著的翻译工作。青少年时代的奋斗之艰辛、中年归国之后的生活之曲折，再加上晚年坚持从事学术研究的收获之甜蜜，构成了王承绪先生的三段人生轨迹，使王先生的学术生涯呈现出"哑铃型"特征。这段人生轨迹、这种"哑铃型"学术生涯，深刻地彰显了王承绪先生的人生志趣和人格精神。

① 汪利兵. 比较教育的世纪回顾：我国著名比较教育学家王承绪教授访谈录［J］. 全球教育展望，1996（5）：1－4.

# 论王承绪的比较教育研究方法[①]

陈 伟

## 一、方法致胜：研究方法的学术价值

人类的认识已经进入了一个“方法致胜”的时代，学术研究，尤其离不开方法。正确的方法，不但能更好地训练思维、培养人才，而且还有助于防止迷失研究方向、提高学术研究效率，使研究者更易于接近真理、揭示真相。学术越发展，有关学术研究方法的探索也就越精细、越深入、越体系化。开展比较教育研究，同样需要合用的研究方法。研究方法不恰切、不科学，则会在处理教育的古今中外关系方面，造成失误、陷入误区。

首先是处理古今关系方面的误区。王承绪发现，改革开放以来，虽然开始有组织地开展比较教育研究，但过多侧重于当代教育，较少进入教育史领域，有关中外教育史的系统比较更是空白。为什么需要系统比较中外教育史？王承绪认为，“每个国家的教育都有自己的历史和传统，不是简单地参观一下就能学到的，一定要了解到其制度层面。……我们的比较教育不是学一点做法，而是要知

① 原载《比较教育研究》2010 年第 9 期。

道他们为什么这么做，究竟是怎样做的，不是到哈佛或到牛津把他们的教材搬过来就可以解决问题的，所以需要专门的比较研究，需要了解他们的历史。”① 以雄厚的历史研究为根基，深入比较国内外教育发展的历史与文化根源，才是彰显比较教育研究的深刻性和不可替代性的关键。述今宜鉴古，无古不成今。从事比较教育研究，要防止因追求短平快而重今废古甚至美今弃古，当然，也要防止因过于怀旧而厚古薄今。

其次是处理中外关系（人己关系）方面的误区。虽然有些研究者会从教育史的角度开展比较研究，但错误的方法论、成问题的价值立场，同样可能导致他们走入歧途。清末黄绍箕发端、柳诒徵完成、在1925—1927年间出版的《中国教育史》② 颇具首创意义，但这部著作“融会东西圣哲之名言，标举吾国教授之良法”的旨意，使某些研究结论不免因以自我为中心而略显牵强。更可惜的是，黄柳之后，无继踵之人。造成这种困境的原因有很多，直接原因是对本国教育传统敝帚自珍甚至过度美化，根本原因则是缺乏科学的历史观，缺乏获得科学历史观的合理的比较研究方法。与厚己薄人、美己弃人相对应的不良倾向则是全盘否定本土传统，崇洋媚外。

1912年出生的王承绪，自1928年在无锡师范学习时就开始发表学术论文；1932年进入浙江大学借读，开始从事比较教育研究，研读伦敦大学的《教育年鉴》、哥伦比亚大学的《国际教育年鉴》及瑞士日内瓦国际教育研究所的《教育年鉴》等资料。在大学一年级时就撰写了论文《意大利的新教育》并发表在《江苏教育》1933年第9号。此后，又陆续在《教育杂志》《中华教育界》等杂志上发表十几篇介绍各国教育状况的论文。王承绪曾回忆道：“当时在浙大学习时毕业论文就以‘民族性与教育’‘自然环境与教育’等为题。”③ 1938年庚款留学英伦，继续从事比较教育研究。1947年应浙江大学校长竺可桢邀请回国担任教授，其间曾因政治形势的牵引自1952年开始将比较教育研究的精力转向了苏联教育

---

① 本刊记者．个人旨趣、社会责任与比较教育工作者的使命［J］．教育研究，2006（7）：44－47.

② 杜成宪．关于中国第一部《中国教育史》的几个问题［J］．华东师范大学学报（教育科学版），1996（1）：1－11.

③ 汪利兵．比较教育的世纪回顾：我国著名比较教育学家王承绪教授访谈录［J］．全球教育展望，1996（5）：1－4.

学；1961 年之后，王承绪开始从事西方教育名著的翻译工作。从个人的学术思想史角度看，王承绪虽然从未中断比较教育研究，但直到改革开放之初，他才基于复兴和重建曾被中断的比较教育学的需要，开始思考和建构中国比较教育学科的研究方法体系。

## 二、王承绪比较教育研究方法的发展阶段

王承绪的口述历史及相关的文献分析表明，改革开放以来，王承绪历经三个阶段的努力，才最终熟化形成一套完整的比较教育研究方法体系。

首先是比较教育研究方法的初步探索阶段，具体标志是其在 1979 年《杭州大学学报》第 4 期发表《从国外比较教育学科发展的现状看我国比较教育教学中的若干问题》。这篇长文在当时至少发挥了三大作用。其一是让国门关闭甚久的国内学术界首次比较全面地了解到国外比较教育学科的最新动态；其二是解决了比较教育学这门刚刚获准重新开设的大学课程如何设置、如何教学的问题。论文详细列举了欧美八种比较教育教科书及其课程开设方式，详细介绍了美国哥伦比亚大学、密执安大学、纽约大学等大学以及贝雷迪、埃德蒙·金等学者的比较教育课程的具体内容，为当时中国恢复开设比较教育学课程提供了极有价值的参考资料和建设性建议。其三，也是最重要的，为了解决课程设置问题，该论文阐述了比较教育学的学科性质、研究方法等问题，并强调："外国教育并不就是比较教育。""比较教育乃是一门以马列主义、毛泽东思想为指导，分析研究各国教育制度，吸取其优良经验，以供我四化建设借鉴的学科。"比较教育主要有以下两个特征：跨国家、跨文化的性质；跨学科的性质。[①]

其次是比较教育研究方法的首次重大实践阶段，具体标志是与顾明远、朱勃等学者合作编写我国改革开放以来第一部《比较教育》教材，并于 1982 年由人民教育出版社出版。这部教材主要按照学制依次排列各主要章节，最后介绍了教育行政体制；在修订版中，还新增了教育发展及比较教育研究的回顾和展望。这部教材经多次修订，至今仍在再版和广泛使

---

① 王承绪．从国外比较教育学科发展的现状看我国比较教育教学中的若干问题［J］．杭州大学学报（哲学社会科学版），1979（4）：72－79．

用，被薛理银称为“具有中国特色的比较教育学”[①]。

最后是比较教育研究方法的成熟阶段，具体标志是20世纪90年代以后与张瑞璠先生合作主持编著并于1997年由山东教育出版社出版的三卷本《中外教育比较史纲》。在这套著作中，王承绪等人运用已经成熟且富有中国特色的比较教育研究方法，开创性地“熔比较教育、中外教育史及文化科技交流史于一炉，这在教育科学研究中尚无先例”[②]，赢得了顾明远先生“集中外智慧，探育人真谛”[③] 的赞语。

## 三、王承绪比较教育研究方法的核心内容

与学术研究的抽象程度相关联，可从三个层面理解和划分研究方法：哲学方法论、具体学科研究方法、操作性研究方式及技术。其中，哲学层面的方法论与世界观的关系密切。人们关于世界是什么、怎么样的根本观点即世界观，根据特定世界观认识世界、改造世界，就形成了相应的方法论。操作性研究方式有调查、实验等；操作性研究技术则有资料收集、整理及分析技术，问卷设计及计算机应用技术，等等。介于哲学方法论与操作性研究方式及技术的，则是具体学科研究方法。它是对操作性研究方式及技术的抽象与整合，而对具体学科研究方法的抽象与整合，则构成了哲学方法论不断发展和丰富化的根基。王承绪对比较教育研究方法的思考，同样涵括了哲学方法论、具体学科研究方法及操作性研究方式和技术等三个层次，形成了一个比较完整的体系。

### （一）哲学层面的比较教育研究方法论

留学英伦时就开始自觉学习马克思主义的王承绪，掌握了作为学术思想的马克思主义哲学方法论，并强调将辩证唯物主义和历史唯物主义作为方法论基础，贯穿到比较教育研究之中。对于哲学方法论，他曾做出如下阐述。[④]

---

① 薛理银．当代比较教育方法论研究：作为国际教育交流论坛的比较教育［M］．北京：首都师范大学出版社，1993：188.

② 张瑞璠，王承绪．中外教育比较史纲［M］．济南：山东教育出版社，1997：前言.

③ 顾明远．集中外智慧，探育人真谛：评《中外教育比较史纲》［J］．中国图书评论，1999：4.

④ 王承绪，朱勃，顾明远．比较教育［M］．北京：人民教育出版社，1982：19－23.

其一，应以联系的观点来研究问题，切忌以孤立的观点看待一切。研究教育问题时要注意前后左右的联系。前后联系是指历史联系，这是纵的关系；左右联系是指社会联系，这是指横的联系。

其二，应当从内在的本质来分析问题，切忌以表面现象来判断一切。比较教育研究中的一个重要问题就是，什么是决定教育性质的因素（或力量）。美国的康德尔认为是国家政权，还有民族性和文化形式；英国的汉斯认为是自然因素（种族、语言、地理和经济），宗教因素及世俗因素（人文主义、社会主义、民族主义、民主主义）。与资产阶级学者不同的是，马克思主义认为，生产力发展水平、经济制度的性质、国家政权的性质、社会意识形态的特点等对教育都有重大的影响，其中，决定教育性质的根本因素乃是社会的经济制度。

其三，应当以发展的观点来研究问题，切忌以静止的观点来看待一切。一切事物都在发展之中。必须防止把某种教育制度视为完备无缺的制度，把某种教育理论看作是万古不变的理论，把某种教学方法当成尽善尽美的方法。必须高瞻远瞩，把握世界教育发展的趋势。

其四，应当用实践的标准来检验理论，切忌以主观想象来判断问题。比较教育研究，不是为研究而研究，而是为了吸收外国的教育经验作为我国教育改革的借鉴，洋为中用，为本国建设服务。王承绪非常认同萨德勒的一段话："我们不能像小孩逛花园那样，信步漫游于世界教育制度之林，从一棵树上采取一朵花，从另一棵树上摘取一些叶子，并且希望把所搜集到的东西栽种在自家的土地上，就会得到一棵活的树。"

以上四大观点，虽然比较直接地移植了马克思主义的哲学方法论，但它因应了时代需求，较早地结合比较教育研究的具体需要，按照拿来主义原则，从为我所用的角度做出了恰切阐述，产生了较为深远的影响。

### （二）比较教育研究的学科方法

教育的比较研究必须深入到不同国家和民族的文化和历史、涉及它们的政治经济和社会等各个方面，因此研究者往往需要具备多学科的素养、能够运用多学科的研究方法。有鉴于此，王承绪坚持运用多学科研究方法开展比较教育研究，而不单纯执着于某一特定学科的研究方法，也没有执意建构比较教育学科自身独特的研究方法。

留学英伦回国之前，为了打破日寇对中华民族的文化封锁，王承绪曾于 1944 年 11 月至 1947 年 1 月间，以总干事身份出版了 20 期《东方副刊》，充分展示了他开展多学科研究的学术素养。其发表于《东方副刊》的27篇论文，广泛涉及教育学、哲学、政治学、国际关系学、心理学、社会学等多个学科，且在每一个学科领域的论述都是条理清晰、分析入里。也正是有了这种多学科的素养，在晚年主持研究、编写《中外教育比较史纲》时，才有可能开创性地熔比较教育、中外教育史及文化科技交流史于一炉。

为了推动比较高等教育研究，王承绪匠心独具地选择翻译了美国高等教育专家伯顿·克拉克主编的 *Perspectives on Higher Education*（中译名为《高等教育新论》）。在该书中，伯顿·克拉克聚集了西方高等教育研究名家，分别从历史学、政治学、经济学、组织学、社会学、文化学、科学学、政策学八个学科视角探讨高等教育问题。伯顿·克拉克的如下观点，非常深刻地折射出了王承绪的方法论思想："一个有启发作用的观点就像戏院里的聚光灯，当用强烈光线照射舞台前方的某些部位时，就把大家的注意力集中在这些部位上，同时把其他特征降到背景和边缘的地位。没有一种研究方法能揭示一切。宽阔的论述必须是多学科的，就像所有灯光都照射在舞台上，人们的目光在整个舞台前后漫游。但是学科的观点是非用不可的，因为我们正是在专家所发展的研究方法和思想的力量中找到利刃。高等教育的研究也是这样。如果我们手边没有进行这种研究的各种不同的分析观点，没有历史学、政治学、经济学、组织理论等所提供的观察的方法，我们将不得不发明它们。"①

自《高等教育新论》由王承绪翻译出版之后，中国高等教育研究界掀起了一股长盛不衰的多学科研究热潮，出现了大量与此相关的学术论文、博士硕士论文，出版了《多学科观点的高等教育研究》②《高等教育论：跨学科的观点》③ 等多部富有影响力和代表性的著作。王承绪较多地译介了美国学者伯顿·克拉克从组织学角度研究高等教育问题的著作（如《高等教育系统》《建立创业型大学：组织上转型的途径》《大学的持续变革：创业型大学新案例和新概念》等），中国高等教育研究界甚至曾出现过

① 克拉克. 高等教育新论：多学科的研究［M］. 杭州：浙江教育出版社，2001：2-3.

② 潘懋元. 多学科观点的高等教育研究［M］. 上海：上海教育出版社，2001.

③ 徐小洲. 高等教育论：跨学科的观点［M］. 北京：人民教育出版社，2003.

“言必谈组织学视域”的高等教育研究奇观。

（三）比较教育的操作性研究方式和技术

在撰写新中国成立以来第一部《比较教育》教材时，王承绪等学者曾在操作层面构建了一套非常实用的研究方式：“区域研究与问题研究相结合，以问题研究为主。区域研究是问题研究的前提，问题研究是区域研究的深化。”这套研究方法比较简单，尚待完善。因此王承绪进而指出，“比较研究的方法决定于研究内容和任务，各种方法应当结合使用”①。

在王承绪的母校伦敦大学教育学院，存在两派比较教育方法论思想，一派以科温为代表，提出比较教育研究应以文化理解为主线和目标；一派以格林为代表，认为比较教育研究应服务于国家和民族的教育发展。王承绪认为，“我们提倡两者都要搞”，文化理解与教育借鉴都应是比较教育研究的重要功能。② 正是从这种综合性功能观出发，王承绪坚持贯通比较教育研究和教育史研究，强调应从文化层面开展教育研究，最终在《中外教育比较史纲》这套三卷本著作中，在操作层面建构了一套比较成熟的、体系化的比较教育研究方式和技术。③

其一，立足中国、放眼世界。“力求贯彻我国改革开放及邓小平同志提出的‘三个面向’的精神，从中国的国情和需要出发，比较研究世界教育发展的规律和历史经验，为建设有中国特色的社会主义现代化教育服务。”简而言之，其中体现的就是“古今中外法”：“一只手伸向古代，一只手伸向外国，屁股坐在现在的中国。”

其二，以史为经、问题为纬。中外教育史的比较研究，至少有两种可供选择的研究框架模式：一是以教育交流和影响为纲，以美、苏、英、法、德、日等为对象国，写出中美、中苏、中法、中德、中日等分卷教育问题交流史；另一种是按时代顺序，写出分时代的中外教育比较史，其主要内容是就教育制度和教育思想相互比较，也包括对无直接影响的中外教育制度和教育思想就其各自的特点及形成的历史原因进行比较。后一种模

---

① 王承绪，朱勃，顾明远. 比较教育［M］. 北京：人民教育出版社，1982：19－23.

② 本刊记者. 个人旨趣、社会责任与比较教育工作者的使命［J］. 教育研究，2006（7）：44－47.

③ 张瑞璠，王承绪. 中外教育比较史纲［M］. 济南：山东教育出版社，1997：前言.

式实为“以史为经、问题为纬”的研究方法，它的优势在于，可以不限于某些专题研究而形成整合的体系，能体现出比较教育作为教育科学分支学科的特点。

其三，纵横比较，横向为主。按照什么标准选择特定问题开展中外教育史的比较研究？“强调以可比性和可比价值为选择问题的标准，找准可比点。”可比点可以从历史的纵向和空间的横向两个方面寻找。不过在“以史为经、问题为纬”的研究框架下，横向比较一般来说共同因素较多，可以找到更明确的参照点，因此可比性更大，更具可比价值。

其四，有所侧重、不求全备。特定的中外教育比较，可不受通史惯例的约束，可暂不考虑研究对象的平衡与全面，根据研究者的价值判断，有所为有所不为。

## 四、结语

许美德认为，王承绪是“中国比较教育研究的领军人物”①。做出如是评价的根据，不仅仅在于王承绪年高德劬，也不仅仅在于王承绪译著等身，更在于王承绪自改革开放初期开始，在中国教育学人才、比较教育学人才出现断层的背景下，持续思考并积极建构具有中国特色的比较教育研究方法体系，为后辈学习和研究比较教育奠定了方法论基础，发挥了“授人以渔”的作用。

王承绪有关比较教育研究方法的研究，为我们展示了探索学科研究方法时两条可供借鉴的路径。路径之一是，由史而入，从历史中总结研究方法。王承绪一直非常重视比较教育的学术思想史研究，1999 年由人民教育出版社出版的《比较教育学史》即为这种努力的标志。对于任何一个学科而言，学科发展史是根基。一个学科解释不清自己“从何处来、从何时开始”的问题，学科本身的成熟性、规范性也就成问题了。学科发展史研究，是对学科本身进行宏观把握和总体反思的最佳切入点。要想防止比较教育研究仅限于随意采摘几个小问题、开展零碎研究的流弊，要想既宏观总体又系统深入地开展比较教育研究，必须以雄厚的学术思想史为基础。更为重要的是，由于世界观与方法论的二位一体关系，学术思想史其实也

① HAYHOE R. Portraits of influential Chinese educators [M]. Hong Kong: Comparative Education Research Centre, The University of Hong Kong, 2006: 43.

就是学科的研究方法发展变化的历史。由史而入反思和建构研究方法，是学科发展的必然选择。

路径之二是，以翻译为中介，以借鉴为基础。不同学科在不同的民族—国家、不同的时空节点上，发展程度总会存在差异。后发者追赶先发者的捷径就是借鉴，而借鉴的前提是文本交流。在语言存在障碍时，促进文本交流的途径就只能是翻译了。翻译是使国人快速站上巨人肩膀的最佳选择。为此目的，王承绪在比较高等教育学科发展之初，就及时翻译了伯顿·克拉克的《高等教育新论》和《高等教育系统》、约翰·S. 布鲁贝克的《高等教育哲学》等既富学术观点又极具方法论价值的外国名著。事实证明，这些名著的翻译在近 30 年中国比较教育、高等教育研究界彰显出了极高的学术价值。龚放教授通过分析 CSSCI 期刊的引文发现，2000—2004 年教育学论文引用最多的译著中，《高等教育哲学》《高等教育系统》分别排名第三、第六位；① 2005—2006 年教育学论文引用最多的 53 本外国著作中，王承绪主译的国外教育学名著有 12 本入选，其中《高等教育哲学》《高等教育系统》《高等教育新论》分别排名第二、四、八位。② 述而不作，同样能够促进中国教育研究方法的飞跃和学术的发展！

---

① 龚放，白云. 2000—2004 年我国“教育学”研究报告（续）：基于 CSSCI 的论文和论著影响力分析［J］. 教育发展研究，2006（10A）：83－86.

② 龚放. 中国教育研究领域学者、论著影响力报告：基于 2005—2006 年 CSSCI 的统计分析［J］. 复旦教育论坛，2009（2）：35－45.

# 超越战争的战时比较教育研究
## ——论参与创办《东方副刊》时期的王承绪[1]

陈 伟 郑 文

《东方杂志》是20世纪上半叶一种极富传奇色彩的学术杂志，《东方副刊》通过集爱国与抗战等元素于一体而将《东方杂志》的传奇彰显到极致。王承绪先生是目前我国教育研究界的元老级学者。值王承绪先生百岁华诞之际，从历史深处梳理王先生与《东方副刊》的渊源关系、探索王先生参与创办《东方副刊》的价值旨趣与思想追求，极富历史意义和时代价值。

### 一、爱国的《东方副刊》

《东方杂志》是由商务印书馆编译所于1904年3月至1948年12月间编辑出版的大型综合性学术期刊，历时45年，共出版正刊44卷811期、号外4期、《东方副刊》一种。"《东方杂志》的历史，与20世纪前半期我国半殖民地半封建社会的历史相伴随。……它以'启导国民'为宗旨，将研究国际问题、寻求民族出路作为刊物的侧重点，同时努力'介绍新知与传播文化'。举凡重大政治、经济、

① 原载《比较教育研究》2012年第4期。

军事、文化诸方面，靡不论及备载。”①《东方杂志》很早就开始揭露日本帝国主义的侵略动向，坚决反对妥协退让，大声疾呼全民抗战；全面抗战后，《东方杂志》转向了如何争取抗战胜利的军事战略研究，并较早提出了持久战、运动战、游击战等战略思想。这些努力极好地彰显了刊物的价值旨趣：“以文学作分析现实指导现实的工具，以文学作民族斗争社会斗争的利器，我们将以此求本刊的新生，更以此求中国智识者的新生。”②

作为《东方杂志》的衍生物，《东方副刊》的诞生仰赖于当时我国留英学子的爱国热情。1940 年起，中华民族的抗日战争渡过了最困难时期，胜利的曙光逐渐显现。但是，负隅顽抗甚至疯狂扩大侵略范围的日寇，于 1942 年初出兵缅甸，企图分割包围封锁中国。留英学子为了打破日寇的文化封锁，毅然创办《东方副刊》，向国内介绍西方学术动态。《东方副刊》的创刊号对此做了如下概述：

> 溯自缅甸失陷以来，吾国与外间交通阻隔，不但影响物质供给，且增剧文化封锁。尤以国外出版之图书杂志，寄递困难，为国内学术界所苦，此种局面，一日不破，则国家之精神生活，受损必巨。留英同人，有鉴及此，欲谋补救；差幸同学中，习各项学科者，实繁有徒，苟能共策群力，于读书之暇，尽量向国内介绍学术思想，或能略解祖国文化界之沉闷，亦可征报国家培育之恩。爰于年前由陈仲秀博士，集合同志，举办学术杂志一种，目的在将新近出版物之有学术上价值者，提纲挈要，供国人参考。正在集稿，并向国内文化机关接洽印行间，会王云五先生衔命来英，除答聘此间朝野外，亦负沟通文化任务，闻同人等之计划，与彼拟出东方杂志副刊专为介绍国外出版物一事，不谋而合，因即慨然赞助主持出版，同人等复广征同志，集二十人，成立《东方副刊》编辑委员会，主持编辑事宜……③

《东方副刊》创刊于 1944 年 11 月，停刊于 1947 年 1 月，共出版 20 期，发表论文 280 篇（其中分期连载的论文合并计算为 1 篇）。

---

① 李斯颐. 抗战时期的《东方杂志》[J]. 新闻与传播研究，1989（1）：20.

② 愈之. 本刊的新生 [J]. 东方杂志，1932（4）：11－12.

③ 苏继庼. 发刊词 [J]. 东方副刊，1944（1）：1.

## 二、王承绪参与创办《东方副刊》

《东方副刊》的20位编委，皆为青年才俊，且此后大多成了各自学科领域的领军人物，其中学成归国者有："中国氢弹之父"彭恒武，两院院士王大珩，生化学家王应睐，机械学教授史家宜，海洋生态学家、水产学家朱树屏，化工热力学教授周庆祥，染整工程技术专家陈汝铨，教育学家王承绪，等等。

《东方副刊》创刊号之《编辑凡例》载，"本刊在英编辑委员会，由王承绪君担任总干事，由谢志耘、马润庠、朱树屏三君担任常务编辑。"总干事一职，负有统筹安排刊物各期主题及组稿、联络之责，因此至关重要。王先生之所以能在众多才俊中脱颖而出，被推为总干事，三点原因不可忽视。

其一，王先生的学缘背景。据1942年版《中国留英同学录》对344名留学生的统计，当时留英学生首选伦敦大学者计154人，远远多于排名第二、三位的爱丁堡大学（22人）、伯明罕大学（17人）。九届庚款留英生共计193人，可统计其入读学校者146人，其中伦敦大学最多（41人），次为剑桥（17人）、牛津（15人）。[①]《东方副刊》编委会20人中，14人与伦敦大学有学缘关系。王先生是伦敦大学的佼佼者。伦敦大学的中国校友同气连枝，实属正常。

其二，《东方副刊》的办刊宗旨。该刊发刊词强调，"本刊为符合东方杂志之体裁起见，偏重国际问题。篇幅分配，以社会科学为主，理工科为附，文艺次之。"[②] 在信奉教育救国理念的时代，专攻教育学的王先生理当为办刊做出贡献。

其三，王先生的个人素质。王先生不但才学极佳，而且善组织、好交游，且极能负责。出国之前，他是浙江大学教育系学生会负责人之一。善组织者往往亦善交友。留英期间，王先生与留学同仁、与国内外学术界广泛交游。著名学者陈寅恪曾获牛津大学之聘，并顺道到伦敦治疗眼疾。在此期间，接待、照顾陈寅恪者中就有王先生。陈、王两人相处甚洽。陈在

---

① 刘晓琴. 中国近代留英教育史［M］. 天津：南开大学出版社，2005：376－418.

② 苏继庼. 发刊词［J］. 东方副刊，1944（1）：1.

手术前曾充满信心，可惜英医诊治开刀后，陈之目疾反而加剧，双目几近失明，连拐杖也不能用了。回国前，陈将随身藤制拐杖送给王先生。王先生极重这份交情，拐杖保存至今。

战时办刊，至少有三大困难：缺钱、缺人、缺稿件。极能负责的性格，虽使王先生荣获总干事要职，但也让他因这三大困难而备受折磨。

就缺钱而言，商务印书馆总经理王云五虽然答应资助，但他此时正面临商务元老们的质疑："商务当时上千万的家当，都让王云五在撤退中花光了。"① 生逢乱世的《东方副刊》，办刊经费肯定不宽裕。在与常务编辑朱树屏的通信中，王先生曾写道："王云五先生钱已汇下二百镑，以后稿子，大概毫无问题。"② 至于此前经费是否极为煎熬人、以后会否断炊，后人已经不得而知。

就缺人而言，当时所有留学生的求学生活都很艰苦，学业压力非常大，办刊只能忙里偷闲。创刊之初王大珩被选为自然科学常务编辑时，曾致信朱树屏诉说困难，"弟才浅力薄，加之厂中工作频繁，清晨进厂，晚至8时而归。今加以此重任，实未知何以担负？唯责弟上次伦敦会议弟不曾出席而成此决案。必欲使弟勉力负任，敬乞亟力鼎助，赐予大稿。弟一向因工作关系，对写稿极欠热心，从兹示只有多为工作也。"③ 因此之故，王大珩仅在第十期至第十二期间履自然科学编辑之职。而王先生一直坚持担任总干事，直到停刊。

就缺稿而言，《东方副刊》"以介绍最新学术与国际思想趋势为主旨，就最近国外出版新书杂志，勾玄提要，以飨读者"，所发论文不属个人原创性成果，而是为人作嫁衣裳，所以投稿者的热情大多不高。王先生曾感慨，"每念头两期拉稿之难，未免一叹人心不古也。大珩来信，没译飞行限制一文，老史原已开始，抱牺牲精神，已作罢，另撰他稿。"④ 这是冲淡平和的王先生一生中极为少见的抱怨，其痛苦煎熬可想而知。为了解决稿源问题，编委会后曾增加了一条规定："本社社员一连三期不投稿以退

① 邓云乡. 王云五在商务印书馆［N］. 文汇报，1997-05-10.
② 日月，朱谨. 朱树屏信札［M］. 北京：海洋出版社，2007：112.
③ 日月，朱谨. 朱树屏信札［M］. 北京：海洋出版社，2007：113-114.
④ 日月，朱谨. 朱树屏信札［M］. 北京：海洋出版社，2007：12.

出本社论，其因不能控制之事故而得大会之认可者例外。”[①] 在稿荒频频时，王先生每期都须写稿救急，累积撰稿27篇（有1篇分两期连载），竟占《东方副刊》论文总数的十分之一。由于耗时太多，至应浙江大学校长竺可桢之邀回国担任教授时，王先生已把博士论文的写作与答辩一事耽误了。临行前王先生与他的导师、伦敦大学教育学院院长克拉克爵士约定，回国后一旦完成论文即去答辩。但新中国成立之后诸种不可抗拒的形势变化，使得此事终究成空，令人扼腕。1993年5月，王先生获授伦敦大学教育学院荣誉院士称号，这才略微弥补了这段遗憾。

## 三、王承绪以《东方副刊》为阵地的比较教育研究

《东方副刊》四分之三的论文属社会科学研究，而社会科学研究的供稿主力是王承绪先生。以《东方副刊》为阵地，王先生广泛介绍了当时世界比较教育的研究动态和最新成就，充分展示了他的比较教育研究理念和个人才华。

王承绪先生发表于《东方副刊》的论文有：①《国际和平机构的商榷》；②《现时代的诊断》；③《英国教育制度之改造》；④《国际教育合作之前途》；⑤《二十五年来之苏联哲学界》；⑥《战后处置德国问题各方意见窥管》；⑦《法国现状之各面观》；⑧《西欧同盟的商榷》；⑨《英国师范教育之现状及其改进》；⑩《英国公学之前途》；⑪《美国教育改造声中的教育机会均等问题》；⑫《英国公学的改造》；⑬《德国民族心理的剖析》；⑭《英国军队复员前之教育》；⑮《德国统治下之波兰教育》；⑯《国际联盟与教育合作》；⑰《教育与新实在论》；⑱《瑞典的民众高等学校》；⑲《两次大战期间的东欧》；⑳《美国大学课程的改制运动》；㉑《英国高等工程教育的改进》；㉒《英国教育学家能伯西之生平及其学说》；㉓《英国青年就业机构》；㉔《法国教育的改造》；㉕《神秘的梦——英美苏与自由平等博爱》；㉖《英国大学教育》；㉗《西班牙学者奥德加论大学的使命》。

综观王先生在《东方副刊》上发表的系列论文，以下四点值得回味。

---

① 日月，朱谨．朱树屏信札［M］．北京：海洋出版社，2007：113.

（一）多学科的教育研究方法论

王先生发表于《东方副刊》的27篇论文中，教育类论文17篇（其中分期连载1篇），国际政治类论文11篇（其中国际组织研究论文3篇；国际教育合作研究论文2篇，与教育类文章的统计重合）。这些论文涉及教育学、哲学、政治学、国际关系学、心理学、社会学等多个学科。王先生从多学科视角关注时代、研究问题的特点，可从两个方面进行解读。

其一，王先生一直注重超越单一学科的“坑道视界”以开展教育的多学科研究。从多元维度观察社会问题、思考教育理论与实践，实为一种极高的学术修养。正因为有了这种学术修养，王先生才能在晚年从事比较高等教育研究、翻译“汉译世界高等教育名著丛书”时，匠心独具地选择了美国高等教育专家伯顿·克拉克所主编的 *Perspectives on Higher Education*（中文译名为《高等教育新论》）。此次选材，意义深远，它不仅介绍了西方高等教育研究的前沿成果，而且还通过“述而不作”的方式，恰切地表达了王先生的学术立场与研究方法。

其二，王先生的多学科研究方法，“多而不散”，且能博而返约。王先生在参与创办《东方副刊》时期广泛借鉴多学科方法开展研究，既为时局所需，亦是稿荒所逼，更是青年时代的求学兴趣所致。不过，博采众长并未使他偏移自己的学术核心——王先生一生的研究重心是教育问题，特别是英国教育。对此，《东方副刊》亦有所反映。在此刊上，王先生发表的教育类论文涉及初等教育、中等教育及高等教育，涵盖教育哲学、教育思想、教育体制、学校管理、课程改革等。从国别角度看，西班牙、波兰、法国、瑞典教育研究论文各1篇，美国教育研究论文2篇，英国教育研究论文却有8篇之多！“多而不散”、博而返约的选题技巧和研究志趣，使王先生既获得了广阔的视域，也很好地克服了比较教育研究中“东一榔头西一斧头”随意采摘的积弊，从而在学术研究上保持系统有序、进而臻乎精深。

（二）“学术救国”的教育功能观

作为《东方副刊》的重要撰稿人，王先生在《东方副刊》上发表的系列论文，从纯粹的比较教育研究，到国际政治关系分析，无不体现了《东方杂志》“以文学作分析现实指导现实的工具，以文学作民族斗争社会斗争的利器”的实践旨趣，报效祖国、救亡图存的深沉情感跃然纸上。

作为编委会的总干事，王先生极其考究《东方副刊》的论文选题。在社会科学领域，重点探讨的问题有：战争产生的原因、战时各国的状况、战后的重建构想、国际和平组织的建设，等等。在自然科学领域，选用的论文数量虽少，但突出了富国强兵的主题和工业技术、军事科技等重点，尤其介绍了对当时反法西斯战争的胜负起决定作用的军事科技前沿成就，比如飞机、原子弹、雷达、火箭、水雷等，代表作有，史家宜撰写的《喷射推进飞机》（创刊号）、《飞行弹》（第三号）、《英对德长距离火箭的初步研究》（第五号），济民的《无线电探测飞机的概要》（第十一号）、《磁性水雷及其扫除法》（第十二号）、《原子炸弹》（第十三号）、《雷达的演进及其用途》（第十四号）、《原子堆》（第十五号）、《铀》（第十七号），一士的《原子弹试弹记》（第十三号），卜昂华的《怎样利用原子核能》（第十五号、十六号）、《日本原子弹灾区视察报告》（第十九号），等等。

无论是作为撰稿人，还是作为编委会的总干事，王先生为《东方副刊》所做出的种种努力，确应赢得这样的评价：“《东方杂志》副刊的编辑主旨、内容等，均是为了增加国内对国际问题的了解和认识，是留英学生以自身专业为基础，对抗日救亡所作的贡献之一，是其学术救国思想的具体表现。”①

### （三）旨在世界和平的国际教育组织观

战争是创办《东方副刊》的时代背景，结束战争、制止战争是办刊的目标，反思战争、超越战争进而赢得世界和平是办刊的宗旨。在《东方副刊》创刊号的开篇之作中，王先生提出，“欲求世界的统一，不外乎两途：其一，举世一国，强制消减政治上的分歧。其二，发展国际的活动与机关，逐步地统整各国的利益与生活。”从可行性看，前一途径尚无可能，因此必须发展后一途径，即建立起比当时的国联组织更加有效的新的国际组织。这个新组织“须能促进国际间‘和平的变动’，基于‘功能演进’的立场，采取自然的连续的社会行动，不断顺应变化中的时代需要和

① 刘晓琴. 中国近代留英教育史［M］. 天津：南开大学出版社，2005：411.

环境”①。

以世界和平为皓的，王先生从教育的角度，在《东方副刊》上发表了《国际教育合作之前途》（第二号）、《国际联盟与教育合作》（第十号）等论文。王先生认为，这类研究使他进而与后来的联合国教科文组织建立起了跨越世纪的联系：

世界反法西斯战争于1945年8月以同盟国的伟大胜利而结束。同年10月，同盟国在美国旧金山开会，决定成立联合国。与此同时，同盟国教育部长会议在英国伦敦召开，决定成立联合国教科文组织。在此期间，我正在伦敦候船返国，回母校浙江大学任教，有幸列席同盟国教育部长会议并参与联合国教科文组织成立大会前的一些筹备工作。……1946年11月联合国教科文组织在巴黎召开成立大会，我国政府派出以赵元任为团长的代表团参加大会，代表团成员有程天放、李书华、竺可桢、陈源。钱三强、梁方仲和我任代表团秘书。……2003年11月，在杭州举行的联合国教科文组织亚太地区教育革新与发展服务计划第九届国际教育年会上，授予我‘亚太地区教育革新终身成就奖’，这是联合国教科文组织给予我的极大荣誉，这个荣誉属于和我一起工作的集体，属于我们亲爱的祖国。②

（四）饱含终极关怀的教育价值观

创办《东方副刊》时期，无论是立足于本民族的发展而倡导学术救国，还是基于世界和平的目标而思考国际教育合作等问题，其实都饱含着王先生作为一个学者关心人类幸福与未来命运的终极关怀。正是由于承载着这种终极关怀，王先生如同人类文明史上的诸多理想主义者一样，把构建理想社会的最后基点，押注到了教育之上。这种教育价值观，恰是联合国教科文组织约章的核心思想：“战争既发动于人心，故和平之壁垒，仍须建筑于人心；自人类有史以来，世界各民族间之昧于彼此习俗及生活，乃为造成猜疑及失信之共同原因，即因此隔阂而时常爆发战争；……文化之远播交流，及正义自由与和平之教育，为人类尊严所需，此为一种神圣之责任，各民族应以互助之精神，求其完成；……故欲维持世界和平于不

---

① 王承绪．国际和平机构的商榷［J］．东方副刊，1944（1）：4．

② 王承绪．我与联合国教科文组织［M］//徐小洲．王承绪教育文集．南京：江苏教育出版社，2010：708－712．

坠，必须植基于人类知识上及道德上之团结。”① 恰好在创办《东方副刊》的同一时期，王先生翻译了联合国教科文组织的第一部著作《基本教育》(*Fundamental Education*)，并特意将这段话放在该书的扉页上。这段话，恰好为王先生参与创办《东方副刊》的历史意义做了贴切的注脚。这个注脚中的观点是否科学姑且不论，仅就其中所彰显出来的学者精神，足以让人钦佩和敬仰！

（本文中的许多史料由王承绪先生口述，特此致以最衷心的感谢和最崇高的敬意！阚阅博士查找复印了《东方副刊》的相关材料，特此致谢！）

① 王承绪．基本教育：上册［M］．上海：商务印书馆，1947：扉页．

# 王承绪先生的基础教育情缘[①]

吴世勇

王承绪先生的研究十分宽广，且随时代需要的变化而不断调整。晚年他在比较教育、高等教育领域卓有建树，而在青年及中年时期，则在基础教育领域耕耘甚勤，思想贡献卓著、基础教育实践成就突出。

## 一、“躬耕”基础教育一线实践

王承绪先生早年选定基础教育一展抱负并非偶然，而是其家庭环境的现实影响、新旧交替的学习经历和教育救国的人生理想相互作用的结果，既体现了鲜明的时代特征，也折射了其曲折的心路历程。

王承绪先生出身教育世家，先进私塾，接受传统教育，筑牢了为人根基；后入小学，接受新式教育，萌生了救国之志；再读初中，爱上英语学习，开启了语言之途。1928 年夏，王承绪先生初中毕业，出于家庭经济状况和未来就业保障考虑，决意报读师范学校，自此与基础教育结下不解之缘。入读无锡中学师范科后，在吴伯昂等名师的言传身教下，他刻苦钻研教学法、心理学等课程，矢志

① 原载《华南师范大学学报（社会科学版）》2015 年第 5 期。

“悉心初步基础的建树，将来做一个优良的小学教师，改进乡村的教育”[①]。“无锡师范的三年，使我扩充了文化知识和教育专业知识，奠定了稳固的专业思想基础。熔中外教育史于一炉的教育史课程，使我拓宽了专业的视野。名垂千秋的教育家的业绩，使我向往，成为我学习的典范。”[②]经过三年的熏陶，王承绪先生已经从当年选择基础教育的“权宜之计”，升华到践行“教育救国”人生理想的价值自觉。

1931 年，王承绪先生以优异的成绩师范毕业后，与好友陆新球一起，前往无锡中学附属小学任教。他在该校担任四年级的班主任，并负责语文、数学以及除了音乐与体育外其他各学科的教学，并试验新教学法。课堂上，望着一双双充满渴望的眼睛，感受着学生们的天真、可爱、活泼，王承绪体会到了为人师表的乐趣。放学后，他也经常和孩子们一起到种植园里劳作，体味大自然的奇趣。周末，他会约上好友去郊外游览，领略大自然的风光。每当此时，后面总会跟着几个学生，吱吱咯咯，宛如小鸟啼鸣。他们会和小朋友们比赛跑步、唱歌，诗情画意。此外，由于学校深受进步主义教育思想影响，王承绪先生也从那时开始接受了进步主义观点，并对杜威教育思想产生兴趣，萌生了学习借鉴国外优秀经验发展本国教育事业的观念。[③] 与近 40 个天真可爱的学生学习与生活了一年之后，王承绪先生辗转前往浙江大学借读。尽管在基础教育一线工作时间不长，但他对当时中国基础教育的羸弱深有体会；尽管暂时离开了基础教育战线，但他对基础教育领域的关注丝毫未减。相反，他以师范科扎实的专业知识和附小丰富的教育实践为基础，继续在教育领域里勤耕不辍，以更加广阔的国际视野研究和指导基础教育发展。

## 二、“反哺”基础教育改革发展

王承绪先生后期开展基础教育研究与实践并非特意，而是或明（基础教育专题研究）或暗（囊括在比较教育研究中）地贯穿于长达 80 余载的

---

① 王承绪．月夜［J］．现代学生（上海 1930），1931 年第 1 卷第 4 期。

② 王承绪．王承绪［M］//国务院学位委员办公室．中国社会科学家自述．上海：上海教育出版社，1997：496.

③ 徐小洲．教育 · 人生：王承绪先生教育探索历程的世纪回顾［M］//徐小洲．王承绪教育文集．南京：江苏教育出版社，2010：1.

比较教育研究脉络中，且在浙大学习、留学英国等个人学习成长期及新中国教改、新课程改革等基础教育关键转捩期都发出了他独有的声音。

浙大学习时，王承绪先生积极关注流行教育理论对中小学教育实践的影响，撰写了《参观了实施生产教育的小学——慈幼以后》一文，对实行“生产教育”的杭州私立慈幼小学办学情况进行了分析总结，并提出要注意培养儿童劳动习惯和生产兴趣、合理分配儿童劳动时间、改进儿童生产教育方法等针对性建议，且援引大战后的德国和革命后的俄国实行“生产教育”的成功先例，对比国内实际，提出“教育要适应社会的需要，站在时代的先锋，负起改造社会的重任”[①]。此外，他也十分关注儿童及青少年权益保护问题。在民国政府指定的第一个“儿童年”（1935 年 8 月 1 日至 1936 年 7 月 31 日），他特意于 10 月 10 日“双十节”撰写《英国儿童保护事业的借镜》一文，详细介绍英国儿童保护事业的历史演进、相关教育法案中关于儿童保护事业的具体规定等，分析英国儿童保护事业在“家庭教育”上的缺失，为当时中国儿童及青少年权益保护和教育革新提供决策参考。[②] 再者，他还在 1936 年和 1937 年间，连续十几期在《高级中华英文周报》上发表文章 *Words Followed by Different Prepositions*，向中小学生介绍英文常见短语用法，例句平易、注解简练。1937 年，中华书局编印《英文学生丛书》，王承绪先生发表的这些文章被编撰成《英文单字与前置词连用法》结集出版，成为中小学生学习英语的高级辅助教材。该书随后多次再版，成为中小学生和广大英语爱好者的风行读物。

留学英伦时，他十分关注英国基础教育改革与发展情况。他一边在伦敦大学教育学院攻读教师证书，一边到当地中小学进行教育实习，深入了解英国小学教育的管理机制、课程改革、教学实施等现状，对英国小学教育的理论和实践认识更加具体、全面，也深刻认识到国内小学教育在理念、目的、内容、方法等方面的严重滞后和不足。学成回国后，他立即着手编写《战后英国的小学教育》一书，详细介绍英国小教育的历史沿革、文化背景、现行架构、课程与教学、教师、保障设施等。该书 1948 年由商务印书馆出版。此外，他还有感于“吾国高初中学生，对于英语一科，

---

① 王承绪. 参观了实施生产教育的小学：慈幼以后［J］. 浙江教育行政周刊，1933（5）.

② 王承绪. 英国儿童保护事业的借镜［J］. 教育杂志，1936（1）.

遣字造句，每陷谬误而不自觉；积日既久，习非成是”，“援据积年教学经验之所得，搜集历年各高中大学入学试验英文改错问题，及参考中学生平日造句错误，逐条举例，正误并列”，编辑出版《英文改错释例》，“供高初中学生课外参考及升学准备”①。该书亦多次修订再版，成为中小学生考试必备用书。

新中国成立后，他积极参与基础教育教学改革工作，亲自指导成立初期的杭州第十四初级中学（现杭州学军中学）进行英语课程教学改革。杭州第十四初级中学创建于1956年，正值国家颁布新的教学计划、发行第二套中小学教科书，学校教育教学工作“百废待兴”，亟须基础教育专家学者指点迷津。时任浙江师范学院教务长的王承绪先生因此和夫人赵端瑛一道被派到该校进行教改指导。为快速提高学校英语教学水平，王承绪先生自编了一套“听说领先”的英语教材给十四中青年教师史佩珍使用，指导她备课，编写教案，设计教具，试验“程序教学”法，力求提高学生学习外语的兴趣。这种“听说领先”的“程序教学”研究，非常符合初中学生学习外语的心理特点。改革开放后，这种教学法在学校的初中外语教学中普遍推广。

21世纪初，我国全面推进新一轮基础教育课程改革。在谈到新课程改革时，王承绪先生援引怀特海“课程应起于疑惑（wonder）”的观点，认为教学改革应该遵循“教育的节奏”，按照儿童心理发展的三个不同阶段——“奇异”“准确”“概括”，提供“恰到好处”的教育，教学质量应该适应学生达到的节奏中的阶段，这就是教育的成就所在。而当前的教育则过早集中于第三阶段，而忽视了较早的两个阶段，导致学生基础不扎实。② 同时，他也十分认同杜威有关“兴趣”的观点和斯金纳着重知识分步强化的“程序教学”，认为他们与怀特海有关课程的论断有异曲同工之妙。他的这些主张，在深化基础教育领域教学改革的今天仍然具有参考意义。

---

① 王承绪．英文改错释例［M］．订正本．上海：上海教育书店，1947：1.

② 本刊记者．个人旨趣、社会责任与比较教育工作者的使命：访王承绪教授［J］．教育研究，2006（7）.

## 三、“助推”基础教育交流合作

王承绪先生在推进基础教育国际交流与合作方面可谓不遗余力，他利用联合国教科文组织这个国际性平台，通过学术会议、项目合作等形式，积极推动我国基础教育现代化和国际化。

王承绪先生参加了联合国教科文组织成立大会，撰写了《略论基本教育》一文，翻译出版了大会编辑的《基本教育》一书，会后撰写了《联合国教育科学文化组织会议的经过和观感》一文，简述了大会的经过及在基本教育等方面达成的主要意向，如各国中小学及大学培养国际了解的研究、儿童及教师的交换等。① 1947 年，联合国教科文组织远东区基本教育研究第一次会议在南京召开。会前，王承绪先生在《大公报》上发表文章，详细介绍此次会议的由来、内容及意义②；会议期间，他邀请各国参会代表给南京市教师做专题报告，并翻译其中一篇演讲稿发表在《首都教育》上③；会外，他陪同代表们到各地访问和参观各类教育机构，如南京鼓楼幼稚园、苏州实验小学、中华书局基本教育展览会等④；会后，他将各国代表报告中精要部分摘录编译成文，发表在《教育通讯》上⑤。此次会议的召开，王承绪先生可以说是费尽心思，他希望通过此次会议，在中国基础教育发展的领导下，实现“远东一家”，让远东地区的基础教育从“黑暗带”向“光明带”迈进。

在晚年，王承绪先生着力指导浙江大学亚太地区教育革新为发展服务计划中心（APEID）。该中心承担了多个联合国教科文组织的研究课题。比如，1999 年，该中心承担了“建立行动研究机制，促进学校改革与发展”课题，下设校园文化建设、新课程标准等多个子课题，选取浙江省各

---

① 王承绪. 联合国教育科学文化组织会议的经过和观感［M］//徐小洲. 王承绪教育文集. 南京：江苏教育出版社，2010：702.

② 王承绪. 迎联合国教育科学文化组织远东区基本教育研究会议［N］. 大公报，1947-08-31.

③ 王承绪. 缅甸、暹罗、印度、锡兰、马来及印尼的基教概况［J］. 首都教育，1947，2（2-3）.

④ 王承绪. 出席南京基本教育分区研究会议的经过和感想［J］. 基本教育，1947（3）.

⑤ 王承绪，陈友松，程其保. 远东区各国及各地区基本教育概述［J］. 教育通讯，1947，4（4）.

市地 10 多所小学开展为期三年的试点工作，产出了《学校教育行动研究实施手册》《教育行动研究：意义、制度与方法》等高质量成果①，影响广泛。

① 王承绪．我与联合国教科文组织［M］//徐小洲．王承绪教育文集．南京：江苏教育出版社，2010：708.

# 论作为教育学家的王承绪先生[①]

陈 伟 郑 文

王承绪先生（1912—2013）在其跨越世纪的人生中，学海勤耕百余载，研究成果涉及教育学多个领域，著书为文百余种，独立开展研究、指导学术研究及翻译教育名著等，特色鲜明自成一派。先生教书育人70年，授课无数，培养出许多优秀教育人才，影响了几代教育学人。其为人，“承先贤之余绪”，为学，开一时之风气；其成就，足可跻身于20世纪中国的“教育学家”行列。

## 一、教育学家的类型和特征

教育是实现社会治理（当然包括社会改革与发展）的逻辑起点和历史原点，而且越向现代社会发展，教育辅佐社会治理的功能越加重要、越为突出。正是由于教育的社会意义重大，教育学家在历史中的地位一直十分耀眼。如果以是否形成学科建制为依据，那么在历史上先后出现了两种类型的教育学家。

一类是“前学科形态的教育学家”。在教育学尚未作为一门独立学科得到分化的漫长

---

① 原载《比较教育研究》2016年第6期。

历史中，教育学家往往兼具多种身份，常常以思想家的面貌出现。他们大多并不专门从事教育工作，也并不一定专门研究教育，却因为关注社会变革问题而形成了自己的教育思想。在西方，前学科形态教育学家的较早代表是柏拉图。其在《理想国》中，将人分等，并借助国家教育体系，一方面培养各安其位、各守其责的各色人等，另一方面培养最有智慧的“哲学王”以建设人类的理想王国。在东方中国，较早的代表是孔子。孔子从事教育教学，倡导“有教无类”，在“礼崩乐坏”、传统社会制度解体的背景下呼吁“克己复礼”，希望建构起基于道德理想主义的社会治理体系。前学科形态的教育学家，都属于教育理想的建构者，而不单纯是教育理论的探索者。

另一类是“学科形态的教育学家”。教育学从哲学中分离出来成为一门独立学科的标志是17世纪捷克大教育家夸美纽斯所著的《大教学论》；教育学的建制化则根源于18世纪晚期德国大学开设教育学讲座。1774年，在教育大臣冯·策特利茨的推动下，柯尼斯堡大学哲学学部的教育学讲座开始由非正式的私人讲座变为正式的公开讲座。此后，康德等哲学家长期轮流主讲该讲座。1809年，原任教于哥廷根大学的赫尔巴特继承康德的哲学讲座。[①] 赫尔巴特的《普通教育学》把教育学建基于心理学和伦理学之上，推动了教育学的科学化、建制化，催生了学科形态的教育学家。

上述两类教育学家尽管处于教育学科发展的不同阶段，且对教育学的贡献存在明显的差异，但也具有一些共同且根本的特征。[②]

首先是他们在教育学领域的思想特征。教育学家的教育思想，一是具有强烈的社会性。它的产生和发展，与特定的社会、政治、经济、文化以及教育学家个人的成长经历、知识结构等密不可分。二是具有原创性。既符合教育规律，又各具特色、异彩纷呈；既具有理论自洽性，又具有实践操作性。三是具有明显的能动性。既能紧扣时代脉搏，又能引领思想潮流、洞见未来趋势；既能把握教育精髓，又能面向现实需要；既有助于教育学思想的进步，也能指导教育改革与发展。

其次是他们在教书育人领域的实践影响。由于缺少特定的学科建制和

① 肖朗．康德与西方大学教育学讲座的开设［J］．华东师范大学学报（教育科学版），2003，21（1）：74－81，96．

② 孙孔懿．论教育家［M］．北京：人民教育出版社，2006：87－100．

人才培养体系，所以前学科形态的教育学家不一定从事教书育人工作，但是随着教育学科的成型、成熟，几乎所有的教育学家都会在研究教育理论、传播教育思想的同时，从事教书育人工作，并且往往是桃李满天下，广泛地影响学术共同体、福泽学术界。

最后，是他们通过修身立德所形成的个人品格。教育，包括知识的传授，更关涉生命内涵的领悟、意志行为的规范，它是一种心灵撼动心灵、灵魂对接灵魂的特殊事业，通过文化熏陶实现人的灵魂觉醒。[①] 这意味着，教育不应单纯局限于知识的死记硬背、生吞活剥，更不能容忍教育工作者本身的道德沦丧。教育学既需要心理学提供科学支撑，也需要伦理学提供德性支撑；从事教育事业不但需要专业知识和技能，更需要从业者本身具备高尚的品格。这就决定了道德卑劣者不可能成为伟大的教育学家。

## 二、王承绪先生的教育学家身份分析

王先生毕生耕耘于书斋，但他并未困守于书斋，更非两耳不闻窗外事。跨越世纪的人生经历，不仅让他有机会引领中国的教育学研究，而且还有机会在风云际会的百年间与时俱进，从事诸多常人难以企及的社会实践。理论联系实际的学风、学以致用的教育价值观，使他的教育学成就赢得了高度的赞誉和广泛的认同。2003 年，王先生荣获联合国教科文组织“亚太地区教育革新终身成就奖”；2009 年获浙江大学教师最高荣誉“竺可桢奖”；2010 年获中国高等教育学会“高等教育科学研究特别贡献奖”。丰富的教育实践经历，甚至可以使王先生赢得“教育家”称号。但是，就其主要影响而言，特别是基于他个人的自我评价，王先生首先是一个教育学家，而且是一个学科形态的教育学家。

第一，他的教育学成就博大精深。王先生的教育学研究涉猎甚广，新中国成立之前对教育救国思想的世界性探索、新中国成立之初对基础教育的关注都值得回味；据其对当今教育学界所产生的影响来判断，以下五大学术成就尤为引人注目。

一是改革开放以来在恢复和发展比较教育学科方面发挥了领军作用。王先生自 20 世纪 80 年代开始致力于重振中国比较教育，在创建中国特色

---

① 雅斯贝尔斯. 什么是教育［M］. 北京：生活・读书・新知三联书店，1991：3.

的比较教育体系、探索发展中国比较教育发展模式等方面，做出了重要贡献。[①] 有鉴于此，加拿大学者 Ruth Hayhoe 称王先生为“中国最有影响力”的比较教育研究者、比较教育的“领军人物”。[②] 顾明远先生则称王先生为新中国比较教育学科的“创始人和奠基人”。[③]

二是在创建中国特色的比较高等教育学科方面扮演了开创者角色。1982 年原杭州大学高等教育研究室成立，王先生开设比较高等教育课程，撰写《比较高等教育引论》讲稿；[④] 而符娟明、陈树清翻译的阿特巴赫《比较高等教育》1985 年才由文化教育出版社出版。从 1987 年起，王先生主编的“外国高等教育丛书”相继问世，《高等教育新论——多学科的研究》《高等教育哲学》等译著出版，1999 年以后以“汉译世界高等教育名著丛书”之名修订后再版。杨汉清等教授认为，在比较高等教育作为一门分支学科的形成过程中，这些成果的作用十分重要。[⑤]

三是在外国教育史领域做出了卓越的贡献。人是历史的动物，人类对自身的认识程度与对自身发展历史的认识程度高度相关；同样道理，研究者对学科认识的深度与对学科发展史的认识深度密切相关。[⑥] 比较教育研究，同样须以教育史研究为根基。王先生非常重视教育史研究，他继承了伦敦大学教育学院的学派传统，强调从柏拉图经卢梭到杜威的发展线索及其中所蕴含的思想逻辑。[⑦] 王先生在 20 世纪 90 年代与张瑞璠先生共同主编的三卷本著作——《中外教育比较史纲》（山东教育出版社 1997 年版），通过宽视域、多学科的中外教育比较研究，将比较教育、中外教育

---

① 李文英，等．比较教育学家思想研究［M］．北京：人民教育出版社，2012：8.

② HAYHOE R. Portraits of influential Chinese educators［M］. Hong Kong：Comparative Education Research Centre，The University of Hong Kong，2006：43.

③ 顾明远．王承绪先生是新中国比较教育学科的创始人和奠基人［J］．世界教育信息，2011（3）：28.

④ 王承绪．比较高等教育引论［J］．外国教育，1983（6）：10－18.

⑤ 杨汉清，韩骅．比较高等教育概论［M］．北京：人民教育出版社，1997：5.

⑥ 杜宪成，崔运武，王伦信．中国教育史学九十年［M］．上海：华东师范大学出版社，1998：前言.

⑦ 陈伟．学海勤耕百年灯：王承绪先生的比较教育研究［J］．教育研究，2011（4）：55－59.

史及文化科技交流史熔于一炉，堪称创举。① 许美德（Ruth Hayhoe）认为，这套著作是王承绪先生最为重要的学术成就，实质性地开展了深层次的教育比较研究，深入理解、深度分析了中、西教育史之间的深层次联系。② 顾明远先生高度评价它“集中外智慧，探育人真谛”。③

四是在英国教育研究领域取得了标志性成就。王先生的译著，涵盖了英、美、德、俄（苏联）、荷兰、西班牙等多国，但他的学术专著和论文主要限于英国教育领域。留学英伦时期，他曾在《东方副刊》上连续发表《英国教育制度之改造》（1944 年第 1 期）等多篇论文；1947 年回国后，出版了专著《战后英国的小学教育》（商务印书馆 1948 年版）；晚年则出版了《战后英国教育研究》（江西教育出版社 1992 年版）、《伦敦大学》（湖南教育出版社 1995 年版）、《英国教育》（吉林教育出版社 2000 年版）等。王先生对英国教育研究之钟情，国内无出其右者。

五是在西方教育名著翻译领域取得了关键性成就。新中国成立之后，政治运动频仍，教育研究遭遇中断、学术思想日渐封闭、教育学研究的人才断层。此时的王先生却未放弃学术，而是转向“述而不作”、翻译西方教育名著。60 多年间，王先生共独立翻译、主持翻译西方学术名著 26 部，为改革开放以来逐渐复苏的中国教育学界做出了两大无可替代的贡献——奠定知识基础、构建研究的方法论基础，④ 发挥了承上启下的引领作用、返本开新的示范效应。

尽管王先生在教育学领域著作等身，但这些著述并没有全面彰显其学术思想。王先生大量的教育学思想，在他与学生、与学术界同仁的交流中惠及世人，在甄选拟翻译的西方教育名著的过程中隐性表达。这类隐性的教育学思想同样值得整理和挖掘，甚至潜在意义更大。

第二，他的教书育人实践卓有成效。自 1947 年从英国回到浙江大学

---

① 张瑞璠，王承绪. 中外教育比较史纲［M］. 济南：山东教育出版社，1997：前言.

② HAYHOE R. Portraits of influential Chinese educators［M］. Hong Kong：Comparative Education Research Centre，The University of Hong Kong，2006：75.

③ 顾明远. 集中外智慧，探育人真谛：评《中外教育比较史纲》［J］. 中国图书评论，1999（4）：51－52.

④ 陈伟. 学海勤耕百年灯：王承绪先生的比较教育研究［J］. 教育研究，2011（4）：55－59.

任教以来，王先生一直在教学一线教书育人。自1982年开始招收研究生以来，直接招收、培养了40位博士和硕士。门人弟子大都已成长为学术骨干，其中还有不少弟子学以致用，成长为教育管理岗位上的骨干力量。王先生不仅对弟子们舐犊情深，对其他学术界晚辈也是不遗余力地爱护、扶持。王先生的教书育人实践，特别是他丰硕的育人成果，高度契合且也忠实践行了当年礼聘他回浙江大学任教的竺可桢老校长的主张。竺校长认为，学校办学的成功，根基于教授、图书仪器等设备和校舍建筑等三大因素，其中作为大学灵魂的教授至为重要：只要教授们能够以研究学问为毕生事业、以教育后辈为无上职责，就能形成良好的学风、培养出博学敦行的人才。①

第三，他的修身立德，堪为世范。面对教育事业，王先生永不言弃，年近70岁开始攀登学术的新高峰！他的著作学风严谨，拒斥浮躁功利。在王英杰教授看来，王先生和顾明远先生等人共同主编的《比较教育》，已不单纯是一部著作，更像是一座丰碑，它所具有的精神象征价值，对于目前浮躁的学风而言，不啻为“一剂良药”。② 面对人生的百年起伏沉浮，王先生宠辱不惊。在王先生生活的百年间，恰是中华民族改革最繁、转型最剧的百年，也是最考验知识分子学术品格、生活节操的一百年。在此百年间，有趑趄不前、独善其身者，有进退失度、身败名裂者，有事业有成但私德备受争议者，更有慷慨激昂奋不顾身者。在此披沙淘金的过程中，既能勇立潮头、建功立业又能修身齐家、德行无亏者，少之又少。而王先生恰是其中的佼佼者。遥想当年，在杭州组织“一二·九”运动时慨当以慷、振臂一呼，何等壮怀激烈！二战期间在英国组织留学同仁出版《东方副刊》，旨在打破日寇文化封锁，可谓读书不忘爱国，何等侠肝义胆！再忆“反右”“文革”时期，被迫接受改造、房屋被占，王先生又是何等淡定！改革开放以来，比较教育学科百废待兴，王先生不顾年事已高，身心何等投入、学术研究何等从容！综观王先生的百岁人生，以平淡冲和为形，以沉雄豪放为质，深刻彰显了知识分子的真精神。

---

① 竺可桢．竺可桢文录［M］．杭州：浙江文艺出版社，1999：71.

② 王英杰．我国比较教育的一部奠基之作：评王承绪和顾明远主编的《比较教育》兼议学风问题［J］．中国大学教学，2003（6）：32－33.

## 三、王承绪先生成长为教育学家的归因分析

尽管此前的百余年间国内学术大家、教育学名家灿若星辰，但比例终究很低、人数极少。王先生能够脱颖而出，并且异常耀眼，实属难能。细细盘点，以下原因不可忽视。

第一，独特的时代背景。近160年的中国，恰逢中华民族从鸦片战争以来的沉沦走向复兴的特殊时期。在此百多年间，中华民族花费了60余年，才逐渐从“师夷之长技以制夷”的权宜之计、“殖产兴业”以求富的洋务运动、“中体西用”的改良主义中清醒过来，有识之士决心“教育救国”；新中国成立以来，特别是经过改革开放以来一段时间的探索，“科教兴国”被确定为国家战略；进入21世纪之后，日益自信的中华民族喊出了“教育强国”的口号，追求大国崛起、民族复兴。“教育救国—‘教育革命’—科教兴国—教育强国”的逻辑线索，贯穿于百余年的中国变革。

从教育救国到教育强国的百年时代风云，为王先生成长为教育学家提供了丰厚的营养。王先生在教育救国时期上下求索、科教兴国时期学术迸发、教育强国时期老骥伏枥，终其一生，献身教育、醉心学术，在此百年变革中绽放异彩。[①] 离开百多年的社会变革史，就不能真正揭示王先生何以能成长为教育学家的秘密，就不能真正理解、合理评价王先生的学术贡献和社会影响；离开王先生以及许许多多如他一样的学者的奠基性努力，很难想象中华民族有足够的综合实力在21世纪畅想“民族复兴”“大国崛起”。王先生撒手人寰，标志着晚清以来以“教育救国”为主旨的教育学流派的结束，预示着辛亥革命以来老一辈教育学家群体的逐渐消失。担负着建设文化强国、推动和平崛起使命的当今教育学界，在巨大悲痛之余，也面临着强劲的拷问：教育学家的精神如何传承？后辈教育学者该如何扮演好“社会良心”角色、担负起推进时代发展和社会前进的道义？

第二，崇高的理想信念。王先生家境清贫，但自幼向学、立志教育，小学毕业后放弃当学徒谋生的安排，选择师范科，终生献身教育。1930年，上中学的王先生发表一篇杂感，记录了他早上准备出发春游时的感受；他基于“负有救国责任”的使命感，通过对比工人们起早贪黑地辛勤

---

① 谢喆平，董建红．一个人和他的一个世纪：记浙江大学终身教授王承绪［J］．人物，2010（9）：48－53.

劳作与学生们的懒散贪睡，发出了“奋发图强”“努力革新”的感慨![1]这种使命感、责任感，贯穿于王先生的整个人生和学术生涯，饱含了他对人类幸福与未来命运的终极关怀。面对二战之后的世界，他非常赞同、积极宣传联合国宪章中的两大理念：战争因人心而发动，和平的堡垒也应首先在人心中建起；人心的净化，碍于猜疑、失信与隔阂，成于正义自由和平之教育。[2] 基于这种终极关怀，王先生与历史上诸多理想主义者一样，把构建理想社会的最后基点，押注在教育之上。这也恰是他献身教育事业、投身教育学研究的根本动力。

第三，开阔的学术视野。早在梁丰中学学习时，就有毕业于上海圣约翰大学的英语老师授课；在无锡中学师范科读书时，得到中央大学毕业的吴伯昂、南京高等师范学校毕业的张仲友等老师器重——这两位老师在杜威访问南京高师时，分别担任翻译和整理杜威演讲的工作。借读于浙江大学文理学院教育系时，师从孟宪承（教育哲学）、俞子夷（小学教育）、庄泽宣（比较教育）等教育名家，也深得系主任郑晓沧赏识。庚款留学于英伦期间，恰由著名教育学家沛西·能担任伦敦大学教育学院院长；攻读博士学位时，师从伦敦大学教育学院新任院长、英国教育研究界权威克拉克爵士；在研究国际组织的过程中，结识了联合国组织的理论设计者劳锐斯教授。浙江大学读书期间曾在商务印书馆勤工助学，结识了总经理王云五，而王云五在1944年之后的三年间资助王先生与其他留英同仁编辑出版20期《东方副刊》，影响巨大。到了20世纪80年代创建比较高等教育学科之时，王先生结识了伯顿·克拉克教授等国际一流学者，在中国教育研究脱离世界近半个世纪之后，又迅速进入了世界教育研究的前沿。优异的学业成绩、卓越的研究才能，再加上善交游的豪爽性格，不仅使王先生赢得了授业恩师及学术同行们的认同，更使他进入了全球范围的学术共同体，建立了全球性学术联系，形成了融汇古今、沟通中外的学术视野，并有机会充分利用古今中外的学术资源。

第四，顽强的个人奋斗。王先生晚年的学术成就卓著，且不知老之将至。95岁之前，王先生每天都坚持工作十几个小时，一给研究生上课就是3小时。百岁华诞之后，王先生仍然坚持每天读书、看报，与来访者畅

---

① 王承绪．旅琴杂感［J］．中学生文艺，1930（1）：67－69.

② 王承绪．基本教育：上册．［M］．上海：商务印书馆，1947：扉页.

谈家国大事、教育学前沿。虽工作繁重，但王先生游刃有余，并认为得益于他的两条养生之道，一是注意锻炼，二是靠精神力量。王先生“精神抖擞”“信心十足”地强调，“要把失去的时间补回来”。①

从教育救国到建设教育强国的百年生活经历，为王先生成长为教育学家提供了绝佳的人生际遇，属于外因；崇高的理想信念、顽强的个人奋斗，则是王先生成长为教育学家的决定性内因；广泛的学术联系、开阔的学术视野，则是耦合内因与外因的催化剂。这就是作为教育学家的王先生不但学问精深而且德高望重的原因之所在。

① 汪利兵. 比较教育的世纪回顾：我国著名比较教育学家王承绪教授访谈录［J］. 外国教育资料，1996（5）：1－4.

# 上士闻道，勤而行之

## ——王承绪先生研究生培养理念及实践[①]

于小艳 吴世勇

王承绪先生（1912—2013）是我国比较教育学创始人和奠基人，国际知名比较教育专家，浙江大学教授、博士生导师。王承绪先生1982年开始招收硕士研究生，1985年招收博士研究生，至2009年关门博士弟子毕业，在近30年的研究生导师生涯里，培养了近30名硕士、博士研究生，为中国教育事业发展输入了一大批高级优秀人才。因在研究生人才培养方面成绩显著，曾荣获“浙江省培养高质量研究生省级优秀教学成果奖二等奖”、浙江大学教师最高荣誉“竺可桢奖”、中国高等教育学会“高等教育科学研究特别贡献奖”等奖励。王承绪先生本科受教于浙江大学，研究生就读于英国伦敦大学教育学院，回国后长期担任浙江大学研究生导师，集传统儒家教育、民国新式教育、英国绅士教育、新中国社会主义教育于一身，拥有丰富的研究生学习和教学经验，在研究生人才培养方面具有独到的认识。系统整理和挖掘王承绪先生研究生人才培养理念及实践，对促进我国当前研究生培养模式改革、研究生培养质量优化具有重要的参考意义。

---

① 原载《浙江师范大学学报（社会科学版）》2017年第5期。

## 一、王承绪先生研究生人才培养理念的来源与内涵

任何历史人物的思想形成都受其所处的时代背景、文化心理等影响。恩格斯曾言："主要人物是一定阶段和倾向的代表，因而也是他们时代的一定思想的代表，他们的动机是从他们所处的历史潮流中得来的。"① 王承绪先生研究生培养理念的形成与其自身教育学习经历、现代研究生教育理念、中国研究生教育实践密不可分，时代使命和自身体悟造就了他功底扎实、多学科、多视角及经世致用、勇于创新的研究生培养理念。

### （一）伦敦大学研究生求学经历

1938—1947 年，王承绪先生求学于伦敦大学教育学院，在弗雷德·克拉克（Fred Clarke）、约瑟夫·劳锐斯（Joseph Lauwerys）等名师指导下，相继获得硕士和博士学位。伦敦大学教育学院是伦敦大学下属的一所具有百年历史的教育机构，在国际教育界久负盛名，其发展历程就是英国师范教育机构转型的印证②，教育学至今仍排位世界第一。伦敦大学教育学院的前身为"伦敦日间师资训练学院"。1922 年，被喻为"20 世纪第二个 25 年里最具有影响力的教育家"沛西·能（Percy Nunn）爵士接任院长并引入教育学硕士和博士课程。伦敦大学教育学院享誉全球的声誉与伦敦大学教育学位的获取的严苛标准相得益彰：按英国制度，欲攻读教育专业学位的人，必须首先取得有教师资格的教师证书。而获取教师证书，需要修读多门基础教育学科，修习期满，要经过严格考试——对外国学生与本国学生同样要求。其次，要去中小学实习，然后通过全面考试，合格后方能获得证书。大师云集的高大门墙、高标准的学业要求、严苛的入学资格均未难倒王承绪先生，他认为要步入知识殿堂，必须知难而进，勇于攀登。同时，要真正了解彼邦教育制度，也要深入其境，参加实践活动，尤其是英语的听、说、读、写能力，更要通过多种实践才能获得与提高。王承绪先生不畏学习的艰辛，经过一年扎实的学习与实践于 1940 年获教师证书。这一年的学习与实践夯实了他的语言基础，加深了他对教育的理解，也为

---

① 中共中央马克思恩格斯列宁斯大林著作编译局. 马克思恩格斯全集：第 29 卷［M］. 北京：人民出版社，1972：582.

② 单中惠，等. 西方师范教育机构转型：以美国、英国、日本为例［M］. 济南：山东教育出版社，2012：31.

其日后注重培养功底扎实的研究生提供了思想和实践源泉。

之后，王承绪先生师从伦敦大学教育学院院长、著名教育学家弗雷德·克拉克教授，继续攻读硕士学位。[①] 当时中国处于民国时期，虽然民智渐开，但广大农村仍未摆脱封建残余毒害，愚昧、封闭、怯懦仍是农民的写照；再加上连年战乱损毁，中国乡村一片凋敝破败景象。到英国留学后，与欧洲大陆整洁、静谧、美观的乡村面貌及发达完善的成人教育系统对比，更显中国社会建设之紧迫。由此，基于建设新中国的强烈责任感及对国际比较的初步认识，王承绪先生的硕士论文选题定为《中国的乡村学校与农村重建》（*The Village School and Rural Reconstruction in China*）。论文在本科阶段对成人教育和中国乡村建设研究的基础上，运用在英国学习到的新理论、接触到的新观感继续研究中国乡村建设及教育面临的问题和出路，获得了导师和评委的高度评价，并于1941年获教育学硕士学位。

1942年，二战局势稍稳，伦敦大学教育学院从郊区迁回市区，刚过而立之年的王承绪先生，选择继续攻读博士学位，仍师从弗雷德·克拉克教授。他的博士论文选题集中在19世纪英国哲学思想和教育，特别是边沁（Jeremy Bentham）和密尔（John Stuart Mill）的著作。他注意到英国工人运动史及其与伦敦大学的联系，认为伦敦大学是一所受社会主义价值观影响的世俗学校。[②] 王承绪先生试图通过对英国社会、政治、经济、法律等与教育之间关系的全景分析，揭示两者之间的逻辑关联，其学术水平已上升到了一个综合系统的层次，研究的视野不断拓宽，辩证、综合、系统、联系的学术涵养已经成形。1946年完成博士阶段学习课程——此时他的博士论文也已撰写大部分。

攻读博士的1942—1947年间，最能反映王承绪先生研究旨趣及志士情怀的，当属其作为核心成员创办《东方副刊》。1942年，日军出兵缅甸，切断美、英向中国提供战略物资的生命线滇缅公路，迫使中国屈服。[③]

---

① 万行健. 学习工作奉献：记王承绪教授的经历片断［G］//浙江省政协文史资料委员会，浙江省归国华侨联合会. 浙江文史资料（第55辑）：报国情深——归侨侨眷在浙江. 杭州：浙江人民出版社，1994：2.

② 许美德. 思想肖像：中国知名教育家的故事［M］. 北京：教育科学出版社，2008：35.

③ 军事科学院历史研究部. 中国抗日战争史：下［M］. 北京：解放军出版社，1994：37.

在此危难时刻，为打破日军文化封锁，王承绪先生等留英学子愤而起之，毅然创办《东方副刊》杂志，为中国学术续脉，报国家培育之恩。《东方副刊》共出版20期，发表论文280篇（其中分期连载的论文合并计算为1篇），其中，王承绪先生一人发表论文27篇。王承绪先生发表的文章主要有三个特点：一是聚焦英国教育研究。从国别角度看，有10篇文章以英国教育为研究对象，涉及教育制度、初等教育、中等教育、师范教育、高等专科教育、大学教育、军队教育、政府教育咨询机构等专门领域，几乎囊括了教育各门类，将英国教育的历史、现状、发展、变革等内在演变逻辑抽丝剥茧，条分缕析。二是关注欧美诸国教育形势。相关文章有美国、德国各2篇；西班牙、法国、苏联、瑞典、波兰各1篇，再佐以东欧、西欧等国际区域，形成了一个以英国为轴心、欧美诸国环拱的格局；以教育为主旨、兼论各类问题的伞状态势图，为中国了解欧美局势、借鉴其先进教育理念及体系提供了生动的案例。三是广纳各界名作时论。从内容来源看，共计有17篇文章节译自欧美名家著作。由此可见，王承绪先生的多学科、多视角研究思想在当时已经一览无遗，为其日后培养具有开阔视野的国际人才起到了奠基作用。时局动荡是王承绪先生求学经历的大背景。这种背景深深地印刻在王承绪先生的世界观、价值观和研究生教育观中。不论是接受严格的学术训练，造就扎实的专业功底，还是从多学科、国际视野关注时代发展及研究教育问题的学术理论，均为他日后培养研究型人才奠定了基础。

（二）现代研究生教育理念及模式

现代研究生教育肇始于19世纪初的柏林大学。洪堡提出的“学术自由”和“教学和科研相结合”成为世界各国研究生教育理念的最初形式。随着世界高等教育的发展，尤其是美国高等教育的变革，“社会服务”被纳入大学的第三职能，研究生教育理念中形成了“学术自由”与“社会工具”两种截然不同的价值取向。“在20世纪，大学确立它的地位主要途径有两种：一种哲学主要是以认识论为基础，另一种哲学则以政治为基础。”① 随着大学从社会边缘日益走向社会中心，研究生教育的学术价值亦逐渐让渡于工具价值，在社会各种力量的作用下，研究生教育沾染了更

① 布鲁贝克. 高等教育哲学［M］. 王承绪，等译. 杭州：浙江教育出版社，2002：13.

多的世俗色彩。20 世纪中叶的英国，大学全面引入博士学位制度，政府也开始为研究生提供教育经费，奖学金覆盖面也不断扩大，现代研究生教育在英国生根发芽。研究生教育目的也从早期培养律师、医生等行业专门人才向以科学研究为重点、注重为社会培养高级科研人才转变，教育与社会发展的联系越来越密切。① 王承绪先生就读伦敦大学时，适逢二战后英国政府大力发展研究生教育，其研究生教育模式、管理体制等形成了王承绪先生研究生培养理念的制度来源，培养经世致用的研究生成为其目标。

二战后，美国研究生教育取得巨大成功，世界各国纷纷以此为参照来思考自己的研究生教育模式。名著翻译就是其中一条重要途径。学术著作的翻译首选有较高学术价值的著作和原创的、客观的版本。这个选择建立在译者对著者的认同基础之上。在翻译对象的选择上，王承绪先生认为应从全学科的角度去理解人类文明的更迭、教育理论的演变。即便是同一个作者的书，也应选作者思想成熟时期的作品。最后，还要适合国情。所选的书在理论、内容、方法等方面，要适切本国教育研究和实践，具有指导、借鉴和促进作用。

《高等教育哲学》（*On the Philosophy of Higher Education*）是美国著名教育史及教育哲学家 J. Brubacher 的经典之作。1986 年，王承绪先生组织翻译此书，以便介绍国外高等教育理论现状，为我国高等教育改革提供可资启发或借鉴的信息。② 20 世纪 80 年代王承绪先生与美国高等教育界代表人物伯顿·克拉克相识相知，并翻译了他的《高等教育新论：多学科的研究》等著作。王承绪先生充分肯定了伯顿·克拉克教授《高等教育新论：多学科的研究》一书，提倡比较教育研究要从历史、政治、经济、组织、文化、政策等多学科角度研究。③ 在《高等教育研究》杂志 1998—2007 年间的论文被引文献排名前 24 位的著作中，《高等教育哲学》和

---

① 赵蒙成. 英国研究生教育发展概述 [J]. 宁波大学学报（教育科学版），1999(4)：54－58.

② 布鲁贝克. 高等教育哲学 [M]. 王承绪，等译. 杭州：浙江教育出版社，2002：译者前言.

③ 徐小洲，薛珊. 王承绪比较教育思想与实践 [J]. 比较教育研究，2010 (9)：9－12.

《高等教育新论：多学科的研究》分别名列第一位和第十一位。①

美国研究生教育取得成功后，王承绪先生组织翻译了伯顿·克拉克的《研究生教育的科学研究基础》及其续篇《探究的场所：现代大学的科研和研究生教育》。《研究生教育的科学研究基础》是西方第一部比较研究生教育专著，其以集体研究的方法进行：集合各国专家学者，设计一个共同的研究框架，研究各国高等教育，展现了本书主编——伯顿·克拉克教授研究比较高等教育的一个基本方法。② 伯顿·克拉克在《探究的场所：现代大学的科研和研究生教育》中认为，现代研究生教育要继承并超越“洪堡理念”，克服“科研与教学漂移”，建立“科研—教学—学习”新联结体，引导研究生追求真理、树立社会责任感，鼓励研究生自由探索、学习。③

同一本原著，不同的人，有不同的解读。译文实际上是原作与译者的文化背景、气质、风格的混合体。周作人曾言：“翻译是半创作，也能表示译者的个性。”因此，从某种意义上讲，以伯顿·克拉克为代表的西方现代研究生教育理念构成了王承绪先生从多学科、多视角培养经世致用的研究生的理论基础。而翻译名著过程中发现的新方法、新模式以及忠于原文而又超越原文对日后王承绪先生培养勇于超越的人才提供了实践参考。

（三）中国的研究生教育实践

1980 年我国高等师范院校陆续开设比较教育学课程，1982 年开始招收比较教育硕士研究生，1985 年开始招收比较教育博士研究生。截至 1998 年已有 40 余名学者获得博士学位，数百名获得硕士学位。④ 这一时期我国研究生教育得到蓬勃发展，研究生教育政策、措施、结构模式、管理评估等日趋完善，规模和质量得到了很好的控制和提升。但不可否认，这一时期的研究生教育实行的是一种“精英教育”，旨在培养满足国家社会经济建设的各个学科领域的高级专门人才。与此同时，这一时期也是比

---

① 易高峰，刘盛博，赵文华.《高等教育研究》研究热点及其知识基础图谱分析 [J]. 高等教育研究，2009 (10)：74 – 80.

② 克拉克. 研究生教育的科学研究基础 [M]. 王承绪，译. 杭州：浙江教育出版社，2001：译者前言.

③ 克拉克. 探究的场所：现代大学的科研和研究生教育 [M]. 王承绪，等译. 杭州：浙江教育出版社，2001：14.

④ 王承绪，顾明远. 比较教育 [M]. 3 版. 北京：人民教育出版社，1999：19.

较教育学科的发展、成熟时期，需要大批比较教育学学科建设的高级理论人才。因此，基于“比较教育是服务决策需要、基于文化理解的高深学问”的学科逻辑，王承绪先生从《高等教育哲学》的知识论和政治论两个角度出发，在研究生人才培养方面兼顾两者，致力于培养拥有深厚专业功底、能很好地服务于国家教育发展与改革的高级专门人才，知识论是前提，政治论是目的。

1999 年大学扩招，我国高等教育开始迈入大众化阶段，研究生教育也进入高速发展时期，但此时王承绪先生只带博士研究生，依然遵循精英教育下的研究生培养理念。这或许是受牛津与剑桥等英国大学的影响——“我们需要把我们的注意力指向博士学位，考虑如何培养未来的科研工作者”[①]，让学生“通过依附于一位名师并且看着他或她工作，学习他们的学科是干什么的”[②]。故而可以认为，改革开放后国家社会经济建设以及比较教育学科发展的双重需要形成了王承绪先生研究生培养理念的现实土壤。

## 二、王承绪先生研究生人才培养实践

王承绪先生认为，比较教育研究的目的与功用体现在三个方面：一是学术目的，即探寻教育改革和发展的内在规律和特点；二是借鉴目的，即通过比较研究发现他国教育改革与发展的经验和教训，为本国提供借鉴；三是咨政目的，即有意识、有目的地调查本国教育改革与发展的需要，为政府决策提供参考和咨询。[③] 这三种目的是相辅相成、依次递进的关系，学术是理论根本，借鉴是他山之法，咨政是综合应用。基于此认识，结合学术创新的根本诉求和研究生全面发展的时代需要，他在研究生培养中践行了培养学术功底扎实、具有国际视野、心怀国计民生、勇于开拓创新的复合型人才的理念。

### （一）培养功底扎实的专业人才

王承绪先生认为，比较教育专业研究生要掌握“三功”，即外语、资

---

① 克拉克．研究生教育的科学研究基础［M］．王承绪，译．杭州：浙江教育出版社，2001：168－169.

② 克拉克．研究生教育的科学研究基础［M］．王承绪，译．杭州：浙江教育出版社，2001：44.

③ 布鲁贝克．高等教育哲学［M］．王承绪，等译．杭州：浙江教育出版社，2002：4.

料和考察。首先，他非常推崇贝雷迪关于对研究对象国语言知识的匮乏是导致学术误判的重要原因的观点，认为外语是“eye opener”，是开展比较教育研究、查找利用外文文献、开展对外学术交流的必要前提。① 他建议学生多阅读英文报纸、小说和杂志，从中感受真实的文化情境；要求研究生必须修习第二外语，了解不同语系之间的文化异同；在翻译外国文献时，要做到“信、达、雅”等。其次，他也十分注重资料的系统性和敏感性。除阅读比较教育学有关文献外，王承绪先生还要求学生多关注西方教育流派的著作，特别是教育哲学；他也要求学生对掌握的资料进行内化吸收，对文献的出处能了然于胸；每讲一个主题，他都会为研究生列出需要细读的参考文献，学生也可以根据自己的阅读体验自行扩充，但一定要能从文献中解析出自己的观点，而不能被文献淹没。最后，他还十分强调考察的重要性，也就是通常所说的“体验式”研究、“扎根研究”。他积极为学生创造参加国际学术交流会议、出国访学等机会，派学生去研究对象国进行实地考察，以增强研究的深度和信度。

为系统训练和提高学生专业能力和水平，他采取以项目促学习的方式，带领研究生一起承担了国家“六五”到“十五”期间的一系列国家重大课题，产出了诸如《中外教育比较史纲》《比较教育学史》等重要学术著作；组织学生共同编译“汉译世界高等教育名著丛书”。该丛书已成为目前比较教育和高等教育专业研究生必读书目，且在推荐频次排名前10的必读书目中，占了8本；前20中占了11本，几乎左右了我国高等教育研究的概念框架、思维方式和研究策略。② 通过这种学、研、用三位一体的训练方式，学生的语言功底、研究能力和专业水平都得到了极大的提升，获得了同行的高度认可。

（二）培养视野开阔的国际人才

王承绪先生认为，比较教育研究生需具有国际视野。为帮助研究生了解最新国际学术动态，增加直接与教育名家对话的机会，王承绪先生利用他在国际比较教育界的良好关系，先后邀请了众多一流学者前来讲学，其

---

① 徐辉. 士志于道，不舍昼夜：回忆王承绪先生关于比较教育研究几个重要问题的看法 [J]. 比较教育研究，2010 (9)：4－8.

② 高耀明，周小晓. 高等教育学专业核心知识研究领域的构建：以研究生必读书目为例 [J]. 高等教育研究，2015 (2)：27－33.

中包括：美国著名学者库姆斯（Philip Coombs）教授、克拉克（Burton Clark）教授、卡扎米亚斯（Andreas M. Kazamias）教授以及印第安纳大学的阿诺夫（Robert Arnove）教授；英国伦敦大学教育学院的劳顿（Denis Lawton）教授和黎安琪（Angela Little）教授、英国苏塞克斯大学的柳基思（Keith Lewin）教授、比彻（Tony Becher）教授和艾劳特（Michael Eraut）教授以及莱斯特大学的怀特塞德（Tom Whiteside）教授；法国巴黎第八大学的德博韦教授；德国的米特（Wolfgang Mitter）教授以及日本的小林哲也（Tetsuya Kobayashi）教授。层次之高、交流之频繁，可谓盛况空前。① 通过与这些国际知名专家学者的面对面交流，比较教育学专业的研究生不仅领略到了大师风范，而且“近水楼台先得月”，始终保持着与世界比较教育研究前沿的紧密联系，开阔了视野，提升了境界。

除了“请进来”，王承绪先生也想方设法把研究生“送出去”。除为学生争取参加国际学术会议、出国交流学习的机会外，他还与英国苏塞克斯大学、美国印第安纳大学开展校际合作与交流，实施联合培养博士生、学生互访学习等计划，为学生出国学习打造良好平台。那时，比较教育学专业的研究生，都排着队轮流出国学习，这是其他专业学生不可比拟的。

（三）培养学以致用的经世人才

王承绪先生特别重视比较教育研究的咨政目的，认为研究生应成为国之栋梁。王承绪先生生于民国新立，在殷念乔、吴伯昂、郑晓沧、庄泽宣、孟宪承、俞子夷等老一辈教育家的言传身教下，自幼立下教育救国大志，为国家与民族救亡图存勤耕不辍，奔走疾呼，折射出“一二·九”知识分子的精神光辉；新中国成立后，他的人生理想由教育救国升华到学术报国，以高涨的热情投身于社会建设，为国家教育事业鞠躬尽瘁。作为老一辈爱国知识分子，王承绪先生的社会建设理想折射到接班人培养上，就是十分注重培养学生的报国情怀，教导学生学好本领、报效祖国。在他逝世的前一年，得知学生要去国外学习，他还用颤巍巍的手艰难写下“要好好学习，珍惜机会多学东西，不要浪费国家的钱，回来后好好报效国家”的字条。这份将经世报国融入生命的伟大情怀，令人动容。他也非常重视历练学生的经世能力，丰富学生咨政经验，形成梯队。在担任教育部教育

① 汪利兵. 不言之教，嘉惠后学［J］. 华南师范大学学报（社会科学版），2015（5）：41－42.

发展研究中心兼职研究员和专家咨询委员会委员期间，他带领研究生多次承担重大研究课题，为该中心出版的《八十年代外国高等教育改革述评》《发达国家教育改革动向与趋势》等书提供了大量的文献，对我国教育决策科学化、民主化进程产生了重要影响。[①] 在他的言传身教下，有的学生已成长为重要岗位的领导者和决策者，有的担任着政府部门的顾问和智囊。他们都尽自己所学，为国家教育事业出谋划策，传承王承绪先生等老一辈知识分子的报国情怀。

（四）培养勇于超越的创新人才

王承绪先生强调，比较教育研究要敢于创新，立论要有新意，敢于研究和提出“新理论”“新方法”和“新模式”。他激励学生不断实现自我超越。在课堂上，他鼓励学生大胆表达自己的观点，甚至可以随时打断他的讲话，向他提出质疑；他允许学生根据自己的兴趣爱好选择研究方向，进行开创性的研究，形成自己的特色和优势。徐辉教授在撰写博士论文《论大学与工业的关系》时尝试用“职能冲突”理论解释大学与工业之间的种种问题。这个思路受到了王承绪先生的极大鼓励，甚至建议他在博士论文的基础上建立起一种新的“职能冲突”模式。[②] 此外，由徐辉教授在担任浙江师范大学校长期间一手创建和发展起来的“非洲教育中心”也已成为国内非洲教育研究的权威机构，产出一批高水平、独创性的研究成果；[③] 浙江师范大学的安双宏教授也是在王承绪先生的支持下选择了将印度教育作为自己的研究方向，并由此取得了突出的成绩，入选了教育部新世纪优秀人才支持计划，成为哈尔滨师范大学博士生导师，继而成为浙江师范大学特聘教授，浙江省二级教授。[④]

与此同时，他也认为弟子不必不如师。从他本人来讲，因时代所限，

---

① 周满生．王承绪先生为国家教育改革和发展积极献计献策，影响重大［J］．世界教育信息，2011（3）：29.

② 布鲁贝克．高等教育哲学［M］．王承绪，等译．杭州：浙江教育出版社，2002：7.

③ 李振玉．善教者使人继其志：追忆王承绪先生的学术生涯与教育艺术［J］．华南师范大学学报（社会科学版），2015（5）：48－50.

④ 安双宏．德才典范，福泽世代：怀念恩师王承绪先生［J］．外国教育研究，2014（4）：6－7.

未能在比较教育研究上更多地超越他的师长，终究有所遗憾。[①] 因此，他期望学生能青出于蓝而胜于蓝，接过学术创新的旗帜，开疆辟土，将比较教育研究推向一个新的高度。当学生取得成绩时，他都会亲自祝贺，鼓励学生再接再厉，百尺竿头，更进一步。

## 三、小结

王承绪先生在担任研究生导师期间，不仅培养了大批优秀硕士、博士，充实了比较教育学科人才队伍，其自身的学术成就也达到了巅峰，真正实现了教学相长。如果非要给作为研究生导师的王承绪先生画一幅像，那他就是逍遥派、慈父慈母型和良伴型导师的综合加强版。[②] 2003 年，他荣获联合国教科文组织的“亚太地区教育革新终身成就奖”，但他却没有去领奖，原因就是“因为我要上课”。[③] 由此可见他对研究生人才培养的倾心。他有关研究生需培养成济世人才的价值取向、参与式和体验式的培养方法、个性化和国际化的培养策略等，仍然契合时代主题，能为当今研究生培养模式改革中需要解决的若干问题提供指导。

---

① 谢喆平，董建红．一个人和他的一个世纪：记浙江大学终身教授王承绪［J］．人物，2010（9）：48－53.

② 宋德发．好导师的三种风格［J］．学位与研究生教育，2014（14）：15－18.

③ 方秀芬．80 载如一日，穷其一生治学［N］．杭州日报，2010－10－11（13）.

# 教育创新变革中的创业型大学建设①

王重鸣

父亲离开我们五年了。父亲有关比较教育研究的理论与方法日益在中国比较教育研究与应用方面发挥引领的作用，大学教育也进入了战略发展的新阶段：新世纪、全球化、信息化下，创新驱动成为主线。面对新的挑战与机遇，教育创新变革中的创业型大学建设成为新的趋势。作为一名终生奋斗不止的比较教育工作者，父亲敏锐地看到了教育创新变革的新实践，察觉到创业型大学建设和创业教育的世纪机遇！

## 一、从比较教育研究到大学的持续变革

早在 20 年前，浙江大学“四校合并”后，我们加强了与斯坦福大学开展的创业教育方面的紧密合作。1998 年，我们率先启动了创业教育和创业管理学科建设。父亲对此非常欣喜，对我说：“重鸣，你们看得很准，教育发展的新机会就是创业教育，如何建设创业型大学将是一个重要的课题。”不久，他在关注创业创新教育的国际比较研究进展的

① 作者系王承绪先生次子、浙江大学人文社会科学资深教授。本文写于 2018 年 1 月 6 日。

同时，连续翻译出版了两部重要的论著：《建立创业型大学：组织上转型的途径》（人民教育出版社 2003 年版）和《大学的持续变革：创业型大学新案例和新概念》（人民教育出版社 2008 年版），为教育创新变革提供了有益的国际经验与示范。数年以后，时任教育部领导同志在看望我父亲并获赠新书时兴奋地说："中国大学的校长都需要好好学习这两本书啊！"

（一）创业型大学的关键特征

的确，《建立创业型大学：组织上转型的途径》一书从创业型大学的概念与转型途径出发，系统论述了欧洲 5 所不同类型大学在 20 世纪 80—90 年代所做出成功转型的途径与经验，并特别强调，创业型大学转型的中心是有组织的创新，是集体的创业行动，是适应性的变革。

什么是创业型大学？这是父亲在翻译相关著作的同时，经常与我探讨的问题。当时的国际研究与教育政策文献有多种提法，创业型大学建设也有不同的实践。我与父亲比较有共识的看法是，创业型大学应包含以下四项关键特征。

（1）创业型愿景战略。创业型大学都把创业精神和创新能力的培养作为其愿景与战略的核心内涵之一，并以此定位大学的发展目标与建设行动。

（2）创业型心智行为。创业型大学都建立起基于创业创新心智行为的能力框架，用于指导与优化办学模式与建设策略，注重培养与发挥教职员工和学生的创业心智与开拓创新能力。

（3）创业型社会影响。创业型大学都积极采取多方面政策措施和行动，努力支持与推进师生员工和广大校友的各种创业创新活动与相关举措，从而在当地、全国和国际上发挥重要的创业教育影响力。

（4）创业型专业培养。创业型大学都把创业创新教育成为必修环节，融入专业、融入人才培养的全过程。在专业教育、课程设置、科研应用、校园活动、社会服务和国际合作等多方面行动中，体现对创业精神与创新能力的持续培养。

简而言之，愿景战略、心智行为、社会影响、专业培养可以作为衡量创业型大学的四个主要特征。父亲觉得，对于常规大学来说，建设创业型大学需要采取一系列创新变革的转型行动。这也是《建立创业型大学：组织上转型的途径》一书的主题，即创业型变革转型。

（二）如何实现创业型大学转型

那么，大学如何通过创新变革行动实现转型呢？至少有以下五项常用的行动要素：

（1）增强驾驭核心。创建强有力的创业型管理集体，授权和加强各类院系的成长活力和创新创业领导力。

（2）拓宽发展网络。增进专业化的内外联系与创业型合作网络，构筑跨学科协作和产学研开放协同的发展优势。

（3）夯实资源基础。集聚多样化的发展资源，拓展创业型教学、科研与社会服务的多种经费基础。

（4）激活学术心脏。激发创新导向的学术价值，鼓励开放的创新团队建设，更新各类人才培养方案和创立新型学科体系。

（5）整合创业文化。开展创业文化建设，强化和整合各级组织的能力导向、创新导向、学习导向和激励导向的创业型文化。

可见，创建创业型大学是一场变革，是一个“强化转型领导力、拓展跨学科优势、集聚多方经费资源、激活新型学科体系、优化变革创业文化”的过程，是全校上下共享新愿景、共创新优势和协同新行动的过程。在父亲看来，创业型大学建设作为一场持续变革和创业精神塑造的过程，可以成为各类教育的创新路径和转型策略。他又夜以继日进一步翻译和出版了《大学的持续变革：创业型大学新案例和新概念》一书，特别强调了持续变革在创业型大学建设中的重要作用和实践途径，以欧洲诸国、非洲、拉丁美洲、澳洲、北美等地的创业型大学的经验为例，如何运用可持续发展理念，成功实现了持续的变革与创新，成为世界范围创业型大学建设的示范。

（三）国际引领与拓展学术影响力

父亲曾多年参与联合国教科文组织的各项会议与活动，也十分关注各类大学变革发展问题，进入新世纪，特别关心的则是教育创新与创业型大学建设问题。2003 年，父亲荣获联合国教科文组织亚太局颁授的“亚太地区教育革新终身成就奖”，来自亚太地区的 300 多位代表专程聚会杭城。他们是在参加父亲的颁奖仪式，研讨教育革新的有效路径，而创业型大学建设被列为首选策略。会议提出许多新的建设性意见和各国的最佳实践经验。

在父亲的鼓励下，在学校领导的大力支持与指导下，我在浙江大学管理学院联合了多家院系的同事创办了组合校内外、国内外师资力量讲授、指导的“创业管理精英班”，每年有来自管理学院和许多学系的数百位学生选修或主修了创业管理专业方向或辅修专业。我们与斯坦福大学合作创建了“创业管理专业”并于2006年获得国家教育部正式批准，成为我国创业类专业的首批硕士点与博士点。在此基础上，浙江大学与创业专业国际排名榜首的美国百森商学院和欧洲名列前茅的法国里昂商学院紧密合作，共同开展三校联培“全球创业专业”的尝试与实践，并荣获浙江省优秀教学成果奖。10年后，浙江大学创业管理专业入选“全球15强”。

2010年10月，由中国教育学会比较教育分会、中国联合国教科文组织全国委员会、联合国教科文组织驻华代表处和浙江大学共同主办的第15届学术年会暨庆祝王承绪教授百岁华诞国际学术研讨会在杭州召开。会议设立了基础教育均衡发展、高等教育均衡发展、创新人才培养与教育改革、比较教育学科建设和王承绪先生比较教育思想研究5个分会场。来自国内外140多所院校的近600位专家学者踊跃参会。父亲在会上做了他最后一次全国会议的重要讲话，特别强调了面向未来加强创业教育的至关重要性，期待有更多的大学成为创业型大学和创新人才培养的摇篮。事实上，进入新世纪以来，创业创新教育和创业型大学建设日益成为全球各类院校教育改革的重要抓手。我国各类学校纷纷制定的创新发展战略任务“培养和造就具有国际视野、创新能力、创业精神、社会责任的全面发展的社会主义建设者与接班人”正在成为新的大学使命。这也是父亲多年来所期望的。

## 二、创业型大学和创业教育的基本标准

### （一）创业型大学建设和创业教育评价

如何建立有行之有效的评价标准、框架与工具，是世界比较教育家特别关注的课题之一。在父亲执着开展比较教育研究，聚焦创业型大学建设与持续变革策略的同时，我一直在从事创业能力开发与组织创新的评价研究。茶余饭间，父子经常谈论到这一话题。即使在病重住院期间，父亲也经常询问我：“最近研究得怎么样?”记得有一次在谈到国际经济合作与发展组织（OECD）发布的创业型大学建设的标准时，父亲鼓励说，可以作为参照，制订适合我们的指标，并期待我们开展深入的研究，建立我国创

业型大学和创业教育的评价体系与指导原则，用于推进相关研究、交流、教学、学习、管理与合作。在经合组织标准的基础上，我们修订提出了以下七项建设与评估标准。

（1）领导力与治理架构。把增强创业创新精神作为学校战略的重要组成部分并高度承诺，具体落实到明晰创业愿景、提升创业能力、支持创业实践、转化技术成果、实现创业合作。

（2）组织力与团队激励。大学的创业型目标有多方面经费支持并拥有持续的财务资助策略，建立行动规划，淡化组织边界，鼓励多方合作，开放办学模式，激励项目团队，认可多方贡献。

（3）教学力与行动学习。大学的创业教育融入各类专业学习和多层次人员的培训活动，注重创业心智与技能培养，鼓励教学方法创新与学习模式创新，设置创业学习评价指标，邀请外部利益相关者参与。

（4）创业力与职业通路。大学把培养学生和工作人员的创业能力作为重要目标之一，主动鼓励各类人员具有创业精神和获取多种创业型职业能力，并提供机会体验创业创新活动和团队行动的经费支持，监测各类创业型活动及项目的成效。在硬件条件上建设创客空间或创业项目孵化场地。

（5）校企力与知识共享。大学积极加强与产业、社会与各类社会组织的合作，与校友及合作伙伴紧密合作并争取多种资源，创建创业实践基地和良好的外部环境，建设高质量的知识经济生态系统。

（6）国际力与大学网络。开展创业教育的国际交流与合作及参与国际创业教育合作组织的各项活动，创业型大学的重要内涵是其高度的国际化和完备的国际合作网络，开展活跃的创业教育与研究方面的国际学术互访和人员交流。

（7）影响力与绩效指标。大学把创业型大学目标与战略与行动指标紧密结合，在各类教学与学习绩效评估与考核系统中明确设置创业教育与研究的考核指标，强化创业教育的学术影响力、人才影响力和社会影响力，在扎根实践需求的项目与人才培养中融入创业型大学理念与创业能力开发的元素。

### （二）创业型大学与创业教育标准的应用

国内外研究与实践应用表明，在这些标准中，领导力是主导，教学力、创业力和国际力是重点，而组织力与校企力是重要条件，影响力则是持续发展的社会标准。我们正在按照父亲所期待的，把这些要素作为创业型大学建设的关键标准，也作为创业教育能力建设的关键指标。2015 年，我与国际工商管理认证协会成员院校共同创建了“国际丝路创业教育联盟”，把七项标准作为创业型大学的建设指标，在各院校采用。

2010 年出版的《王承绪教育文集》收录了父亲数十年来的许多论述与作品，字里行间，显见其拳拳报国心、负重求索路。他在许多新兴领域努力融汇中外智慧，培养栋梁人才，开创了我国比较教育学科的前沿方向，也指明了创业教育比较研究与教育持续变革的新路径。其中，有关比较教育学科的发展、各国教育制度与专业的沿革、教育思想与观点诠释、时评故事乃至对恩师的真情怀念与感怀思考，都对创业型大学建设与创业教育发展具有现实价值与指导意义。

## 三、创业型大学建设的国际化策略

### （一）国际合作与比较教育学科创新人才

改革开放以来，父亲一直把国际化作为比较教育的教学科研与人才培养的重要策略，先后与伦敦大学、萨塞克斯大学、牛津大学、诺丁汉大学、印第安纳大学、斯坦福大学、伊利诺大学、南加州大学、悉尼大学、巴黎大学以及亚太地区的大多数著名大学开展了多层次的国际合作研究与学生培养的工作。1986—1987 年，他荣获罗斯基金资助，与母亲一起在南加州大学讲学和从事国际合作研究。20 世纪八九十年代，父亲承担了由英国文化委员会资助的“英中学术交流计划”，与英国合作院校开展深度的学者互访、联合培养博士生和共同开展比较教育研究，为我国培养和历练了比较教育学科乃至整个教育学领域的一批后起之秀与高层次人才。父亲在比较教育事业上所作出的贡献赢得了国际学术界的高度认可和肯定。1993 年，父亲荣获伦敦大学教育学院在其百年历史发展中首次授予的“荣誉院士”称号。在此学术青春焕发的年代，父亲也和到访的数十位国际专家与友人真诚交流，得到各国友人的广泛赞誉。

### （二）创业教育与创业型大学的经验分享

即使在经常住医院的岁月，父亲还热情接待过多位省部领导、学校师生和众多的海外专家。其中，有关创业教育和创业型大学建设的问题，父亲与几位工商管理界的专家也进行了富有意义的交谈。

（1）创业型大学的生态系统建设。斯坦福大学的前任常务副校长威廉·米勒教授是国际创业创新教育的开创者之一，人称“硅谷之父”。他在到访浙江大学时，曾经与父亲亲切会面，探讨了创业型大学建设的环境与机制问题。父亲非常认同米勒教授提出的“创业栖生地”思想，以硅谷创业成长的环境为例，强调培育创业型大学成长的生态环境的重要性，尤其是“鼓励流动、对话竞争、容忍失败”的创业创新环境建设。父亲对此十分认同，强调可以把创业型大学生态系统作为建设的重要任务与设计，加强“组织活力、跨界共赢、鼓励创新”的能力建设。其中，组织活力是指建立网络式交互型组织以增强内生活力；跨界竞合是指拓展跨学科、多领域团队间合作共赢项目或计划；鼓励教学、科研、服务多方面创新文化，在失败中学习。米勒教授对父亲所关注的创业型大学建设非常认同，认为生态系统的第一要素将是“组织活力”的塑造。

（2）创业型大学的组织学习策略。哈佛商学院的学习型组织专家埃德蒙森教授在访问浙江大学时也走访了父亲和母亲，席间谈起组织学习能力对于创建创业型大学的作用，认为持续学习特别是团队学习与创新将是重要的成长机制。父亲很认同把组织学习能力作为创业创新教育的关键要素与内涵，把个人学习能力提升到团队和组织水平。学习不是为了简单增长知识，而是为了增强转型行动的能力。

（3）创业教育如何融入专业创新。陶德教授来自父亲的母校伦敦大学，专长于成长模式创新以及技术创业与社会创新的两栖策略研究与教学。尤其是他是诺丁汉人，因此母校加乡情（父母亲曾随伦敦大学教育学院二战中迁址诺丁汉大学），父母亲都倍感亲切。陶德教授正在伦敦大学负责基于数字科学的新管理专业建设，每年吸引了大量的考生，市场需求也特别旺盛。他与父亲在创业教育如何融入专业方面很有共同语言。父亲认为，创业教育融入专业的有效途径应该是创新专业方向，引入新兴知识域并面向人才市场的兴奋点培养学生。

（4）创业型大学的认证与发展。琼斯教授和洛克教授来自英国的金斯顿大学和利兹大学，又都是国际认证协会的负责人。父亲与他们讨论到如何开展创业型大学的评价和相关专业的认证，思考与探讨能否在中国大学拓展，以国际认证推动创业型大学的建设。他强调以发展导向开展创业型大学建设，每所大学可以结合自身专业特点塑造各自的成果故事。

（5）创业型大学的产学政战略。伊利诺大学商学院的麦克奈尔院长专长于技术创新与产学研创业能力，曾多次去家里和医院拜访父亲或庆贺生日。麦克奈尔教授最感兴趣的也是父亲特别关注的问题，即大学与企业、大学与政府特别是与各部门的战略型关系是如何带动创业型专业建设和技能型专业人才培养。对创业型大学特征的优化着实需要多种人才、技术、社会机遇与发展资源。每每会面，父亲都会谈论起创业型大学转型的不同路径，探讨值得进一步研究的选题。

父亲有关教育创新变革与创业型大学建设的思想，在其众多学生和同仁的研究探索中和与国际专家友人的研讨交流中不断得到升华。百岁高龄，探索不息！每每回想这些往事，都激发起我们开展创新变革的新动力，期待着比较教育研究更多融入创业型大学和创业教育的能力建设中。

# 后　记

“王承绪研究丛书”，从 2001 年确立选题到 2018 年最终出版，历时 17 年。

17 年间，我们遇到了、看到了，也领悟到了许多人和事，都是值得怀念和珍藏的人和事，都是与这套丛书密切相关的人和事，需要在后记中不厌其烦地予以叙述。

## 一

如果没有赵端瑛先生的鼓励和支持，肯定没有这套丛书。

在中国漫长的历史中，中国人称教书育人者为“先生”，即便是乡野私塾课徒者亦被称为“先生”，这是对特定职业的普通称谓。改革开放以来，“先生”一词在学术界逐渐演变成一种极具荣誉感的尊称，特指那些资历长、学问深、修养高、人品好的“老师”。

赵端瑛先生是王承绪先生的夫人。她专长于教育学、心理学，她的教学与研究一直备受赞赏，学生们都尊称她为“赵先生”。

由于篇幅及选题所限，我们很遗憾没有从女性知识分子的角度，围绕赵端瑛先生的学术生涯和学术思想开展研究。但事实上，赵先生出身书香门第，且极富知性魅力，极具研究价值。

赵端瑛先生的父亲赵宗孟（1882—1955），字纯夫，号尘俯，室名有“吟秋草堂”等，今浙江省嘉兴市下属的海宁市盐官镇人；诗人、书法家，抗战期间寓沪，求书者络绎不绝，至今仍有不少书法作品传世。赵宗孟先生有三儿三女，依次为：赵万里、赵芾因（女）、赵端瑛（女）、赵芳瑛（女）、赵万鹏、赵万程。

赵端瑛先生的长兄赵万里（1905—1980），字斐云，别号芸盦、舜盦；著名文献学家、敦煌学家，精于版本、目录、校勘、辑佚之学，国学大师王国维的门生（王国维夫人潘氏是赵瑞瑛先生母亲的表妹）。1921 年考入东南大学中文系，从吴梅习词学，肄业。1925 年赴清华大学任教，担任国学研究所助教，并在王国维指导下，进行诗词、戏曲、版本学、目录学的考证和研究。曾任北京图书馆研究员、善本特藏部主任，全国人大代表。编辑有《北京图书馆善本书目》《中国版刻图录》《汉魏南北朝墓铭集释》《宋金元词》《王忠悫公遗书》等。

赵端瑛先生的胞妹赵芳瑛，1938 年考入清华大学物理系，与建构“智慧说”哲学思想体系的冯契（1915—1995）先生为同一级校友，后结为连理；先后任上海市第一女子中学副校长、华东师范大学物理系副主任等职，物理教材教法理论专家，全国中学物理统编教材的编撰者之一；重译《圣经》的著名学者冯象是她的次子。

出生书香门第的赵端瑛先生，才学极佳、修养极高。她与王承绪先生一样毕业于浙江大学，后留学伦敦大学教育学院，师从精神分析学派的创始人西格蒙德·弗洛伊德的女儿、儿童精神分析学家安娜·弗洛伊德（1895—1982），专攻发展心理学，并成为英国儿童心理学会会员。1947 年应竺可桢之邀回国，历任浙江大学、浙江师范学院、杭州大学教育系副教授；1979 年起任杭州大学心理学系副教授、教授。著有《中老年心理学》《裴斯泰洛齐生平》《裴斯泰洛齐生平评传》等，翻译、编撰多部教育学、心理学名著和名著资料选集。

赵端瑛先生的人生境界，非常人所能企及。对人生的坎坷经历，她淡然处之，还能以“天下无易境，天下无难境”“终身有乐处，终身有忧处”的大智慧，安慰王先生、教育儿孙。在人生的最后半年时光里，尽管身体日渐衰弱，赵先生也没有虚度光阴，而是凭借学者的理性、百岁老人通透人生的智识，以中国传统文人优雅高贵的方式，细读《古文观止》，品味“落霞与孤鹜齐飞，秋水共长天一色”，进入天人合一、物我两忘的天地境界！

赵端瑛先生虽然个人修养极高，但为人低调，一生甘为绿叶、甘当人梯，愿意在相夫教子、教书育人的平淡生活中倾注自己的心血。在我们萌生研究、梳理王承绪先生学术思想的想法后，虽然王承绪先生自己多次微笑婉拒，谦称自己“没有什么东西值得研究”，但赵端瑛先生坚信“王承绪学术思想研究”的选题具有学术价值，因此坚决支持并多次鼓励我们。有了赵端瑛先生的鼓励和支持，我们才更具信心、更有动力。令人扼腕抱憾的是，赵先生离世多年之后，我们才最终完成丛书的全部整理和研究工作。而今最终出版“王承绪研究丛书”，其实不仅是在表达我们对王承绪先生的敬仰，同时也在表达我们对赵端瑛先生的怀念和感激之情！

定稿前，我们根据王承绪先生长子王重为先生、次子王重鸣教授的建议，在每本书的首页，没有按惯例使用王承绪先生个人的照片，而是采用了王承绪先生与其夫人赵端瑛先生泛舟湖面的生活照。王重为先生用充满深情的语言，阐述他的理由：没有妈妈的支持和呵护，爸爸就不可能挺过多次的人生艰难困苦、跨越世纪寿过百岁，更不可能有爸爸在改革开放之后以近70岁的高龄重振中国比较教育、开创比较高等教育的学术成就；而且，这张照片是爸妈新婚不久、留学英伦时所拍，泛舟湖上，意喻“百年修得同船渡”。

在王承绪先生住浙江医院疗养期间，门人弟子不时结伴前去探望。有一天，恰逢出版社送来了王先生主编的著作《发展中国家高等教育模式的国际移植比较研究》，王先生欣然签名赠书。盖签名章时，王先生说：“我把赵先生的名字也一并写上，行不行？”王先生与赵先生70多年相敬如宾、相濡以沫的伉俪深情，令人敬佩！

## 二

编撰这套丛书的过程中，我们逐渐明白了一个道理：学术研究可以有感情、有温度。

出版这套丛书，小而言之，意在表达所有弟子对王承绪先生的无限敬仰；大而言之，则旨在表达后辈学人对中国近百年教育发展史和教育学史的敬畏！

正是因为想表达出这些不可抑制的敬仰和敬畏，我们在编撰这套丛书时，一直面临着“理性”与“情感”的两难拷问；事实上，我们一直想在“理性”与“情感”之间找到一条可两全齐美的解决之道。

理解人物思想、研究历史变迁，首先需要以理性思考为基础。这套丛书的编撰、写作虽然历时17年，但到了交付出版时，我们仍然惴惴不安，担心理解有偏差、思考太肤浅。为了能够恰当地表达编撰者对历史的敬畏、对作为研究对象的人物及其思想的敬仰，需要以感性的感受为内核。作为王承绪先生的弟子及再传弟子，我们在编撰这套丛书时，无法不满含深情。唯其如此，我们在研究、编撰的过程中，更加深切地理解了梁启超“笔端常带感情”的写作选择，理解了这种写作选择在逻辑上的必然性和在策略上的高超性。

研究人物思想，却又不能完全抛却情感的缠缚、不能摆脱情绪的左右，这对于强调“学术中立”、客观冷静的西方学术传统而言，是无法理解的，他们会认为这不利于保证研究的科学性；但对于自古以来就强调师承、重视家学的中国学术界而言，又是那样势成必然、顺理成章！在中国诸学派思想的研讨中，总能看到后辈学人、晚辈学生以充满深情的方式，对师长的学问、道德进行回顾，并且同样以充满深情的方式向下一代弟子传播授受。也许，这会引起西方学术界以“科学”“客观”“中立”之名的诘难，但是，在学术生活日益面临商业化冲击、官僚化拷问的时代，在导师与研究生的关系被类比为老板与打工者的时代，这种充满温情的师生关系和研究立场，难道不是一种少见的优雅、难得的高贵？难道不是对中国传统师道之“传道、授业、解惑”模式最有效的历史继承？难道不恰是对中国传统文化教育中“文以载道”思想最生动的现代注解？

既然饱含深情并不会必然导致学术研究的失控，既然王承绪先生本身就是一位至情至性的学者，我们索性就不再拘泥于如何平衡“理性”与“情感”的关系，而是放任情感的牵引，在深情理解的基础上，对王承绪先生的为人与为学进行研究，并以饱含深情的方式，向世人展示这套丛书。

理性的起点是情感，研究的归宿是仰望。与其剥离情感以求客观中立，不如充满深情地高山仰止。

# 三

这套丛书能够顺利编撰完成并出版，要感谢许许多多师长前辈、学界朋友、同窗好友以及各界同仁，他们提供了无私的帮助，倾注了大量的心血。

为了支持本套丛书的出版，顾明远先生爽快答应撰写序言，并且很快发来了盖有电子签名章的序言文稿！

国内外学术界、浙江大学的历届领导，以及校外的许多党政领导，都曾撰写文章，论述王承绪先生的思想，表彰王承绪先生的精神。《王承绪研究文集》中收录了这些论文、讲话等。在此，对这些论文、讲话等的原作者谨致谢意！

感谢《教育研究》及高宝立教授，慷慨出版论文《学海勤耕百年灯——王承绪先生的比较教育研究》(《教育研究》2011 年第 4 期)；感谢《比较教育研究》及曲恒昌教授等，连续出版《论作为教育学家的王承绪先生》(《比较教育研究》2016 年第 6 期)、《超越战争的战时比较教育研究——论参与创办〈东方副刊〉时期的王承绪》(《比较教育研究》2012 年第 4 期)、《论王承绪的比较教育研究方法》(《比较教育研究》2010 年第 9 期) 等论文；感谢《教育发展研究》及张民选教授、翁伟斌教授，出版了《我国比较教育研究的奠基者——记王承绪先生的学术生涯》(《教育发展研究》2010 年第 30 卷 Z1 期)；感谢《华南师范大学学报(社会科学版)》及王建平教授，2015 年第 5 期专辟《纪念王承绪先生逝世两周年专题笔谈》，刊发了《不言之教，嘉惠后学》(汪利兵)、《王承绪先生与比较教育研究的“杭州学派”》(郑文)、《王承绪先生的“百年之功”与“百年之耕”》(陈伟)、《善教者使人继其志——追忆王承绪先生的学术生涯与教育艺术》(李振玉)、《王承绪先生的基础教育情缘》(吴世勇) 等论文。感谢其他所有组稿、刊发研究王承绪先生的论文的期刊、杂志及其编辑！

在开展《王承绪学术思想研究》课题研究的过程中，徐辉教授、张民选教授、徐小洲教授、顾建民教授、汪利兵教授、吴雪萍教授、祝怀新教授、董标教授、万秀兰教授、张德伟教授、阚阅教授等都给予了中肯而专业的指导。徐小洲教授主编的《王承绪教育文集》(江苏教育出版社 2010

年出版），是本套丛书赖以继续开展研究并最终能够顺利出版的重要基础，没有这本文集的前期工作和方向性引导，本套丛书的编撰工作会更加困难。

在搜集历史资料、寻找研究线索的过程中，连进军、王国钧、李振玉、潘发勤、温正胞、王雁琳、阚阅、朱宗顺、贺武华、刘淑华、张燕军、李志永等同门学者，蒋凯等学界好友，都给予了非常热情的帮助。阚阅尤其费力劳心，一直帮忙收集相关研究资料，比如，复印并惠赠《东方副刊》杂志中所有与王承绪先生相关的资料，整整两大本；搜集到了王承绪先生庚款留学出国时的合影；还随时提供存放在浙江大学的各类资料。

衷心感谢王承绪、赵端瑛先生的儿子王重为和王重鸣！感谢冯象教授！

广东高等教育出版社为本套丛书的出版，倾注了心血。在此，特别感谢王亚芳副总编辑、高等教育编辑部黄跃升主任，以及冯沪萍、邱丽芳、郑泽宇、周景芳、蔡晓文、陈博霞等诸位编辑，他们用专业的精神和严谨的态度保证了丛书的出版质量。

本套丛书的出版，特别是《王承绪文集》（上、下）的编撰，工作量非常大。为了少出差错，许多在读的和已毕业的博士研究生、硕士研究生多次参加校对工作。特别感谢在读博士研究生王喜红、薛亚涛，在读硕士研究生李姿、袁双、谢平、王雪、李伶倩、韩娟，以及已经毕业的肖丰、彭琪珺等人，他们在文稿录入和校对工作中付出了辛勤的劳动。

“吾爱吾师，吾更爱真理”——这是以柏拉图与亚里士多德为代表的西方师生关系传统。“为学莫重于尊师”——这是我们所坚信的东方智慧，也是我们怀着敬仰和敬畏编撰这套丛书所要彰显的意义和希望达成的目标。

**陈伟　郑文　吴世勇**

2018 年 1 月